MÉMENTOS LMD

Procédure pénale

La poursuite
L'enquête et l'instruction
Le jugement
Le mineur

8e édition

Cette 8e édition, entièrement actualisée, est à jour des lois du 5 mars 2007.

Corinne RENAULT-BRAHINSKY

est Docteur en droit.

Du même auteur

Collection Fac-Universités

- Mémento Droit civil : les personnes – 2e édition 2004
- Mémento Droit civil : les obligations – 3e édition 2006
- Mémento Droit de la famille – 6e édition 2006
- Exercices corrigés Droit patrimonial de la famille – 1re édition 2004
- Mémento Procédure pénale – 8e édition 2007
- Mémento Droit des régimes matrimoniaux – 2e édition 2007
- Mémento Droit des successions – 3e édition 2007
- Manuel Droit des obligations – 2e édition 2007
- Manuel Droit de la famille – 2e édition 2006
- Manuel Procédure pénale – 1re édition 2006

Collection Carrés « Rouge »

- L'essentiel du droit des personnes – 3e édition 2007
- L'essentiel du droit de la famille – 5e édition 2006
- L'essentiel du droit des obligations – 3e édition 2006
- L'essentiel de la procédure pénale – 7e édition 2007
- L'essentiel du droit des régimes matrimoniaux – 3e édition 2007
- L'essentiel du droit des successions – 3e édition 2007
- L'essentiel du droit des peines – 1re édition

Collection QCM

- QCM Droit des obligations – 2e édition
- QCM Droit des personnes – 3e édition
- QCM Procédure pénale – 2e édition
- QCM Droit des biens – 1re édition

ISBN 978-2-297-00256-1

MÉMENTOS LMD

Procédure pénale

La poursuite
L'enquête et l'instruction
Le jugement
Le mineur

8e édition

Cette 8e édition, entièrement actualisée, est à jour des lois du 5 mars 2007.

Corinne RENAULT-BRAHINSKY

Gualino éditeur

Présentation

La procédure pénale a fait l'objet au cours des vingt dernières années de réformes successives et contradictoires notamment en matière de détention provisoire, de garde à vue, de contrôle d'identité ou de délinquance des mineurs. Ces modifications fréquentes ont rendu encore plus complexe une matière qui l'était déjà.

Cet ouvrage présente l'ensemble des connaissances indispensables en matière de ***Procédure pénale*** à destination des étudiants en licence ou master de droit, des candidats aux divers concours administratifs comportant cette épreuve (concours d'entrée à l'École nationale de la Magistrature, examen d'entrée au Centre de formation des avocats, concours d'entrée à l'École des commissaires de police...) ainsi qu'à tous les professionnels (travailleurs sociaux, secteur associatif...) désireux de comprendre les différentes étapes d'une procédure devant une juridiction pénale.

Il intègre toutes les réformes intervenues récemment, notamment les lois n° 2007-297 du 5 mars 2007 relative à la prévention de la délinquance, n° 2007-291 du 5 mars 2007 renforçant l'équilibre de la procédure pénale et n° 2007-287 du 5 mars 2007 relative au recrutement, à la formation et à la responsabilité des magistrats.

Sont successivement développés :

- les principales caractéristiques de la procédure pénale française ;
- les règles de compétence ;
- l'organisation judiciaire pénale ;
- l'action publique (déclenchement, extinction) ;
- l'action civile ;
- l'enquête policière (les preuves, les organes de police, les modalités de l'enquête, la garde à vue) ;

• l'instruction (le juge d'instruction, la chambre de l'instruction, les actes de l'instruction, les mandats, le contrôle judiciaire, la détention provisoire) ;

• le jugement (juridictions de droit commun, juridictions d'exception, procédure, voies de recours) ;

• le mineur (enquête, instruction, jugement).

Chaque chapitre est complété par une bibliographie qui recense les principaux développements doctrinaux existant sur chaque thème.

Sommaire

PARTIE 3 • L'enquête policière

PARTIE 4 • L'instruction

Liste des principales abréviations

AJDA	Actualité juridique droit administratif
ALD	Actualité législative Dalloz
Ass. plén.	Assemblée plénière de la Cour de cassation
Bull. crim.	Bulletin des arrêts de la Ch. criminelle de la Cour de cassation
Cass.	Cour de cassation
Ch. mixte	Chambre mixte de la Cour de cassation
Ch. réun.	Chambres réunies de la Cour de cassation
Chron.	Chronique
Ch. acc.	Chambre d'accusation
Civ. 1re, 2e, 3e	Chambre civile, 1, 2, 3, de la Cour de cassation
C. civ.	Code civil
CE	Conseil d'État
CGI	Code général des impôts
C. org. jud.	Code de l'organisation judiciaire
C. pén.	Code pénal
Anc. C. pén.	Ancien Code pénal
NCP	Nouveau Code pénal
C. pr. pén.	Code de procédure pénale
Com.	Chambre commerciale de la Cour de cassation
Cons. constit.	Conseil constitutionnel
CEDH	Cour européenne des droits de l'Homme
D.	Recueil Dalloz
DH	Dalloz hebdomadaire
Dr. pén.	Revue Droit pénal
Gaz. Pal.	Gazette du Palais
IR	Informations rapides
JCP	Juris-classeur (Semaine juridique)
J.-Cl.	Juris-classeur
JO	Journal officiel
Juris-data	Juris-data, banque de données juridiques
LPF	Livre des procédures fiscales
Ord.	Ordonnance
RDP	Revue du droit public
RDSS	Revue du droit sanitaire et social
RFDA	Revue française de droit administratif
Rec. CE	Recueil des décisions du Conseil d'État (Lebon)
Req.	Chambre des requêtes du Conseil d'État
RIDH	Revue internationale des droits de l'Homme
RID pén.	Revue internationale de droit pénal
Rev. pénit.	Revue pénitentiaire
RSC	Revue de sciences criminelles et de droit pénal comparé
S.	Recueil Sirey

RTD civ.	Revue trimestrielle de droit civil
Soc.	Chambre sociale de la Cour de cassation
T. confl.	Tribunal des conflits
T. corr.	Tribunal correctionnel
TGI	Tribunal de grande instance
T. Pol.	Tribunal de police

PARTIE 1

Introduction

CHAPITRE 1

Présentation générale

1 • DÉFINITION

La procédure est l'ensemble des règles organisant le jugement par les tribunaux des litiges nés entre particuliers ou entre l'État et les particuliers. La procédure pénale permet la mise en œuvre du droit pénal. Elle a pour but la constatation des infractions, le rassemblement des preuves, la recherche des auteurs et le jugement des délinquants. La procédure pénale constitue le lien entre l'infraction et la condamnation.

L'originalité de la procédure pénale réside dans ce qu'elle est intimement liée à l'application du droit pénal alors que le droit civil s'applique le plus souvent en dehors de tout litige. L'application du droit pénal nécessite un procès.

La procédure pénale doit permettre le jugement et la condamnation des coupables mais elle doit également rendre possible la démonstration de l'innocence des autres. Elle vise à protéger la société mais également à garantir les intérêts de l'individu.

La procédure pénale actuelle est régie par le Code de procédure pénale de 1958 qui a fait et fait encore aujourd'hui l'objet de nombreuses réformes.

2 • LES DIFFÉRENTS TYPES DE PROCÉDURE

On distingue traditionnellement la procédure de type accusatoire de la procédure de type inquisitoire. La procédure pénale française opère un compromis entre ces deux types de procédure ; il s'agit d'un régime mixte.

A - La procédure de type accusatoire

C'est la procédure la plus ancienne, celle de la Grèce classique, de la Rome primitive et celle de la France après les invasions barbares, sous les Carolingiens et pendant le Haut Moyen Âge.

L'initiative de la poursuite est laissée à l'« accusateur ». Dans les périodes les plus anciennes, celui-ci peut être la victime, mais également ses proches ou parfois même tout citoyen. L'accusateur privé a fait place peu à peu à l'accusateur public, à mesure de l'accroissement de l'autorité royale. La poursuite est peu à peu assurée par un juge accusateur, appelé souvent Ministère public, qui se trouve doté de prérogatives importantes. Le juge ne peut donc pas se saisir lui-même.

Il s'agit d'une procédure garantissant efficacement les intérêts de la personne poursuivie dans la mesure où l'accusé peut riposter en ayant les mêmes droits que son accusateur.

La procédure accusatoire est caractérisée par un grand formalisme des preuves avec l'organisation d'un système de preuves légales.

Le juge a le rôle d'un témoin passif qui doit donner raison à l'une ou l'autre des parties. Il n'intervient pas dans la recherche des preuves qui sont apportées par les parties. Il n'y a pas d'instruction, celle-ci se fait à l'audience.

B - La procédure de type inquisitoire

La procédure inquisitoire est celle du droit romain de l'Empire et de la procédure ecclésiastique (tribunal de l'Inquisition). Sa caractéristique principale est l'enquête.

La poursuite est assurée par un juge accusateur, appelé souvent Ministère public, qui se trouve doté de prérogatives importantes.

Cette procédure existe dans des États centralisés dotés d'un régime le plus souvent autoritaire. Elle place les intérêts de la société avant les intérêts des individus et entend ne pas préserver excessivement les droits individuels afin de ne pas assurer l'impunité aux malfaiteurs. Elle est menée par des professionnels, des techniciens.

L'instruction a une grande importance. Le juge a un rôle actif et dispose notamment de nombreux pouvoirs pour la recherche des preuves. De plus, il peut s'auto-saisir.

Cette procédure est ***secrète***, ***écrite*** et ***non contradictoire***.

Les preuves obéissent à l'intime conviction du juge.

C - Le système mixte français

Une procédure de type mixte a été adoptée en France dès le Code d'instruction criminelle de 1810. Celui-ci permettait de satisfaire à la fois la tradition monarchique, de type inquisitoire, et les idées républicaines, favorables à un système accusatoire. Un système mixte permet de trouver un équilibre entre la protection de la société et les garanties de l'individu.

La procédure française est de type ***inquisitoire*** au niveau de la mise en mouvement des poursuites : il s'agit en effet d'une prérogative du Ministère public. Cependant, elle donne la possibilité à la victime de déclencher le procès pénal par une plainte avec constitution de partie civile ou par une citation directe, ce qui est caractéristique d'une procédure ***accusatoire***.

L'instruction est caractéristique d'une procédure inquisitoire d'autant plus qu'elle est secrète. Cependant, elle est contradictoire et permet un respect des droits de la défense.

La phase du jugement possède des caractéristiques d'une procédure de type accusatoire : elle est publique, orale et contradictoire.

3 • HISTOIRE DE LA PROCÉDURE PÉNALE

1) La naissance de la procédure pénale coïncide avec une volonté de l'État de canaliser la vengeance privée, qui régit alors le règlement des conflits entre les particuliers.

2) La procédure inquisitoire succède à la procédure accusatoire pendant le XIIIe siècle. D'abord adoptée par les juridictions ecclésiastiques, elle le fut également par les juridictions laïques par les grandes ordonnances royales sur la procédure pénale de 1453, 1498, 1539 et 1670.

3) Les critiques se multiplièrent notamment dans la seconde moitié du XVIIIe siècle envers les excès de la procédure inquisitoire. Par exemple, elle n'assurait ni les droits de l'individu, ni ceux de la société, bien mal protégée lorsque la torture faisait avouer un individu qui n'était peut-être pas le coupable. Le 24 août 1780, une ordonnance royale permit de supprimer la torture pendant l'instruction. Un édit du 1er mai 1788 supprima également d'autres abus de la procédure inquisitoire tels que l'absence de motivation des jugements en dernier ressort ou l'interrogatoire sur la sellette... Cependant, l'opposition politique conduit au refus des Parlements d'enregistrer ces réformes. Le contenu des cahiers de doléances en traduisait cependant la nécessité.

4) L'Assemblée constituante apporta de nombreuses réformes à l'ordonnance de 1670, qui resta cependant provisoirement en vigueur. Ainsi, la loi des 4-11 août 1789 supprime les justices seigneuriales, celle du 8 octobre 1789 marque le rétablissement de la publicité des audiences et l'acceptation de l'assistance d'un conseil dès le récolement et les confrontations. Le jury est introduit par la loi des 16-29 septembre 1791 pour le jugement des crimes les plus graves. Enfin, les lois des 19-22 juillet 1791 et des 29 septembre-6 octobre 1791 (Code de 1791, impulsé par Le Peletier de Saint Fargeau) marquent une réorganisation judiciaire totale (calquée sur la nouvelle organisation administrative de la France) et précisent la procédure à suivre devant les tribunaux.

5) Le Code des délits et des peines du 3 brumaire an IV (25 octobre 1795), préparé par Merlin de Douai, précise de nombreuses règles de procédure pénale, sanctionnées par la nullité en cas d'inobservation. Ce Code confie l'initiative des poursuites aux simples particuliers. Il organise également le fonctionnement de la Cour d'assises. Ces dernières règles ont été reprises quasi identiquement par le Code d'instruction criminelle.

6) La criminalité connaissant une augmentation substantielle, le déclenchement des poursuites fut confié au Ministère public (loi du 7 Pluviôse an IX – 27 janvier 1801). L'instruction était assurée par un juge d'instruction.

7) Le souhait de Napoléon, après la période du droit intermédiaire, fut de rassembler dans un code l'ensemble des règles de forme applicables en matière pénale. Le Code d'instruction criminelle fut achevé en 1808 et mis en vigueur en 1811. Il opère un compromis entre la procédure inquisitoire et la procédure accusatoire.

8) Plusieurs lois se succédèrent ensuite pour compléter ce Code. La loi du 8 décembre 1897 créa le statut d'inculpé, aménagea les droits de celui-ci pendant l'instruction, notamment en lui octroyant l'assistance d'un avocat. La loi du 22 mars 1861 créa le statut de partie civile.

9) Ces diverses lois ne suffirent pas à combler les insuffisances du Code napoléonien. Dès les années 1930 et encore plus après la Libération, diverses commissions furent constituées afin de réfléchir sur une réforme du Code d'instruction criminelle. En 1953, la commission Besson, composée de magistrats, d'un avocat et d'un professeur de droit, mit au point un projet qui deviendra le Code de procédure pénale actuel. Il fut voté le 31 décembre 1957 et entra en vigueur le 2 mars 1959. Une ordonnance du 23 décembre 1958 permit de promulguer l'ensemble des textes.

Il est composé de cinq livres dont seul le premier ainsi que le titre préliminaire émanent directement du Parlement. Les quatre livres suivants émanent du pouvoir réglementaire. Ils contiennent des décrets en Conseil d'État, des décrets simples, des arrêtés, et enfin une instruction générale dénommée également circulaire d'application. Le législateur a souhaité rendre possible par ce nouveau Code de procédure pénale la réalisation d'une série d'objectifs ambitieux :

- le renforcement des libertés individuelles ;
- le renforcement des pouvoirs du juge ;
- une meilleure efficacité de la procédure pénale et de la justice pénale ;
- une meilleure séparation des fonctions judiciaires ;
- une meilleure indépendance du juge d'instruction ;
- un meilleur équilibre entre libertés individuelles et intérêts de la société.

10) Au lendemain de l'entrée en vigueur de ce Code, on considère qu'une période libérale s'ouvre jusqu'en 1970/1975. Une période plus répressive s'ouvre ensuite. Cette phase nouvelle débute par la loi dite « Sécurité et Liberté » du 2 février 1981[1] qui raccourcit les délais de procédure, crée la procédure de saisine directe et renforce les pouvoirs de la police.

11) Plusieurs lois successives vont organiser l'indemnisation des victimes : loi du 2 février 1981, loi du 8 juillet 1983[2], loi du 30 décembre 1985[3] et loi du 6 juillet 1990[4].

La loi du 4 août 1981 supprime la Cour de sûreté de l'État alors que celle du 21 juillet 1982 met fin aux tribunaux permanents des forces armées.

12) Les lois du 4 janvier[5] et du 24 août 1993[6] ont été importantes. La loi du 4 janvier permet aux individus appréhendés d'être assistés par un avocat pendant la garde à vue.

---

1. Loi n° 81-82 du 2 février 1981 renforçant la sécurité et protégeant la liberté des personnes, *JO* 21 janvier 1981.
2. Loi n° 83-608 du 8 juillet 1983 renforçant la protection des victimes d'infraction, *JO* 9 juillet 1983, p. 2122.
3. Loi n° 85-1407 du 30 décembre 1985 portant diverses dispositions de procédure pénale et de droit pénal, *JO* 31 décembre 1985, p. 15505.
4. Loi n° 90-589 du 6 juillet 1990 modifiant le Code de procédure pénale et le Code des assurances et relative aux victimes d'infractions, *JO* 11 juillet 1990, p. 8175.
5. Loi n° 93-2 du 4 janvier 1993 portant réforme de la procédure pénale, *JO* n° 3 du 5 janvier 1993.
6. Loi n° 93-1013 du 24 août 1993 modifiant la loi n° 93-2 du 4 janvier 1993 portant réforme de la procédure pénale, *JO* n° 196 du 25 août 1993.

L'inculpé devient la « personne mise en examen ». La décision de mise en détention provisoire doit être prise collégialement. Enfin, le président de la juridiction de jugement n'a plus la direction des débats mais seulement la surveillance de leur bon déroulement. La loi du 24 août 1993 vient réformer un *aggiornamento* pas toujours facile à mettre en œuvre : elle supprime la chambre des mises en détention, restitue ses pouvoirs au président de la juridiction de jugement et crée le statut de témoin assisté.

13) Plusieurs lois sont ensuite venues apporter des réformes partielles :

– ***la loi du 8 février 1995***[7] a eu notamment pour conséquence d'élargir les hypothèses de compétence du juge unique devant le tribunal correctionnel ;

– ***la loi du 1er juillet 1996***[8] a réformé l'ordonnance du 2 février 1945 relative à l'enfance délinquante ;

– ***la loi du 30 décembre 1996***[9] a réformé la détention provisoire.

14) Deux nouvelles lois ont ensuite largement modifié la procédure pénale :

– ***la loi du 23 juin 1999***[10] relative aux alternatives aux poursuites et à l'efficacité de la procédure, comportant des dispositions très diverses, a eu pour objectif d'élargir les possibilités d'intervention de l'autorité judiciaire en matière répressive, dans l'objectif d'augmenter l'efficacité de son action ;

– ***la loi du 15 juin 2000***[11] ***renforçant la protection de la présomption d'innocence et les droits des victimes*** concerne toutes les phases de la procédure pénale.

La loi du 15 juin 2000 a fait l'objet de retouches opérées par la loi du 4 mars 2002. Entre-temps, la loi du 15 novembre 2001 relative à la **sécurité quotidienne**[12] a notamment modifié des dispositions relatives à la lutte contre le terrorisme et à la police judiciaire.

15) La loi du 9 septembre 2002 **(loi d'orientation et de programmation pour la justice)** a légèrement modifié les deux lois précédentes mais a surtout largement réaménagé l'ordonnance du 2 février 1945 relative à l'enfance délinquante et créé les juridictions de proximité[13].

---

7. Loi n° 95-125 du 8 février 1995 relative à l'organisation des juridictions et à la procédure civile, pénale et administrative, *JO* n° 34 du 9 février 1995.
8. Loi n° 96-585 du 1er juillet 1996 portant modification de l'ordonnance n° 45-174 du 2 février 1945, *JO* n° 153 du 2 juilllet 1996, p. 9920.
9. Loi n° 96-1235 du 30 décembre 1996 relative à la détention provisoire et aux perquisitions de nuit en matière de terrorisme, *JO* n° 1 du 1er janvier 1997, p. 9.
10. Loi n° 99-515 du 23 juin 1999 renforçant l'efficacité de la procédure pénale, *JO* n° 144 du 24 juin 1999, p. 9247.
11. Loi n° 2000-516 du 15 juin 2000 renforçant la protection de la présomption d'innocence et les droits des victimes, *JO* n° 135 du 16 juin 2000, p. 10323.
12. Loi n° 2001-1062 du 15 novembre 2001 relative à la sécurité quotidienne, *JO* n° 266 du 16 novembre 2001, p. 18215.
13. Loi n° 2002-1138 du 9 septembre 2002 d'orientation et de programmation pour la justice, *JO* n° 211 du 10 septembre, p. 14934.

16) La loi du 18 mars 2003 pour la **sécurité intérieure**[14] dite « Loi Sarkozy » comporte de nombreuses dispositions de droit pénal mais également des dispositions relatives aux investigations judiciaires, à la lutte contre le terrorisme, aux pouvoirs des maires et des polices municipales ainsi qu'aux activités de sécurité privée.

17) La loi du 9 mars 2004 portant **adaptation de la justice aux évolutions de la criminalité, dite « Loi Perben II »**, réforme la procédure pénale en profondeur et sur de nombreux points. Elle institue un certain nombre de procédures particulières, notamment en matière de criminalité organisée. Elle crée une procédure de « *plaider coupable* » dénommée « *comparution volontaire sur reconnaissance préalable de culpabilité* ».

18) Les lois du 26 janvier 2005 relative à la compétence, celle du 26 juillet 2005 précisant le déroulement de l'audience d'homologation de la comparution sur reconnaissance préalable de culpabilité[15], celle du 12 décembre 2005 relative au traitement de la récidive des infractions pénales[16] et celle du 23 janvier 2006 relative à la lutte contre le terrorisme[17] ont apporté quelques modifications éparses au Code de procédure pénale.

Dans son ensemble, la procédure pénale française garde les caractéristiques qui ont toujours été les siennes, c'est-à-dire une procédure mixte majoritairement inquisitoire pendant la phase policière, et la phase d'instruction, et plutôt accusatoire pendant la phase de jugement.

Néanmoins, la succession des réformes parfois contradictoires conduit à faire du Code de procédure pénale « *un lieu d'empilement de dispositions législatives adoptées successivement* »[18] dont la clarté laisse à désirer. Ainsi, il existe désormais pas moins de 26 procédures particulières applicables par exemple aux infractions en matière économique et financière (art. 704 à 706-1, C. pr. pén.), aux infractions en matière sanitaire (art. 706-2, C. pr. pén.), aux actes de terrorisme (art. 706-16 à 706-25-1, C. pr. pén.), aux infractions en matière de trafic de stupéfiants (art. 706-26 à 706-33, C. pr. pén.), aux infractions en matière de proxénétisme ou de recours à la prostitution des mineurs (art. 706-34 à 706-40, C. pr. pén.) ou encore de criminalité organisée (art. 706-73 à 706-106, C. pr. pén.)... Ainsi, la loi du 9 mars 2004 institue certaines particularités relativement à l'enquête, la poursuite, l'instruction et le jugement de certaines infractions qualifiées de **« criminalité et délinquance organisés »**. Ces dispositions sont entrées en vigueur le 1er octobre 2004.

19) Trois lois récentes du ***5 mars 2007*** sont venues à nouveau modifier le Code de procédure pénale :

---

14. Loi n° 2003-239 du 18 mars 2003 pour la sécurité intérieure, *JO* n° 66 du 19 mars 2003, p. 4761.
15. Loi n° 2005-847 du 26 juillet 2005 précisant le déroulement de l'audience d'homologation de la comparution sur reconnaissance préalable de culpabilité, *JO* 27 juillet 2005, p. 12224.
16. Loi n° 2005-1549 du 12 décembre 2005 relative au traitement de la récidive des infractions pénales, *JO* n° 289 du 13 décembre 2005, p. 19152.
17. Loi n° 2006-64 du 23 janvier 2006 relative à la lutte contre le terrorisme et portant dispositions diverses relatives à la sécurité et aux contrôles frontaliers, *JO* 24 janvier 2006, p. 1129.
18. Lamy (B. de), « La loi du 9 mars 2004 portant adaptation de la justice aux évolutions de la criminalité », *D.* 2004, Chron. p. 1910.

– la loi n° 2007-297 du 5 mars 2007 relative à la prévention de la délinquance[19] ;

– la loi n° 2007-291 du 5 mars 2007 renforçant l'équilibre de la procédure pénale[20] ;

– la loi n° 2007-287 du 5 mars 2007 relative au recrutement, à la formation et à la responsabilité des magistrats[21].

Une ordonnance du 1er juin 2006 a réformé le Code de justice militaire, ratifiée par une loi du 6 mars 2007[22].

4 • L'APPLICATION DES LOIS DE PROCÉDURE DANS LE TEMPS

Les lois pénales de forme s'appliquent immédiatement. Il s'agit des lois relatives à l'organisation judiciaire, à la compétence, à la procédure et à la prescription. Elles s'appliquent même à des faits qui se sont produits avant l'entrée en vigueur de la nouvelle loi sauf dans les cas où le législateur prévoit que la loi nouvelle ne sera pas applicable aux infractions commises avant son entrée en vigueur ou lorsqu'il a été prévu des dispositions transitoires.

Les articles 112-2 et suivants du Code pénal apportent des réponses en matière d'application dans le temps des lois de procédure.

Ces principes s'appliquent de la manière suivante :

– les lois nouvelles portant sur l'***organisation judiciaire et la compétence*** sont applicables au jugement des infractions commises même avant leur entrée en vigueur dès lors qu'aucune décision n'a été rendue sur le fond ;

– les lois relatives à la ***procédure proprement dite*** (= lois fixant les modalités de poursuite et les formes de la procédure) (art.112-2, C. pén.) s'appliquent immédiatement même aux instances engagées avant leur promulgation, mais avec trois restrictions :

• aucune décision définitive ne doit être intervenue ;

• la loi nouvelle ne doit pas porter atteinte à un droit acquis par le prévenu ou la personne mise en examen ;

• la loi nouvelle ne doit pas entraîner la nullité d'actes accomplis régulièrement lorsque la loi ancienne était en vigueur ;

– les lois relatives à la ***prescription de l'action publique*** s'appliquent à la prescription des infractions commises avant leur entrée en vigueur c'est-à-dire immédiatement lorsque la prescription n'est pas acquise sauf lorsqu'elles auraient pour résultat d'aggraver la situation de l'intéressé ;

---

19. *JO* 6 mars 2007, p. 4297.
20. *JO* 6 mars 2007, p. 4206.
21. *JO* 6 mars 2007, p. 4184.
22. Loi n° 2007-289 du 5 mars 2007 portant modifications du Code de justice militaire et du Code de la défense, *JO* 6 mars 2007, p. 4188.

– les lois relatives aux ***voies de recours*** ainsi qu'aux délais dans lesquelles elles peuvent être exercées sont applicables aux recours formés après leur entrée en vigueur. Les recours sont soumis aux règles de forme en vigueur au jour où ils sont exercés.

5 • LES PRINCIPES GOUVERNANT L'ORGANISATION JUDICIAIRE

A - La séparation des fonctions judiciaires

On distingue les fonctions de ***poursuite***, d'***instruction*** et de ***jugement***. Cette séparation a un fondement politique d'une part, il s'agit de protéger les libertés des citoyens en transposant à l'organisation judiciaire le principe de la séparation des pouvoirs, et technique d'autre part, dans la mesure où elle permet une spécialisation des juges qui favorise un meilleur fonctionnement et une meilleure efficacité de la justice. Cette séparation prend trois aspects :

1) La séparation de la poursuite et de l'instruction

La fonction de poursuite est assurée par le Ministère public tandis que l'instruction est menée par le juge d'instruction. Le juge d'instruction ne peut se saisir lui-même ; une poursuite doit avoir été préalablement engagée par le Ministère public. Il est saisi soit par un réquisitoire introductif du procureur de la République, soit par une plainte avec constitution de partie civile de la victime. Ce principe permet d'assurer l'indépendance et l'impartialité du juge d'instruction dans la recherche et l'appréciation des preuves. Le Ministère public ne peut que poursuivre et n'a aucun pouvoir pour effectuer des actes d'instruction mais il peut faire procéder à des actes de police judiciaire, dont le but n'est pas très différent des actes d'instruction, ceci tant que la juridiction d'instruction n'a pas été saisie. Le procureur de la République peut requérir l'accomplissement d'un acte d'information mais le juge d'instruction peut en refuser l'exécution.

Néanmoins, le Ministère public dispose de diverses prérogatives lui permettant une immixtion plus ou moins importante dans le déroulement de l'instruction. Ainsi, selon l'article 82 du Code de procédure pénale, il peut requérir du juge d'instruction « *tous actes lui paraissant utiles à la manifestation de la vérité et toutes mesures de sûreté nécessaires* » (al. 1er). Il a la possibilité d'« *assister à l'accomplissement* » (al. 1er) de ces actes et « *se faire communiquer la procédure* » (al. 2). Il peut également assister aux interrogatoires, auditions et confrontations de la personne mise en examen, de la partie civile et du témoin assisté (art. 82, al. 3, C. pr. pén.). Le procureur de la République peut contester les ordonnances du juge d'instruction en interjetant appel devant la chambre de l'instruction (art. 185, al. 1er, C. pr. pén.).

2) La séparation des fonctions d'instruction et de jugement

La fonction d'instruction, c'est-à-dire de recherche des preuves, qui appartient au juge d'instruction, doit être séparée de la fonction de juger qui appartient à la juridiction de jugement. Le juge d'instruction ne peut donc en aucun cas siéger au sein de la juridiction appelée à juger une affaire sur laquelle il a mené une instruction (art. 49, al. 2, C. pr. pén). Il existe des atténuations à ce principe : ainsi, le juge pour enfants qui a instruit une affaire concernant un mineur peut siéger dans la juridiction de jugement statuant sur ce même mineur. Le juge de jugement ne peut effectuer des actes d'instruction. Cependant, il peut modifier la qualification opérée par le juge d'instruction et demander un complément d'information.

3) La séparation des fonctions de poursuite et de jugement

La fonction du procureur de la République doit être séparée de celle du juge de jugement. Le procureur de la République ou ses substituts qui ont lancé la poursuite ne peuvent siéger dans les juridictions chargées de juger l'individu qu'il a décidé de poursuivre. Ce principe a pour but d'éviter la partialité du juge[23]. De même, la juridiction de jugement ne peut exercer la fonction de poursuite, c'est-à-dire qu'elle ne peut s'auto-saisir sauf en cas de délit d'audience. Dans les autres cas, la saisine de la juridiction de jugement émane toujours du Parquet. La règle de l'ancien droit selon laquelle « tout juge est procureur général » a disparu.

La loi du 15 juin 2000 a réaffirmé ce principe qu'elle a inscrit dans l'article préliminaire du Code de procédure pénale (I, al. 2, cf. Chapitre 7). La loi du 9 mars 2004 a largement remis en cause ce principe de séparation des fonctions de poursuite et de jugement en permettant au procureur de la République, lorsqu'une personne reconnaît les faits qu'elle est soupçonnée d'avoir commis, de fixer une peine qui sera ensuite homologuée ou pas par le président du Tribunal de grande instance. Il s'agit de la procédure de « comparution sur reconnaissance préalable de culpabilité » prévue aux articles 495-7 et suivants du Code de procédure pénale et entrée en vigueur le 1er octobre 2004 (voir *infra*).

B - Le principe du double degré de juridiction

Ce principe signifie que toute décision prise par une juridiction de première instance peut faire l'objet d'une voie de recours : la même affaire est jugée au fond successivement par deux juridictions de degrés différents. Cette règle, qui a pour fondement le souci d'éviter toute erreur judiciaire, est reprise par l'article 2 du Protocole n° 7 de la Convention européenne de sauvegarde des droits de l'Homme.

« 1. Toute personne déclarée coupable d'une infraction pénale par un tribunal a le droit de faire examiner par une infraction supérieure la déclaration de culpabilité ou la condamnation. L'exercice de ce droit, y compris les motifs pour lesquels il peut être exercé, sont régis par la loi

2. Ce droit peut faire l'objet d'exceptions pour des infractions mineurs telles qu'elles sont définies par la loi ou lorsque l'intéressé a été jugé en première instance par la plus

---

23. Un magistrat ayant entièrement eu à connaître de procédures concernant un accusé peut valablement faire partie de la Cour d'assises appelée à juger cette personne pour des faits distincts, *cf.* Crim., 23 juin 1999, *D.* 1999, Somm. p. 328, obs. J. Pradel.

haute juridiction ou a été déclaré coupable et condamné à la suite d'un recours contre son acquittement ».

L'article préliminaire du Code de procédure pénale prévoit également *in fine* que *« toute personne condamnée a le droit de faire examiner sa condamnation par une autre juridiction »*.

Il s'agit d'un principe applicable aussi bien aux juridictions d'instruction qu'aux juridictions de jugement. Ainsi, les décisions juridictionnelles du juge d'instruction (voir Chapitre 12) peuvent faire l'objet d'un recours devant la Chambre d'accusation (art. 186 et 186-1, C. pr. pén.). Certains jugements du tribunal de police (art. 546, C. pr. pén.), ainsi que les jugements du tribunal correctionnel (art. 496, C. pr. pén), peuvent être attaqués par la voie de l'appel devant la Cour d'appel et plus précisément devant la chambre des appels correctionnels. Ce principe connaît deux limites :

– en matière de ***contraventions***, c'est-à-dire devant le tribunal de police ou le juge de proximité, lorsque la peine encourue n'est pas celle prévue pour les contraventions de la cinquième classe ou lorsque la peine d'amende prononcée n'est pas supérieure au maximum de l'amende encourue pour les contraventions de la deuxième classe (art. 546, C. pr. pén.), l'appel n'est pas possible ;

– les ***jugements d'avant dire droit,*** c'est-à-dire ceux qui ne statuent pas sur le fond de l'affaire mais sur les incidents ou exceptions soulevés au cours du procès devant le tribunal de police ou le tribunal correctionnel, ne peuvent faire l'objet d'un appel que si le jugement met fin à la procédure (art. 507, al. 1er et 549, al. 1er, C. pr. pén.).

Jusqu'à la loi du 15 juin 2000, l'exception la plus notable à ce principe concernait la ***matière criminelle***, c'est-à-dire les décisions rendues par les Cours d'assises. Seul le pourvoi en cassation était possible et non pas l'appel. En effet, la Cour d'assises étant une juridiction populaire, la souveraineté qui s'y attache semblait exclure toute autre voie de recours. De plus, cette juridiction statuait après une instruction menée à deux degrés d'une part par le juge d'instruction, d'autre part par la Chambre d'accusation ce qui limitait les risques d'erreur judiciaire. La loi du 15 juin 2000 a créé un appel en matière criminelle, jugé également par des jurés.

C - Les principes tenant à la composition des organes judiciaires

Ces principes tiennent en trois points.

1) Le statut des magistrats

Il existe des magistrats professionnels et des magistrats non professionnels. Les magistrats professionnels sont recrutés selon un système semblable au recrutement de la fonction publique, ce qui peut poser un problème d'indépendance vis-à-vis du pouvoir exécutif. Les magistrats sont en effet recrutés par concours, organisé par le pouvoir exécutif, et sont nommés par le président de la République par décret sur proposition du garde des Sceaux et avis du Conseil supérieur de la magistrature pour les magistrats du Siège (on distingue magistrats du Siège, chargés de juger et magistrats du Parquet ou Ministère public, chargés de lancer la poursuite). Le pouvoir exécutif intervient dans le recrutement, dans la nomination et dans l'avancement des magistrats. La Constitution garantit cependant leur indépendance notamment par le principe d'inamovibilité des juges du Siège (article 4 de l'ordonnance du 22 décembre 1958) et par l'intervention du Conseil supérieur de la magistrature. Les magistrats non professionnels sont présents mais ne constituent jamais à eux seuls une juridiction. C'est le cas pour la Cour d'assises où s'ajoutent aux neuf jurés trois magistrats professionnels mais également pour le tribunal pour enfants formé d'un magistrat professionnel accompagné de deux assesseurs non professionnels.

2) Le principe de l'unité de juridiction

Ce sont les mêmes organes, les mêmes juridictions et par conséquent les mêmes magistrats qui rendent la justice civile et la justice pénale. Les juges ne sont pas spécialisés. Le juge de proximité statue à la fois en matière civile et en matière pénale. Le tribunal d'instance au civil est le tribunal de police au pénal. Le tribunal de grande instance devient le tribunal correctionnel lorsqu'il juge les infractions pénales qualifiées de délit. La Cour d'appel connaît des appels contre les jugements rendus en matière civile (chambres civiles) mais aussi en matière répressive (Chambre des appels correctionnels). La Cour d'assises reste une juridiction purement répressive mais les magistrats professionnels qui la composent sont soit des conseillers à la Cour d'appel, soit des juges du tribunal de grande instance.

Ce principe marque le souhait d'une organisation judiciaire plus économique, mais également le souci de maintenir les magistrats répressifs en contact avec le droit civil. Certains magistrats sont cependant spécialisés : juge pour enfants, formations de jugement spécialisées en matière économique et financière… notamment en raison de la complexité des affaires.

3) La collégialité

La décision est en principe rendue par une juridiction composée de plusieurs magistrats afin d'éviter les erreurs judiciaires et de préserver la liberté de décision du juge. Il existe des exceptions de plus en plus nombreuses au principe de la collégialité :

– le juge de proximité en matière civile comme en matière pénale ;

– le juge d'instance siégeant en matière de police ;

– le juge pour enfants ;

– le tribunal de grande instance sur décision de son président dans certains domaines limitativement énumérés par la loi ;

– le juge d'instruction mène, au premier degré, l'instruction à lui seul. La loi n° 2007-291 du 5 mars 2007 tendant à renforcer l'équilibre de la procédure pénale limite cette exception à la collégialité en étendant les hypothèses de cosaisine, en créant les pôles de l'instruction et en prévoyant l'instauration de la collégialité de l'instruction à partir de 2010 ;

– le juge des libertés et de la détention.

BIBLIOGRAPHIE

Benhamou (Y.), *Les juges*, Flammarion, coll. « Dominos », 1996.

Carbasse (J.-M.), *Introduction historique au droit pénal,* PUF, Que sais-je ?, 1990.

Charbonneau (C.), « La loi du 15 juin 2000 sur la présomption d'innocence : première approche », *Gaz. Pal.* 2000, n° des 21 et 22 juin, p. 11 à 17.

Charvet (D.), « Une ou deux magistratures », *D.* 2007, Chron. p. 459.

Herzog-Evans (M.), « Le principe de légalité et la procédure pénale », *LPA*, n° du 6 août, p. 4.

Janas (M.), Molins (F.), Dalle (H.), Danet (J.), *Le nouveau procès pénal après la loi Perben II,* Dalloz, Coll. « Dossiers journées d'études Dalloz », 2004.

Josserand (S.), *L'impartialité du magistrat en procédure pénale*, LGDJ, coll. « Bibliothèque des sciences criminelles », tome 33, 1998.

Laingui (A.), *Histoire du droit pénal,* PUF, Que sais-je ?, 2ᵉ éd., 1993.

Laingui (A.) et Lebigre (A.), *Histoire du droit pénal. La procédure criminelle,* Cujas, 1979.

Lamy (B. de), « La loi n° 2004-204 du 9 mars 2004 portant adaptation de la justice aux évolutions de la criminalité – 1re partie : La lutte contre le crime organisé – 2e partie : Efficacité et diversification de la réponse pénale », *D.* 2004, Chron. p. 1910 et 1982.

Marguenaud (J.-P.), « La durée de la procédure pénale française au regard des exigences européennes », *D.* 2000, Chron. p. 249

Pansier (F.-J.) et Charbonneau (C.), « Présentation de la loi du 4 mars 2002 complétant la loi du 15 juin renforçant la protection de la présomption d'innocence », *LPA* 2002, n° de mars, p. 4.

Pradel (J.), « La loi n° 2002-307 du 4 mars 2002 : un placebo pour guérir certains maux de la réforme du 15 juin 2000 sur la présomption d'innocence », *D.* 2002, Chron. p. 1693.

Pradel (J.), « La procédure pénale française à l'aube du troisième millénaire », *D.* 2000, Chron. p.1.

Pradel (J.), « Vers un "aggiornamento" des réponses de la procédure pénale à la criminalité. Apports de la loi n° 2004-204 du 9 mars 2004 dite Perben II », *JCP* 2004, I, 132 et 134.

Rassat (M.-L.), *Propositions de réforme du Code de procédure pénale*, Éd. Dalloz, coll. « Dalloz-Service », 1997.

Rebut (D.), « Le droit à un tribunal impartial devant la chambre criminelle », *RSC* 1998, p. 449.

Roets (D.), *Impartialité et justice pénale*, Éditions Cujas, Travaux de l'Institut de sciences criminelles de Poitiers, 1997.

Roujou de Boubée (G.), « Quelques propos sur les récentes réformes de la procédure pénale, recueillis par Justinien Le Digeste (J.L.D.), grand reporter à la Gazette des Chambres criminelles », in *Mélanges en l'honneur de Pierre julien. La justice au xxiᵉ siècle,* Edilaix, Coll. « Mélanges » 2003, p. 392 à 397.

Zarka (J.-C.), « Loi Perben II : le Conseil constitutionnel a prononcé deux censures et émis diverses réserves d'interprétation », note sous Cons. const., 2 mars 2004, *JCP* 2004, II, 10048.

« Justice et double degré de juridiction », Justices, *Revue générale de droit processuel*, n° 4, juillet-décembre 1996, Dalloz, 1997.

« La justice pénale », Justices, *Revue générale de droit processuel*, n° 10, avril-juin 1998, Dalloz.

Rapport de la Commission de réflexion sur la Justice, La Documentation française, 1997.

CHAPITRE 2

Les règles de compétence

1 • LES RÈGLES GÉNÉRALES DE COMPÉTENCE

Les règles de compétence interne permettent de déterminer si une infraction peut être examinée par le juge d'instruction, par le tribunal de police, le tribunal correctionnel, la Cour d'assises ou toute autre juridiction d'exception et parmi toutes ces juridictions qui existent en France, laquelle est territorialement compétente pour en connaître.

La question de la compétence d'une juridiction étrangère peut également parfois se poser.

A - La compétence internationale des juridictions pénales françaises

1) Les hypothèses

La question de la compétence de la juridiction française par rapport à la juridiction étrangère se pose dans les cas suivants :

– le délinquant ou la victime est de nationalité étrangère ;

– l'infraction a été commise en partie ou en totalité sur un territoire étranger.

2) La solution du droit français

Sont de la compétence des tribunaux français et régies par la loi française :

a) les infractions commises sur le territoire de la République française, même lorsque seul un de leurs éléments constitutifs a été commis sur ce territoire (art. 113-2, C. pén.) ;

b) les infractions commises à bord et à l'encontre des navires battant pavillon français et des navires de la marine nationale en quelques lieux qu'ils se trouvent (art. 113-3, C. pén.) ;

c) les infractions commises à bord ou à l'encontre des aéronefs immatriculés en France et des aéronefs militaires français en quelques lieux qu'ils se trouvent (art. 113-4, C. pén.) ;

d) les crimes et délits qualifiés d'atteintes aux intérêts fondamentaux de la Nation réprimés par le titre Ier du livre IV du nouveau Code pénal, de falsifications et contrefaçons du sceau de l'État, des pièces de monnaie, de billets de banque ou d'effets publics (art. 442-1, 443-1 et 444-1, C. pén.) ou les crimes ou délits contre les agents ou les locaux diplomatiques ou consulaires français, commis hors du territoire de la République (art. 113-10, C. pén.). Cette disposition a pour conséquence de donner parfois compétence à la juridiction française pour une infraction commise par un étranger à l'étranger ;

e) les infractions lésant la communauté internationale : toute personne se trouvant sur le territoire français et qui s'est rendue coupable hors du territoire de la République de l'une des infractions énumérées aux articles 689-2 et suivants du Code de procédure pénale mettant en œuvre les prescriptions un certain nombre de conventions internationales (art. 689-1, C. pr. pén.). Ce texte est applicable à la tentative de ces infractions chaque fois qu'elle est punissable ;

f) dans une certaine mesure, les infractions commises par des Français à l'étranger.

Quelques précisions doivent être apportées :

– le Français qui a déjà été définitivement jugé à l'étranger pour les mêmes faits ou qui justifie avoir subi ou prescrit sa peine s'il a été condamné ne peut plus être jugé par une juridiction française (art. 113-9, C. pén.);

– le crime commis par un Français à l'étranger peut être jugé par les juridictions françaises s'il est puni par la loi française sans qu'il soit nécessaire qu'il soit également puni par la loi du pays où il a été commis ;

– le délit commis par un Français à l'étranger ne peut être jugé par la juridiction française que s'il est puni à la fois par la loi française et par la loi du pays où il a été commis (art. 113-6, al. 2, C. pén.). De plus, le tribunal français doit être saisi par le Ministère public, et non par la partie civile, et seulement après la plainte préalable de la victime ou de ses ayants droit ou une dénonciation officielle par l'autorité du pays où le fait a été commis (art. 113-8, C. pén.);

– les tribunaux français ne sont pas compétents pour juger des contraventions qui ont été commises par un Français à l'étranger ;

g) exceptionnellement, les infractions commises par des étrangers à l'étranger :

– lorsqu'il s'agit de l'une des infractions prévues à l'article 113-10 du Code pénal (v. *supra*);

– en application des articles 689 et suivants du Code de procédure pénale qui donnent compétence aux juridictions françaises lorsque la loi française est applicable ou lorsqu'une convention internationale donne compétence aux juridictions françaises[1], par exemple la convention contre la torture et autres peines ou traitements cruels, inhumains ou dégradants, adoptée à New York le 10 décembre 1984 (art. 689-2, C. pr.

1. Pour un exemple, *cf* Crim., 6 janvier 1998, *JCP* 1998, II, 10158, note J.-F. Roulot, qui donne compétence aux juridictions françaises pour juger un étranger accusé de tortures au Rwanda.

pén.), la convention européenne pour la répression du terrorisme, signée à Strasbourg le 27 janvier 1977, l'accord entre les États membres des Communautés européennes concernant l'application de la convention européenne pour la répression du terrorisme, fait à Dublin le 4 décembre 1979 pour certaines infractions (art. 689-3, C. pr. pén.), la convention sur la protection physique des matières nucléaires, ouverte à la signature à Vienne et New York le 3 mars 1980 pour certaines infractions (art. 689-4, C. pr. pén.)... Dans ces hypothèses, les poursuites ne peuvent être exercées contre une personne justifiant qu'elle a été jugée définitivement à l'étranger pour les mêmes faits et, en cas de condamnation, que la peine a été subie ou prescrite (art. 692, C. pr. pén.). La juridiction compétente est celle du lieu où réside le prévenu, celle de sa dernière résidence connue, celle du lieu où il est trouvé, celle de la résidence de la victime ou, si l'infraction a été commise à bord ou à l'encontre d'un aéronef, celle du lieu d'atterrissage de celui-ci (art. 693, al. 1er, C. pr. pén.) ;

– lorsque la victime est de nationalité française (art. 113-7, C. pén.). S'il s'agit d'un délit, la poursuite ne peut être engagée que par le Ministère public et à la suite d'une plainte de la victime ou d'une dénonciation officielle du pays où le fait a été commis. La personne ne doit pas déjà avoir été jugée définitivement à l'étranger. Si elle a été condamnée, elle ne doit pas avoir subi ou prescrit sa peine.

Dans tous ces cas, la compétence territoriale ou d'attribution est déterminée en application des règles de compétence interne des juridictions répressives françaises mais la Cour de cassation, à la demande du Ministère public ou des parties, peut renvoyer l'affaire devant une juridiction plus voisine du lieu de l'infraction (art. 693, al. 2, C. pr. pén.).

B - La compétence interne des juridictions pénales françaises

La détermination de la juridiction compétente dépend de plusieurs règles de compétence.

1) La compétence personnelle

Elle est également nommée compétence *rationae personae*. Elle prend en compte la qualité personnelle du délinquant. Bien que les citoyens soient égaux devant la loi en application de l'article 6 de la Déclaration des droits de l'homme et du citoyen, des juridictions spéciales ont été créées en vue d'assurer une meilleure justice pénale.

Ainsi, les mineurs sont jugés par des juridictions spéciales : juge pour enfants, tribunal pour enfants, cour d'assises des mineurs.

Les militaires sont parfois jugés par des juridictions spécialisées.

Le président de la République est jugé par la Haute Cour de justice en cas de crime de haute trahison (art. 68 de la Constitution du 4 octobre 1958).

Les ministres sont jugés par la Cour de justice de la République pour les crimes et délits commis dans l'exercice de leur fonction (art. 68-1 et 68-2 de la Constitution révisée par la loi du 27 juillet 1993).

2) La compétence matérielle

Elle est nommée également compétence *rationae materiae*. Elle tient compte de la nature de l'infraction et de la qualification légale qui lui est donnée.

En effet, la détermination de la compétence matérielle nécessite une qualification préalable de l'infraction.

a) La qualification préalable de l'infraction

La qualification est faite par le juge et contrôlée par la Cour de cassation.

• *Les juridictions d'instruction*

Même s'il est saisi *in rem* c'est-à-dire sur des faits déterminés, le juge d'instruction peut modifier la qualification donnée par le Parquet ou la partie civile. De même, la Chambre de l'instruction peut donner une autre qualification que celle du juge d'instruction. Elle peut même instruire sur des faits ou des personnes non visés par l'ordonnance du juge d'instruction (art. 202 et s., C. pr. pén.).

• *Les juridictions de jugement*

Elles peuvent également modifier la qualification des faits[2] dont elles sont saisies mais avec quelques limites :

– impossibilité de modifier la qualification lorsque celle-ci se trouve comprise dans une loi d'amnistie. Une nouvelle qualification ne peut avoir pour but de contourner la loi d'amnistie[3] ;

– impossibilité de modifier la qualification faite en matière de poursuite pour fraude et falsification et en matière d'infractions de presse (art. 50 de la loi du 29 juillet 1881).

Le changement de qualification peut avoir pour conséquence de ne plus faire entrer les faits dans la compétence de la juridiction qui a disqualifié ceux-ci. Elle doit alors se déclarer incompétente uniquement lorsque la disqualification a eu pour conséquence de rendre l'infraction plus grave et de la soumettre à la compétence d'une juridiction plus élevée[4].

b) La compétence matérielle des juridictions d'instruction

Juridiction	Compétence
Juge d'instruction	Crimes Délits Contraventions (s'il a été requis par le Proc. Rép.)
Chambre de l'instruction	Appels contre les ordonnances du juge d'instruction Contrôle disciplinaire sur les officiers et agents de police judiciaire

→

2. Crim., 25 mai 1992, *Bull. crim.* n° 207.
3. Crim., 11 février 1970, *Bull. crim.* n° 64, *Gaz. Pal.* 1970, 1, p. 334.
4. Crim., 3 janvier 1970, *Bull. crim.* n° 4.

(suite)

Juridiction	Compétence
Chambre de l'instruction comprenant le conseiller délégué à la protection de l'enfance	Appels contre ordonnances du juge d'instruction chargé des affaires de mineurs (art. 24, al. 2, ordonnance 2 février 1945)
Juge des enfants et juge d'instruction désigné par le premier président pour les affaires de mineurs	Délits et contraventions de 5e classe commis par des mineurs
Juge d'instruction désigné par le premier président pour les affaires de mineurs	Crimes et exceptionnellement contraventions de 1re à 4e classe commis par des mineurs
Commission d'instruction de la Haute Cour de justice	Crimes de haute trahison commis par le président de la République
Commission d'instruction de la Cour de justice de la République	Crimes et délits commis par les ministres dans l'exercice de leurs fonctions
Chambre criminelle de la Cour de cassation	Pourvoi contre les décisions rendues en dernier ressort par les juridictions d'instruction (Chambre de l'instruction...)

c) La compétence matérielle des juridictions de jugement

Juridiction	Compétence
Juge de proximité	Contraventions de 1re à 4e classe commises par des majeurs ou des mineurs
Tribunal de police	Contraventions de 5e classe commises par des majeurs ou des mineurs
Tribunal correctionnel	Délits y compris en matière économique et financière et en matière militaire en temps de paix Contraventions déférées par erreur au tribunal correctionnel si aucune partie ne demande le renvoi devant le tribunal de police Contraventions connexes à un délit
Chambre des appels correctionnels (Cour d'appel)	Appels contre les jugements interjetés contre les jugements rendus en première instance par les tribunaux correctionnels et tribunaux de police
Cour d'assises (art. 231, C. pr. pén.)	Crimes Délits et contraventions dont elle a été saisie suite à une erreur de qualification commise par le juge d'instruction (plénitude de juridiction) Délits et contraventions suite à une disqualification résultant d'une réponse négative sur les circonstances aggravantes Infractions connexes aux crimes

→

(suite)

Juridiction	Compétence
Juge des enfants	Contraventions de 5e classe et délits commis par des mineurs
Tribunal pour enfants	Contraventions de 5e classe et délits commis par des mineurs Crimes commis par des mineurs de moins de 16 ans.
Cour d'assises des mineurs	Crimes commis par des mineurs de 16 à 18 ans
Chambre spéciale des mineurs (Cour d'appel)	Appels contre les jugements du tribunal de police, du juge des enfants et du tribunal pour enfants
Cour de cassation / Chambre criminelle	Pourvois formés contre les décisions des juridictions de jugement de droit commun et d'exception rendues en dernier ressort sauf les arrêts de la Haute Cour de justice et les arrêts d'acquittement de la Cour d'assises d'appel

3) La compétence territoriale

Elle est également nommée compétence *rationae loci*. Elle prend en compte des considérations de lieu, qu'il s'agisse du lieu de l'infraction, du lieu de résidence du délinquant ou de son lieu d'arrestation.

a) Le Ministère public

Procureur de la République (art. 43, C. pr. pén.)	Procureur de la République du lieu : – de l'infraction ou – de résidence de l'une des personnes soupçonnées d'avoir participé à l'infraction ou – du lieu d'arrestation d'une de ces personnes, même lorsque cette arrestation a été opérée pour une autre cause ou – lieu de détention d'une de ces personnes, même lorsque cette détention est effectuée pour une autre cause
Procureur général	Compétence territoriale de la Cour d'appel

b) Les juridictions d'instruction

Juridiction	Compétence
Juge d'instruction	Juge d'instruction du lieu (art. 52, C. pr. pén.) : – de l'infraction ou – de résidence de l'une des personnes soupçonnées ou – de l'arrestation même opérée pour une autre cause ou – de détention Infractions commises dans le ressort du tribunal de grande instance Infractions commises en dehors de ce ressort lorsque l'une des personnes soupçonnées réside dans le ressort de son tribunal ou y est arrêtée *Exceptions* : Centralisation des affaires de terrorisme auprès du tribunal de Paris (art. 706-17 et 706-22, C. pr. pén.) Infractions économiques : juge d'instruction spécialisé en matière économique et financière (art. 704, C. pr. pén.) « Pôles de l'instruction » (créés par la loi n° 2007-291 du 5 mars 2007), qui ont vocation à regrouper tous les juges d'instruction d'un tribunal de grande instance (liste des tribunaux et la compétence territoriale déterminés par décret).
Chambre de l'instruction	Compétence territoriale de la Cour d'appel

c) Les juridictions de jugement

Infraction	Qui est compétent ?
Contraventions	Tribunal de police ou juge de proximité du lieu (art 522 et 522-1, C. pr. pén.) : – de commission ou – de constatation de l'infraction ou – de résidence du prévenu + tribunal du siège de l'entreprise détentrice du véhicule en cas de contravention aux règles relatives au chargement ou à l'équipement des véhicules, aux conditions de travail dans les transports routiers ou à la coordination des transports
Délits	Tribunal correctionnel du lieu (art. 382, C. pr. pén.) : – de commission de l'infraction ou – d'arrestation ou de détention du prévenu ou – de résidence du prévenu + la compétence à l'égard d'un prévenu s'étend à tous coauteurs et complices (art. 383, C. pr. pén.) + tribunal du domicile ou de la résidence de la personne qui doit recevoir la pension, la contribution, les subsides ou prestations en matière d'abandon de famille (art. 382, al. 2, C. pr. pén.) *Exception :* compétence concurrente du tribunal correctionnel de Paris en matière de terrorisme (art 706-16, C. pr. pén.)

→

(suite)

Infraction	Qui est compétent ?
Crimes	Cour d'assises dans le ressort de laquelle a été commis le crime (département) + tous les individus renvoyés devant elle par le juge d'instruction (art. 231, C. pr. pén.) même si le crime a été commis dans le ressort d'une autre Cour d'assises. *Exception :* compétence concurrente de la Cour d'assises de Paris (statuant sans juré) pour les crimes de terrorisme (art. 706-17 et 706-25, C. pr. pén.)
Infractions commises par une personne morale	– juridiction du lieu de l'infraction ou – juridiction du lieu du siège de la personne morale + règles particulières en matière économique et en matière de terrorisme
Infractions commises à l'étranger et relevant de la compétence des tribunaux français	– lieu de la résidence ou de la dernière résidence connue du prévenu ou – lieu où le prévenu est trouvé ou – lieu de résidence de la victime de l'infraction À défaut : Tribunal de Paris ou à la demande des parties ou du Ministère public et sur renvoi de la Cour de cassation, Cour ou tribunal plus voisin du lieu de commission du crime ou du délit

2 • LES DÉROGATIONS AUX RÈGLES GÉNÉRALES DE COMPÉTENCE

Il s'agit des règles qui dérogent aux règles normales de répartition des compétences matérielle et territoriale entre les juridictions.

A - La plénitude de juridiction de la Cour d'assises

Cette règle permet de déroger à la fois aux règles de compétence matérielle et territoriale.

La plénitude de juridiction découle de l'article 231 du Code de procédure pénale. En effet, l'ordonnance de mise en accusation qui saisit la Cour d'assises est attributive de compétence alors qu'elle n'est qu'indicative pour les autres juridictions. La Cour d'assises peut juger des crimes mais également des délits et des contraventions. La plénitude de juridiction constitue également une dérogation aux règles de compétence territoriale.

Il existe cependant des exceptions à la plénitude de juridiction de la Cour d'assises :

– la Cour d'assises est incompétente pour juger un crime relevant de la compétence d'une juridiction étrangère ;

– la Cour d'assises ne peut juger un crime commis par un mineur, ou un membre du gouvernement dans l'exercice de ses fonctions.

B - La correctionnalisation judiciaire

Elle consiste à considérer qu'est un délit un fait qui se trouve être en réalité un crime. Le tribunal correctionnel juge ces crimes que l'on fait apparaître comme des délits.

1) Les procédés de correctionnalisation

Il existe plusieurs procédés de correctionnalisation :

– les magistrats ***négligent les circonstances aggravantes*** : le délit était un crime en raison des circonstances aggravantes. En les ignorant, le crime apparaît comme un délit ;

– en cas de ***cumul idéal d'infractions***, seule la moins grave est retenue car elle constitue un délit qui sera jugé par le tribunal correctionnel.

Exemple : délit d'escroquerie commis à l'aide du crime de faux en écritures publiques ou authentiques : le magistrat ne retient que l'escroquerie ;

– les magistrats opèrent une ***disqualification des faits.***

Exemple : tentative de meurtre disqualifiée en délit de coups et blessures volontaires en écartant l'intention de donner la mort.

2) La valeur de la correctionnalisation

La correctionnalisation possède plusieurs avantages :

– elle évite les acquittements trop nombreux propres à certaines formes de criminalité.

Exemple : en matière d'avortement, lorsque l'infraction constituait encore un crime, les jurés prononçaient de nombreux acquittements. Les magistrats ont alors procédé à des correctionnalisations parce qu'ils souhaitaient que cette infraction ne reste pas impunie. La correctionnalisation a été confirmée en 1923 par le législateur ;

– le jugement devant le tribunal correctionnel est plus rapide et moins onéreux qu'une procédure devant la Cour d'assises et permet de bénéficier de l'appel.

Jusqu'à la loi du 9 mars 2004, la correctionnalisation judiciaire constituait un procédé illégal. Elle nécessitait d'ailleurs le consentement de toutes les parties qui pouvaient soulever l'incompétence de la juridiction lorsqu'elles refusaient la correctionnalisation. Désormais, l'article 186-3 du Code de procédure pénale permet aux parties (personne mise en examen et partie civile) de faire appel de l'ordonnance de renvoi pour contester la qualification correctionnelle. En l'absence d'appel, on considère que les parties ont admis l'éventuelle correctionnalisation. Il s'agit d'une reconnaissance par le législateur du mécanisme de la correctionnalisation. Il n'y a pas de remise en cause de l'impossibilité de faire appel de l'ordonnance de renvoi du juge d'instruction pour contester l'existence ou la suffisance de charges retenues contre la personne renvoyée par le juge d'instruction[5].

---

5. Circulaire CRIM 04-16-E8-21.09.04 du 21 septembre 2004 présentant les dispositions générales de procédure pénale de la loi n° 2004-204 du 9 mars 2004 portant adaptation de la justice aux évolutions de la criminalité, § 1.7.2 et 4.2.2.

L'appel n'est possible que lorsqu'une partie estime que le juge d'instruction a correctionnalisé des faits de nature criminelle. En contrepartie, les juridictions correctionnelles ont l'interdiction de revenir sur une telle correctionnalisation en se déclarant incompétentes.

C - La règle « le juge de l'action est le juge de l'exception »

1) Le principe

Cette règle signifie que le juge répressif est compétent pour statuer sur l'infraction pénale mais également sur les questions de droit civil ou de droit administratif posées incidemment par cette infraction.

Exemple : problème de filiation à l'occasion d'un jugement sur un parricide.

L'article 384 du Code de procédure pénale prévoit que « *Le tribunal saisi de l'action publique est compétent pour statuer sur toutes les exceptions proposées par le prévenu pour sa défense...* ». Cette règle se justifie par la nécessité d'une justice efficace et rapide.

Cependant, ce principe comporte certaines exceptions. Il s'agit des exceptions préjudicielles au jugement qui obligent la juridiction répressive à surseoir à statuer jusqu'à la décision de la juridiction civile ou de la juridiction administrative.

2) Les exceptions préjudicielles

Pour que le tribunal répressif soit contraint de surseoir à statuer, l'exception préjudicielle doit comporter certains caractères (art. 386, C. pr. pén.) :

– elle doit avoir été invoquée avant toute défense au fond ;

– elle doit être de nature à retirer au fait poursuivi son caractère délictueux ;

– elle doit être vraisemblable c'est-à-dire fondée sur des faits ou sur des titres donnant un fondement à la prétention du prévenu.

La question s'est posée de savoir si l'exception préjudicielle pouvait être également invoquée devant la juridiction d'instruction ou seulement devant la juridiction de jugement. Alors que la jurisprudence semble s'opposer à une telle extension, la doctrine y est favorable.

Il existe trois types d'exceptions préjudicielles :

a) Les exceptions préjudicielles de nature civile

Il s'agit :

– de l'exception préjudicielle de droit réel immobilier ;

– de l'exception de nullité de mariage ;

– des questions de filiation mais seulement lorsqu'elles mettent en cause définitivement l'état des personnes ;

– des questions de nationalité sauf devant la Cour d'assises.

b) Les exceptions préjudicielles de nature pénale

Il s'agit :

– de la dénonciation calomnieuse ;

– de la diffamation.

c) Les exceptions préjudicielles de nature administrative

Le tribunal de police peut apprécier la légalité d'un arrêté ou d'un décret de police en cas de contravention à ce règlement administratif. Il relaxe s'il le trouve illégal mais ne peut en aucun cas prononcer la nullité de ce règlement. Succédant à une jurisprudence compliquée et contradictoire de la chambre criminelle et du Tribunal des conflits distinguant actes administratifs réglementaires et actes administratifs individuels, le nouveau Code pénal a prévu que « *les juridictions pénales sont compétentes pour interpréter les actes administratifs, réglementaires ou individuels, et pour en apprécier la légalité, lorsque, de cet examen, dépend la solution du procès pénal qui leur est soumis* » (art. 111-5, C. pén.).

Dans les autres cas, les questions de droit administratif soulevées devant le tribunal répressif constituent toutes des exceptions préjudicielles sauf si la loi en a disposé autrement (*exemple* : permis de construire).

Il existe une exception préjudicielle lorsqu'une question d'interprétation d'un traité international se pose devant la juridiction répressive : celle-ci surseoit à statuer jusqu'à la décision du ministre des Affaires étrangères. Cependant, lorsque la question porte sur le traité instituant la Communauté économique européenne ou sur un règlement communautaire, l'exception préjudicielle est portée devant la Cour de justice des Communautés européennes mais elle n'obéit pas aux règles de procédure prévues par l'article 386 du Code de procédure pénale. En revanche, il n'y a pas d'exception préjudicielle pour les conventions multilatérales telles que la Convention européenne des droits de l'Homme.

D - La prorogation légale de compétence

Elle permet d'étendre, de proroger la compétence matérielle ou territoriale d'une juridiction.

1) Les cas de prorogation de compétence

a) La connexité

L'article 203 du Code de procédure pénale énonce les différents cas de connexité :

– infractions commises en même temps par plusieurs personnes réunies ;

– infractions commises par différentes personnes, même en différents temps et en différents lieux, mais par suite d'un concert formé à l'avance entre elles ;

– infractions commises pour se procurer les moyens d'en commettre d'autres ou d'en assurer l'impunité, ou pour en consommer l'exécution ;

– lorsque des choses enlevées, détournées ou obtenues à l'aide d'un crime ou d'un délit ont été en tout ou en partie recelées.

Cette liste n'est pas limitative. Il y a connexité dès lors que le rapport entre les infractions est analogue à l'un de ceux qui est prévu par la loi. La jonction des procédures est alors possible mais facultative.

b) L'indivisibilité

La relation étroite entre les faits délictueux entraîne dans les cas d'indivisibilité la jonction des procédures devant un seul et même tribunal :

– infraction commise par plusieurs personnes coauteurs ou complices ;

– plusieurs infractions liées par une unité de dessein ou dont l'une constitue une circonstance aggravante de l'autre et commises par un seul et même agent.

Dans tous les cas où des rapports étroits existent entre les infractions, la jonction des procédures est obligatoire.

2) Les effets de la prorogation de compétence

Quelle juridiction est compétente ?

Juridictions concurrentes	Juridiction compétente	Exception
– Une juridiction de droit commun et – Une juridiction d'exception	Juridiction de droit commun	Juridiction pour mineur si l'affaire concerne un mineur
Plusieurs juridictions de droit commun	– Si les juridictions sont de degrés différents : la plus élevée – Si les juridictions sont de même degré : celle qui assure la meilleure administration de la justice (rassemblement des preuves le plus aisé)	

Cette prorogation de compétence induit également une dérogation à la compétence territoriale des juridictions.

E - Les dérogations à la compétence territoriale des juridictions répressives

Il existe plusieurs dérogations aux règles de compétence *rationae loci* notamment :

Infraction	Juridiction compétence *rationae loci*
Crime, délit ou contravention	Plénitude de juridiction de la Cour d'assises
Délinquance et criminalité organisées	Juridictions inter-régionales spécialisées (art. 706-73 et 706-74, C. pr. pén.) (une ou plusieurs cours d'appel).
Abandon pécuniaire de famille (art. 382, al. 2, C. pr. pén.)	– Lieu où le délit a été commis – Lieu du domicile ou de la résidence du créancier de la pension alimentaire
Infractions en matière économique et financière (art. 704, C. pr. pén.)	Possibilité de saisine initiale ou après dessaisissement du juge d'instruction spécialisé
Actes de terrorisme – Suspicion légitime – Interruption du cours de la justice – Dans un objectif de sûreté publique ou de bonne administration de la justice	Compétence des juridictions parisiennes en plus de la compétence normale de la juridiction locale Autre juridiction que celle territorialement compétente

3 • LA SANCTION DES RÈGLES DE COMPÉTENCE

Le non-respect des règles de compétence, qui sont d'ordre public, peut provoquer la nullité de la procédure et de la décision. Les juridictions peuvent donc se déclarer incompétentes. Cependant, il existe des cas dans lesquels deux juridictions peuvent au contraire se déclarer compétentes.

A - La décision d'incompétence

L'incompétence peut être soulevée par les parties mais la juridiction peut également se déclarer elle-même incompétente d'office.

1) La juridiction d'instruction

Selon l'article 90 du Code de procédure pénale, le juge d'instruction doit toujours vérifier sa compétence. Ce texte fait référence à l'article 52 du même code, c'est-à-dire à la compétence territoriale mais la solution doit également être appliquée à la compétence matérielle.

S'il est incompétent, le juge rend une ordonnance qui est susceptible d'appel devant la Chambre de l'instruction par les parties (art. 186, al. 3, C. pr. pén.) et par le procureur de la République (art. 185, al. 1er, C. pr. pén.).

2) La juridiction de jugement

Les juridictions de jugement peuvent se déclarer incompétentes d'office ou à la demande des parties (art. 469 et 540, C. pr. pén.).

Les juridictions connaissent cependant des limitations à leur compétence telle qu'elle a été strictement définie :

– le tribunal correctionnel saisi d'une contravention ne peut se déclarer incompétent ;

– la Cour d'assises saisie par une ordonnance de mise en accusation ne peut se déclarer incompétente et les parties ne peuvent soulever l'exception d'incompétence même si elle est incompétente territorialement ou matériellement. C'est le principe de la plénitude de juridiction. En revanche, elle doit se déclarer incompétente si une juridiction étrangère est compétente, s'il s'agit d'un crime commis par un mineur ou par un membre du gouvernement dans l'exercice de ses fonctions.

Les décisions d'incompétence sont susceptibles d'appel ou de pourvoi en cassation. De plus, pour toute décision qui lui est déférée, la Cour de cassation vérifie que la juridiction qui l'a rendue était bien compétente, même si cette incompétence n'a pas été soulevée par le demandeur à la cassation.

Lorsqu'une juridiction s'est déclarée incompétente, la procédure devant celle-ci est terminée. Les parties peuvent immédiatement interjeter appel ou se pourvoir en cassation quant à la décision d'incompétence.

En revanche, lorsque la Cour ou le tribunal rejette une exception d'incompétence, deux cas doivent être envisagés :

– l'appel et le pourvoi ne sont possibles immédiatement qu'après une ordonnance rendue par le président de la Chambre des appels correctionnels ou par le président de la Chambre criminelle de la Cour de cassation, suite à une requête adressée par la partie qui souhaite interjeter en appel ou former un pourvoi en cassation ;

– si cet appel ou ce pourvoi immédiat sont refusés, ces voies de recours ne peuvent être exercées qu'après la décision rendue sur le fond par la juridiction qui a refusé de se déclarer incompétente.

B - Les conflits de compétence

1) Les conflits d'attribution

Il s'agit du cas où la juridiction administrative se considère compétente alors que la juridiction répressive a été saisie.

Dans ce cas, le préfet demande au tribunal répressif de se dessaisir de l'affaire (= déclinatoire de compétence). Si celui-ci refuse, le préfet saisit le Tribunal des conflits par un arrêté de conflit qui oblige la juridiction répressive à surseoir à statuer.

Le conflit ne peut pas être élevé devant le Tribunal des conflits dans tous les cas.

– Cas où le conflit peut ou ne peut pas être élevé concernant l'action publique :

Cas où le conflit peut être élevé	Cas où le conflit ne peut être élevé
devant le tribunal correctionnel dans deux cas : – si la solution de la décision dépend d'une question préjudicielle de la compétence de l'autorité administrative ; – s'il s'agit d'un délit relevant des tribunaux administratifs.	– devant la Cour d'assises ; – devant le tribunal de police *mais dans les 2 cas*, ces juridictions peuvent se déclarer incompétentes elles-mêmes sous le contrôle de la Cour de cassation

– Cas où le conflit peut ou ne peut pas être élevé concernant l'action civile :

Cas où le conflit peut être élevé	Cas où le conflit ne peut être élevé
– Dans tous les cas où, selon le préfet, la responsabilité de l'État ou de l'Administration est mise en jeu.	– En matière de réparation des dommages causés par un véhicule quelconque (art. 1er, loi 31 décembre 1957). – En matière d'inobservation des formalités prescrites pour les mandats de comparution, d'amener, de dépôt, de recherche et d'arrêt et en matière d'atteinte à la liberté individuelle (art. 136, C. pr. pén.).

2) Les conflits de juridiction

Il s'agit de cas où deux juridictions de l'ordre judiciaire se déclarent compétentes pour la même affaire ***(conflit positif)***, ou se déclarent toutes deux incompétentes ***(conflit négatif)***.

Dans les deux cas, c'est la procédure du règlement de juge (art. 657 à 661, C. pr. pén.) qui règle le conflit. La juridiction supérieure commune aux deux juridictions désigne la juridiction compétente.

Conflit entre...	Réglé par...
– deux tribunaux de police ou – deux tribunaux correctionnels ou – deux juges d'instruction du ressort de la même Cour d'appel	Chambre de l'instruction
– deux tribunaux de ressorts différents ou – une juridiction de droit commun et une juridiction d'exception ou – deux juridictions de niveaux différents (*Exemple :* juge d'instruction et Cour d'appel)	Chambre criminelle de la Cour de cassation

Dans la pratique, le problème n'est pas réglé par cette procédure de règlement de juge mais par dessaisissement amiable de l'une des juridictions au profit de l'autre, à la demande du Ministère public. La procédure est prévue par la loi (art. 657, C. pr. pén.) lorsque deux juges d'instruction sont en conflit : l'un d'eux rendra alors une ordonnance de dessaisissement au profit de l'autre.

BIBLIOGRAPHIE

BIGAY, « Les dispositions nouvelles de compétence des juridictions françaises à l'égard des infractions commises à l'étranger », *D.* 1976, Chron p. 51.

BONET (G.), « Le règlement de juges dans la jurisprudence moderne de la chambre criminelle », *JCP* 1970, I, 2319.

FAYARD, « La localisation internationale de l'infraction », *RSC* 1968, p. 755.

GOBERT (M.), « La connexité dans la procédure pénale française », *JCP* 1961, I, 1607.

GUÉRY (C.), « Aux confins du droit et de la procédure pénale : la relative liberté de qualification du juge d'instruction », *D.* 1996, Chron, p. 335.

LAURENT (J.-C.), « La correctionnalisation », *JCP* 1950, I, 852 et 877.

MAMONTOFF (C.), « Les conflit de compétence entre les ordres de juridiction », *LPA*, 1997, 24 déc., p. 19-23.

NONET, « Le règlement de juges dans la jurisprudence moderne de la chambre criminelle », *JCP* 1970, I, 2319.

PÉPY, « La séparation des autorités administrative et judiciaire et l'appréciation par le juge répressif de la légalité des actes administratifs individuels », in *Mélanges Patin,* p. 95.

SCHULTZ, « La compétence des juridictions pénales pour les infractions commises à l'étranger », *RSC* 1967, p. 305.

CHAPITRE 3

Schémas généraux de l'organisation judiciaire pénale

1 • L'ORGANISATION JUDICIAIRE SIMPLIFIÉE

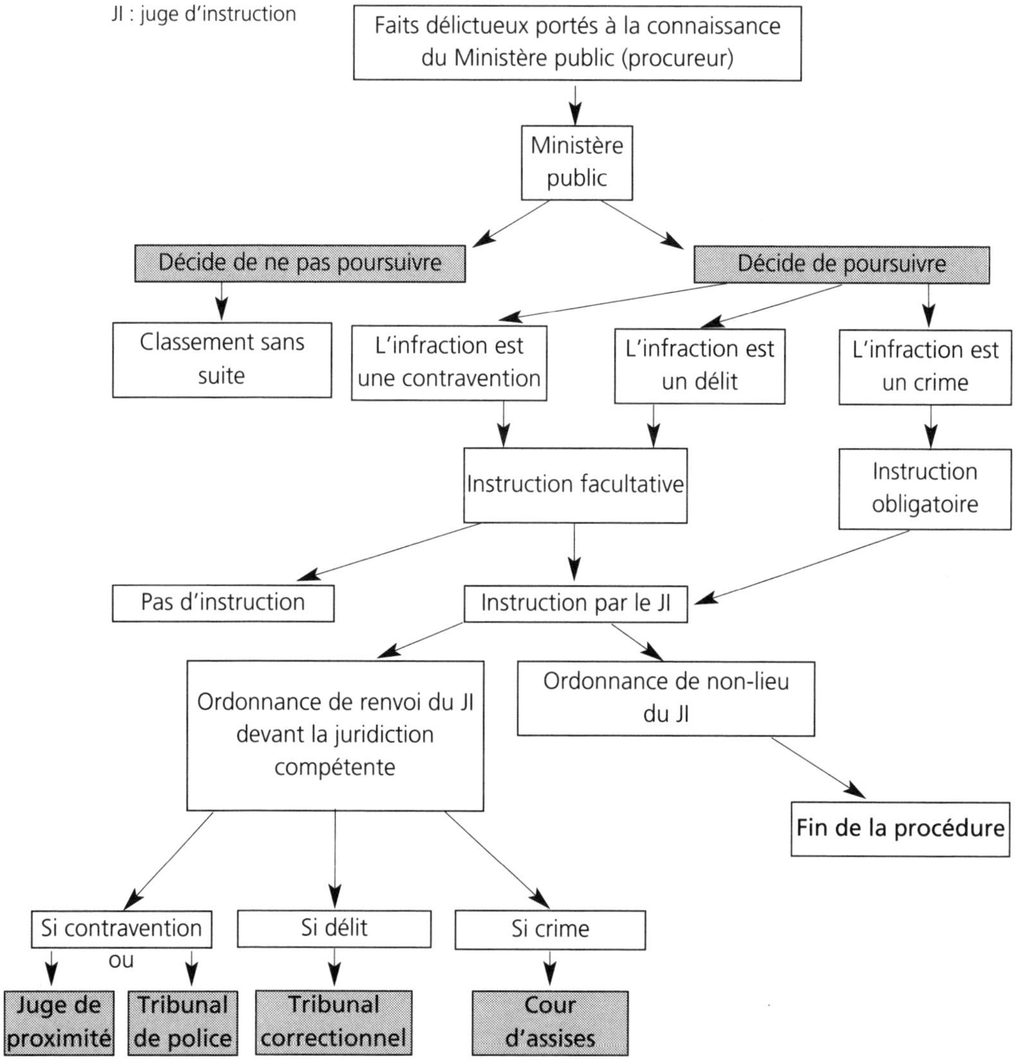

2 • LES JURIDICTIONS D'INSTRUCTION ET DE JUGEMENT DE DROIT COMMUN

	Poursuite	Juridictions d'instruction	Juridictions de jugement
Cassation	Procureur général près la Cour de cassation	Chambre criminelle de la Cour de cassation	Chambre criminelle de la Cour de cassation
Appel	Procureur général près la Cour d'appel	Chambre de l'instruction	Chambre des appels correctionnels Cour d'assises de renvoi
Première instance	Procureur de la République	Juge d'instruction/ pôles de l'instruction/ collège de l'instruction	Juge de proximité Tribunal correctionnel Tribunal correctionnel Cour d'assises

Les juridictions d'instruction sont celles qui sont chargées de déterminer d'une part l'existence de l'infraction, et d'autre part, si les charges qui pèsent sur telle ou telle personne nécessitent son jugement, par la juridiction compétente.

Les juridictions de jugement sont celles qui sont appelées à se prononcer sur la culpabilité ou l'innocence de la personne poursuivie : elles acquittent, relaxent ou infligent une peine.

La poursuite est exercée par le ***Ministère public*** qui a pour rôle d'exercer l'opportunité des poursuites, c'est-à-dire de décider si l'affaire doit faire l'objet d'un jugement (éventuellement précédé d'une instruction) ou d'un classement sans suite.

PARTIE 2

Les actions nées de l'infraction

CHAPITRE 4

Le déclenchement de l'action publique

L'infraction est génératrice d'un trouble social, elle donne par conséquent naissance à une action déclenchée par le ***Ministère public*** ou ***Parquet***, au nom de la société et tendant au prononcé d'une sanction pénale : c'est ***l'action publique***. Selon l'article 31 du Code de procédure pénale, *« Le Ministère public exerce l'action publique et requiert l'application de la loi ».* Elle s'oppose à l'***action civile*** qui vise à l'indemnisation d'un préjudice matériel ou moral causé à la victime par l'infraction. Cependant, l'action publique peut être mise en mouvement par ces magistrats mais également dans certaines conditions par la victime (art. 1er, C. pr. pén.).

1 • LE DÉCLENCHEMENT DE L'ACTION PUBLIQUE PAR LE MINISTÈRE PUBLIC

A - Le Ministère public

Le Ministère public est aussi appelé ***Parquet*** car dans l'ancienne France, ses membres se tenaient sur le parquet de la salle d'audience et non sur l'estrade réservée aux juges, ou encore ***magistrature debout*** car ses représentants se lèvent pour présenter leurs réquisitions, à l'inverse de la ***magistrature assise*** ou ***Siège*** composé de juges. Le Ministère public existe à la fois en matière civile et en matière pénale mais il reste incontestable que c'est dans le procès pénal, où il est toujours partie principale comme demandeur à l'action publique, qu'il a le rôle le plus considérable.

1) L'institution du Ministère public

Les membres du Ministère public sont nommés par décret du président de la République sur proposition du garde des Sceaux avec avis simple du Conseil supérieur de la magistrature (formation particulière compétente à l'égard des magistrats du Parquet ; art. 28, Ord. 22 décembre 1958). Même s'ils dépendent du pouvoir exécutif, ce sont des magistrats, défenseurs de la société (d'où leur recrutement par le même concours professionnel que les juges).

a) L'organisation du Ministère public

Le Ministère public est représenté auprès de chaque juridiction répressive (art. 32, al. 1er, C. pr. pén.).

Niveau d'instance	Composition du Parquet
Cour de cassation	Procureur général près la Cour de cassation + 1er avocat général + 18 avocats généraux
Appel	Procureur général près la Cour d'appel + avocats généraux + substituts du procureur général
Première instance	*Devant le tribunal correctionnel et le juge d'instruction :* Procureur de la République + procureurs adjoints + substituts du procureur *Devant le tribunal de police :* Procureur de la République pour les contraventions de 5e classe Pour les contraventions de la 1re à la 4e classe : – soit facultativement par le procureur de la République du TGI (art. 45, al. 1er, C. pr. pén.) ; – soit par le commissaire de police du lieu où siège le tribunal d'instance ; – soit par un ingénieur des eaux et forêts ou un chef de district ou un agent technique désigné par le conservateur des eaux et forêts en cas d'infraction forestière (art. 45, al. 2, C. pr. pén.). *Devant le juge de proximité :* Le Parquet est représenté par un officier du Ministère public. *Devant la Cour d'assises :* Le Ministère public est représenté soit par un membre du Parquet général lorsque la cour siège au chef-lieu de la cour d'appel, soit par un membre du Parquet du tribunal de grande instance si la cour siège dans une autre ville (art. 34 et 39, al. 3, C. pr. pén.).

* En cas d'empêchement ou s'il n'y a pas de commissaire de police au lieu où siège le tribunal, un commissaire ou un inspecteur divisionnaire ou principal de police nationale exerce les fonctions du Ministère public (art. 46, al. 1er, C. pr. pén.). À titre exceptionnel et en cas de nécessité absolue, ce rôle peut être attribué par le juge d'instance au maire du lieu où siège le tribunal de police ou à un de ses adjoints (art. 46, al. 2, C. pr. pén.).

Le ***ministre de la Justice*** « *conduit la politique d'action publique déterminée par le Gouvernement. Il veille à la cohérence de son application sur le territoire de la République* » (art. 30, al. 1er, C. pr. pén.).

Le ***procureur général*** « *veille à l'application de la loi pénale dans toute l'étendue du ressort de la cour d'appel et au bon fonctionnement des parquets de son ressort* » (art. 35, al. 1er, C. pr. pén.).

Le ***procureur de la République*** représente en personne ou par ses substituts le Ministère public près le tribunal de grande instance (art. 39, al. 1er, C. pr. pén.). Il reçoit les plaintes et les dénonciations et apprécie la suite à leur donner (art. 40, al. 1er, C. pr. pén.).

b) Les caractères du Ministère public

• Le Ministère public est d'abord ***irrécusable*** parce qu'il est partie au procès et constitue même la partie principale et indispensable alors que les jurés et magistrats du siège peuvent être récusés.

• Le Ministère public est également ***irresponsable***. S'il exerce l'action publique à tort, il ne peut jamais être condamné ni aux frais ni à des dommages-intérêts.

• Le Ministère public est ***indépendant*** vis-à-vis des juridictions de jugement et des juridictions d'instruction mais également vis-à-vis de la partie lésée. Aucun d'eux ne peut lui adresser des injonctions ni l'obliger à engager telle ou telle action.

• Le Ministère public est ***hiérarchisé et indivisible*** :

– Le caractère ***hiérarchisé*** du Ministère public

Alors que les magistrats du Siège ne reçoivent d'ordre de personne et statuent uniquement selon leur conscience, ceux du Parquet sont, au contraire soumis à leur hiérarchie : « *les magistrats du Parquet sont placés sous la direction et le contrôle de leurs chefs hiérarchiques et sous l'autorité du garde des Sceaux, ministre de la Justice* » (art. 5 de l'ordonnance n° 58-1270 du 22 décembre 1958).

Le garde des Sceaux peut adresser des instructions générales d'action publique (art. 30, al. 2, C. pr. pén.). Il s'adresse au procureur général qui informe à son tour le procureur de la République. Il peut agir également par voie plus générale en émettant des circulaires en vue d'orienter la politique des parquets. La loi du 9 mars 2004 a également ajouté que le ministre de la Justice « *peut dénoncer au procureur général les infractions à la loi pénale dont il a connaissance et lui enjoindre, par instructions écrites et versées au dossier de la procédure, d'engager ou de faire engager des poursuites ou de saisir la juridiction compétente de telles réquisitions écrites que le ministre juge opportunes* » (art. 30, al. 3, C. pr. pén.). Ces nouvelles dispositions forment un nouveau chapitre du Code de procédure pénale intitulé « *Des attributions du garde des Sceaux, ministre de la Justice* ».

Le procureur général a la possibilité d'enjoindre aux procureurs de la République, par notes écrites, d'engager ou de faire engager des poursuites ou de saisir la juridiction compétente des réquisitions qu'il juge opportunes (art. 36, C. pr. pén.).

Le Ministère public est tenu de prendre des réquisitions conformes aux instructions qui lui sont données (art. 33, C. pr. pén.).

Le procureur de la République a autorité sur les officiers du Ministère public près des tribunaux de police de son ressort. Ainsi, il peut leur dénoncer les contraventions dont il est informé et leur enjoindre d'exercer des poursuites (art. 44, C. pr. pén.).

Quelles sont les conséquences de la subordination hiérarchique ?

• Les subordonnés ont l'obligation d'informer leur supérieur direct.

• Les membres du Ministère public sont ***amovibles et révocables*** à la différence des juges : ils peuvent faire l'objet d'un certain nombre de sanctions disciplinaires : rappel à l'ordre, déplacement, rétrogradation voire révocation. En effet, le garde des Sceaux qui veut frapper disciplinairement un membre du Ministère public doit recueillir l'avis d'une commission de discipline du Parquet mais cette commission ne fournit qu'un avis et ne lie pas le ministre.

Le devoir d'obéissance envers les supérieurs comporte deux limites :

• le pouvoir propre des chefs de Parquet c'est-à-dire des procureurs généraux et chefs de Parquet, découlant de l'article 41 du Code de procédure pénale : un chef de Parquet peut poursuivre malgré la défense du supérieur ou refuser de poursuivre malgré les ordres qui lui ont été donnés. Le supérieur hiérarchique ne peut se substituer au chef de Parquet pour engager la poursuite. Cependant, à l'intérieur d'un même Parquet, la subordination est plus étroite : les substituts doivent se conformer aux instructions du procureur de la République qui peut se substituer à eux pour engager des poursuites. Cependant les conflits entre chefs de Parquet sont rares en pratique ;

• le Ministère public dispose de sa liberté lorsqu'il requiert à l'audience (art. 33, C. pr. pén. *in fine*), il peut formuler des réquisitions orales contraires à ses réquisitions écrites : « *La plume est serve mais la parole est libre* ». Selon l'article 5 de l'ordonnance n° 58-1270 du 22décembre 1958 portant loi organique relative au statut de la magistrature, « *Les magistrats du parquet sont placés sous la direction et le contrôle de leurs chefs hiérarchiques et sous l'autorité du garde des Sceaux, ministre de la Justice. À l'audience, leur parole est libre* ».

– Le caractère ***indivisible*** du Ministère public

Les membres du Parquet d'une juridiction sont interchangeables, ils forment tous une seule et même personne. L'acte accompli par un membre du Parquet l'est au nom du Parquet tout entier alors qu'en cours de jugement d'une affaire, un magistrat du Siège ne peut se faire remplacer par un autre, à peine de nullité de la procédure.

2) La compétence du Ministère public

Selon l'article 43 du Code de procédure pénale, est compétent le procureur de la République soit du lieu de l'infraction, soit du lieu de résidence de l'une des personnes soupçonnées d'avoir participé à l'infraction, soit du lieu d'arrestation d'une de ces personnes, même lorsque cette arrestation a été opérée pour une autre cause, soit du lieu de détention d'une de ces personnes, même lorsque cette détention est effectuée pour une autre cause.

3) Les fonctions du Ministère public

a) La fonction première du Ministère public

La fonction essentielle du Ministère public n'est pas de juger. Il n'est pas juge mais partie au procès. Il agit au nom de la société. Il a pour fonction de lancer et d'exercer l'action publique.

Agissant au nom de la société, il constitue une partie mais une partie originale au procès pénal :

– le Ministère public est demandeur mais il agit au nom de la société, il n'est donc pas propriétaire de l'action publique et a donc des pouvoirs moindres que l'autre demandeur qu'est la partie civile : il ne peut transiger sauf cas exceptionnels, se désister, ni acquiescer (= renoncer à l'exercice des voies de recours);

– son action au nom de la société lui donne parfois des pouvoirs bien plus importants que les autres parties :

Exemples : constater lui-même toutes les infractions qui se commettent, assister aux interrogatoires de la personne mise en examen et aux auditions de la partie civile, donner son avis pour la délivrance par le juge d'instruction d'un mandat d'arrêt et pour la mainlevée par ce magistrat de la mise sous contrôle judiciaire, droit de requérir directement la force publique (art. 42, C. pr. pén.), droit d'assister aux débats des juridictions de jugement et d'être présent au prononcé de toutes les décisions (art. 32, al. 2, C. pr. pén.), possibilité de requérir l'ouverture d'une information (art. 44, C. pr. pén. *in fine*), possibilité de saisir directement le juge des libertés et de la détention en matière criminelle ou pour les délits punis de dix ans d'emprisonnement en déférant sans délai devant lui la personne mise en examen (art. 137-4, al. 2, C. pr. pén.)...

– sa mission de défense de la société n'oblige pas le Ministère public à poursuivre une politique de répression systématique. Son rôle consiste à requérir l'application équitable de la loi.

b) Les fonctions secondes du Ministère public

Il en existe traditionnellement trois :

– le Ministère public « *dirige l'activité des officiers et agents de police judiciaire dans le ressort de son tribunal* » (art. 41, al. 2, C. pr. pén.), ce qui lui permet de procéder ou de faire procéder à tous les actes nécessaires à la recherche et à la poursuite des infractions à la loi pénale (art. 41, al. 1er, C. pr. pén.). Le procureur de la République contrôle les mesures de garde à vue et il est chargé de visiter les locaux de garde à vue au moins une fois par an (art. 41, al. 3, C. pr. pén.) ;

– le Parquet est chargé de l'exécution des décisions de justice (art. 32, al. 3, C. pr. pén.);

– le Parquet a également une importante fonction de prévention. Pour cela, il travaille en collaboration avec la police judiciaire. De plus, le procureur de la République est vice-président du Conseil départemental de la prévention de la délinquance. Plus généralement, le procureur de la République joue un rôle de prévention par la manière dont il exerce l'action publique.

La loi n° 2007-297 du 5 mars 2007 a précisé par la création d'un article 39-1 du Code de procédure pénale que « *Dans le cadre de ses attributions en matière d'alternative aux poursuites, de mise en mouvement et d'exercice de l'action publique, de direction de la police judiciaire, de contrôle d'identité et d'exécution des peines, le procureur de la République veille à la prévention des infractions à la loi pénale* » (alinéa 1er).

La loi du 9 mars 2004 a élargi les fonctions du procureur de la République en instituant la procédure de « *comparution sur reconnaissance préalable de culpabilité* » prévue aux articles 495-7 et suivants du Code de procédure pénale et qui est entrée en vigueur le 1er octobre 2004 (voir *infra*). Cette nouvelle attribution dépasse la fonction traditionnelle de poursuite du Ministère public et empiète sur la fonction de jugement.

B - L'opportunité des poursuites

L'article 40, alinéa premier du Code de procédure pénale confie au procureur de la République le pouvoir de déclencher l'action publique : « *le procureur de la République reçoit les plaintes et les dénonciations et apprécie la suite à leur donner* ». Le principe de l'opportunité des poursuites vise essentiellement à écarter les plaintes fantaisistes.

Le procureur de la République est le gardien de l'ordre public, c'est donc à lui qu'est attribué le pouvoir de déclencher l'action publique. Le procureur de la République est en effet informé de toutes les plaintes et dénonciations faites dans son ressort territorial. De plus, toutes les autorités de police qui, dans l'exercice de leurs fonctions, acquièrent la connaissance d'un crime ou d'un délit sont tenues d'en donner avis sans délai au procureur de la République et de lui transmettre tous les renseignements, procès-verbaux et actes qui y sont relatifs (art. 40, al. 2, C. pr. pén.).

Le procureur de la République a alors trois possibilités :

– il classe sans suite ;

– il déclenche l'action publique ;

– il met en œuvre une procédure alternative aux poursuites en application des dispositions des articles 41-1 (mesure alternative aux poursuites) ou 41-2 (composition pénale).

Le procureur de la République perd parfois sa liberté d'action :

– dans certains cas, la loi subordonne la poursuite à la plainte de la victime par exemple en cas d'atteintes à la vie privée ou pour certaines diffamations ou injures ;

– parfois, la loi exige une plainte de l'Administration par exemple en matière fiscale, monétaire et de Sécurité sociale.

Une fois cette plainte déposée, le procureur de la République n'est pas tenu de poursuivre obligatoirement.

Il existe d'autres obstacles au déclenchement de l'action publique :

– demande de mainlevée de l'inviolabilité d'un parlementaire ;

– nécessité de prendre l'avis d'une autorité ;

– poursuite subordonnée à une mise en demeure préalable.

Le procureur de la République doit aviser les plaignants et victimes, lorsqu'ils sont identifiés, de la décision de poursuite ou d'alternative aux poursuites décidée à la suite de leur plainte ou de leur signalement (art. 40-2, al. 1er, C. pr. pén.), de même en cas de classement sans suite lorsque l'auteur des faits est identifié (art. 40-2, al. 2, C. pr. pén.). À compter du 31 décembre 2007, il avisera les plaignants et victimes en cas de classement sans suite même lorsque l'auteur des faits ne sera pas identifié.

1) Le classement sans suite

Le procureur indique les raisons juridiques ou d'opportunité qui motivent le classement sans suite lorsqu'il informe le plaignant ou la victime (art. 40-2, al. 2, C. pr. pén.).

Lorsqu'il classe sans suite, le procureur de la République indique à la victime qu'elle peut directement adresser sa demande de désignation auprès du bâtonnier si elle maintient son intention d'obtenir la réparation de son préjudice (art. 40-4, al. 2, C. pr. pén.).

« *Toute personne ayant dénoncé des faits au procureur de la République peut former un recours auprès du procureur général contre la décision de classement sans suite prise à la suite de cette dénonciation* » (art. 40-3, C. pr. pén.). Dans cette hypothèse, le procureur général a deux possibilités :

– enjoindre au procureur de la République d'engager des poursuites ;

– juger le recours infondé ; il en informe alors l'intéressé.

Le procureur de la République peut revenir sur sa décision de classement jusqu'à la fin du délai de prescription.

2) Les alternatives aux poursuites ou « troisième voie »

La loi du 23 juin 1999 a consacré différentes formes de classements sans suite sous condition, appelées également alternatives aux poursuites ou « troisième voie ».

• Les alternatives offertes par l'article 41-1 du Code de procédure pénale

Les mesures de réparation existaient depuis la loi du 4 janvier 1993 ; elles ont constitué la première forme d'alternatives aux poursuites. Cinq mesures peuvent être utilisées par le procureur de la République s'il estime qu'elles peuvent assurer la réparation du dommage causé à la victime, mettre fin au trouble résultant de l'infraction ou contribuer au reclassement de l'auteur des faits (art. 41-1, C. pr. pén.). Le procureur de la République ordonne cette mesure préalablement à sa décision sur l'action publique, directement ou par l'intermédiaire d'un officier de police judiciaire, d'un délégué ou d'un médiateur du procureur de la République.

Le contenu des mesures peut être le suivant :

– procéder au rappel auprès de l'auteur des faits des obligations résultant de la loi ;

– orienter l'auteur des faits vers une structure sanitaire ou sociale (accomplissement d'un stage ou d'une formation dans un service ou un organisme sanitaire, social ou professionnel) ;

– demander à l'auteur des faits de régulariser sa situation au regard de la loi ou des règlements ;

– demander à l'auteur des faits de réparer le dommage résultant de ceux-ci ;

– faire procéder, avec l'accord des parties, à une mission de médiation entre l'auteur des faits et la victime ;

– en cas d'infraction commise soit contre son conjoint ou son concubin, soit contre ses enfants ou les enfants de ce dernier, demander à l'auteur des faits de résider hors du domicile ou de la résidence du couple et, le cas échéant, de s'abstenir de paraître dans ce domicile ou cette résidence ou aux abords immédiats de celui-ci, ainsi que, si nécessaire, de faire l'objet d'une prise en charge sanitaire, sociale ou psychologique.

La procédure d'alternative aux poursuites suspend la prescription de l'action publique (art. 41-1, al. 2, C. pr. pén.).

En cas de réussite de la mesure, le procureur de la République ou le médiateur du procureur de la République établit un procès-verbal, qui est signé par lui-même et par les parties (art. 41-1, al. 2, C. pr. pén.).

En cas d'échec de la mesure en raison du comportement de l'auteur des faits, le procureur de la République met en œuvre une composition pénale ou engage des poursuites (art. 41-1, al. 3, C. pr. pén.).

• La composition pénale

Les articles 41-2 et 41-3 du Code de procédure pénale permettent, depuis la loi du 23 juin 1999, au procureur de la République d'avoir recours à la « composition pénale ». Il s'agit d'une forme de transaction permettant au procureur de la République de proposer à une personne majeure qui reconnaît avoir commis un ou plusieurs délits punis à titre de peine principale d'une peine d'amende ou d'une peine d'emprisonnement d'une durée inférieure ou égale à cinq ans ou une contravention (art. 41-3, al. 1er, C. pr. pén.) d'effectuer certaines mesures présentant un caractère de sanction (art. 41-2, al. 1er, C. pr. pén.). La composition pénale n'est pas applicable en matière de délits de presse, de délits d'homicides involontaires ou de délits politiques (art. 41-2, al. 12, C. pr. pén.).

La loi du 5 mars 2007 relative à la prévention de la délinquance étend la composition pénale aux mineurs sous réserve notamment qu'elle soit acceptée non seulement par le mineur mais aussi par ses représentants légaux.

Les mesures de composition pénale peuvent être également proposées au cours de la garde à vue ou dans un maison de justice et du droit (art. 41-2, al. 4, C. pr. pén.).

La personne à qui est proposée une composition pénale est informée qu'elle peut se faire assister par un avocat avant de donner son accord (art. 41-2, al. 5, C. pr. pén.).

Il peut s'agir, par exemple, pour l'auteur des faits de verser une amende de composition au Trésor public, d'accomplir au profit de la collectivité un travail non rémunéré pour une durée maximale de soixante heures (30 heures pour les contraventions), dans un délai qui ne peut être supérieur à six mois (cette mesure n'est pas applicable aux contraventions de la 1re à la 4e classe) ou ne pas rencontrer ou recevoir, pour une durée qui ne saurait excéder six mois, la ou les victimes de l'infraction désignées par le procureur de la République ou ne pas entrer en relation avec elles…

L'acceptation de ces mesures doit être validée par le président du tribunal pour les délits (art. 41-2, al. 6, C. pr. pén.) et pour les contraventions par le juge de proximité ou le juge du tribunal de police (art. 41-3, al. 3, C. pr. pén.).

Si la personne n'accepte pas la composition pénale ou ne l'exécute pas intégralement, le procureur de la République met en mouvement l'action publique (art. 41-2, al. 7, C. pr. pén.).

La composition pénale interrompt la prescription de l'action publique (art. 41-2, al. 8, C. pr. pén.). L'exécution de la composition pénale éteint l'action publique (art. 41-2, al. 9, C. pr. pén.) mais la partie civile conserve la possibilité de délivrer citation directe devant le tribunal correctionnel. Dans cette hypothèse, le tribunal, composé d'un seul magistrat statue alors uniquement sur les intérêts civils.

La loi du 9 septembre 2002 a ajouté que les compositions pénales exécutées seraient désormais inscrites au bulletin n° 1 du casier judiciaire (art. 41-2, al. 11, C. pr. pén.).

• La réparation proposée par le maire

La loi n° 2007-297 du 5 mars 2007 permet au maire de proposer une transaction consistant en la réparation du préjudice causé par les contraventions que les agents de la police municipale sont habilités à constater par procès-verbal (art. 44-1, C. pr. pén.). La transaction proposée par le maire et acceptée par le contrevenant doit être homologuée par le procureur de la République.

3) Le déclenchement des poursuites par le Ministère public

a) Les procédés traditionnels

• Le réquisitoire introductif d'instance ou à fins d'informer

Il s'agit de l'acte par lequel le procureur requiert le juge d'instruction d'informer.

Le réquisitoire introductif est un document écrit, daté et signé par le magistrat du Parquet. Il indique soit le nom des individus poursuivis, soit la lettre X lorsque les auteurs de l'infraction sont inconnus (art. 80, al. 2, C. pr. pén.). Il mentionne également la qualification des faits pour lesquels une instruction est demandée, d'après les procès-verbaux et dénonciations qui doivent être annexés au réquisitoire. Lorsque le juge d'instruction a connaissance de faits non visés au réquisitoire, il doit en informer le procureur de la République qui peut alors soit requérir du juge d'instruction, par réquisitoire supplétif, qu'il informe sur ces nouveaux faits, soit requérir l'ouverture d'une information distincte, soit saisir la juridiction de jugement, soit ordonner une enquête, soit décider d'un classement sans suite ou de procéder à l'une des mesures prévues aux articles 41-1 à 41-3, soit transmettre les plaintes ou les procès-verbaux au procureur de la République territorialement compétent (art. 80, al. 3, C. pr. pén.).

Si la poursuite a ainsi comporté une instruction préparatoire, la juridiction de jugement est saisie par une ordonnance de renvoi ou de mise en accusation du juge d'instruction (ou du juge des enfants).

• La citation directe (art. 550 et s., C. pr. pén.)

Elle est possible uniquement si l'instruction est facultative, c'est-à-dire en matière correctionnelle et contraventionnelle.

Elle consiste à saisir directement la juridiction de jugement compétente en citant la personne poursuivie devant elle. C'est le procédé classique de saisine du tribunal de police et du tribunal correctionnel.

Il s'agit d'un exploit d'huissier délivré à la requête du procureur de la République ou de la partie lésée. Il doit comporter un certain nombre d'éléments :

– désignation du requérant, date, nom, prénoms et adresse de l'huissier, nom, prénoms et adresse du destinataire (dénomination et siège s'il s'agit d'une personne morale) (art. 550, al. 4, C. pr. pén.);

– le fait poursuivi et le texte de loi qui le réprime (art. 551, al. 2, C. pr. pén.);

– le tribunal saisi, le lieu, la date et l'heure de l'audience (art. 551, al. 3, C. pr. pén.);

– la qualité du prévenu, de civilement responsable ou de témoin de la personne citée (art. 551, al. 3, C. pr. pén.);

– lorsqu'elle est délivrée à la requête de la partie civile, les nom, prénoms, profession et domicile réel ou élu de celle-ci.

La signification doit avoir lieu à personne dans un délai d'au moins 10 jours avant la comparution si la partie citée réside dans un département de France métropolitaine ou si elle réside dans un département d'outre-mer et est citée devant le tribunal de ce département (art. 552, al. 1er, C. pr. pén.). Dans les autres cas, ce délai peut être augmenté de 1 à 2 mois selon les cas (art. 552, al. 2 et 3, C. pr. pén.).

b) Les procédés de saisine rapide de la juridiction de jugement

• L'avertissement (art. 389, C. pr. pén.)

L'avertissement est un mode de saisine assimilé à la citation directe ; elle dispense de citation (art. 389, al. 1er, C. pr. pén.). Seul le procureur de la République peut l'utiliser à l'exclusion de la partie civile.

Il s'agit d'une simple convocation, et non pas d'un exploit d'huissier, délivrée par le Ministère public.

Celui-ci précise le délit poursuivi, vise le texte qui le punit (art. 389, al. 2, C. pr. pén.) et indique la date de l'audience.

L'article 390 du Code de procédure pénale renvoie aux articles 550 et suivants de ce même code relatifs aux citations pour les formes et délais de la citation.

Il ne s'agit pas d'un véritable acte de poursuite puisqu'il est dépourvu d'effet juridique. En effet, c'est la comparution volontaire de la personne poursuivie qui réalise la saisine de la juridiction[1]. Cette dernière doit constater l'assentiment du prévenu (art. 389, al. 3, C. pr.).

• La « convocation en justice » (art. 390-1, C. pr. pén.)

Elle vaut citation à personne lorsqu'elle est notifiée au prévenu, sur instructions du procureur de la République, par le greffier ou l'agent de police judiciaire ou par le chef d'établissement pénitentiaire (art. 393-1, al. 1er, C. pr. pén.)[2] si le prévenu est détenu.

Elle doit être notifiée dans les mêmes délais que la citation directe.

---

1. Crim., 26 avril 1967, *Bull. crim.* n° 134, *Gaz. Pal.* 1967, 1, p. 344, *RSC* 1967, p. 880, obs. Robert.
2. Crim., 31 mai 1958, *JCP* 1958, II, 10737, note Chambon.

Elle énonce le fait poursuivi, vise le texte de loi qui le réprime et indique le tribunal saisi, le lieu, la date et l'heure de l'audience. Elle précise également que le prévenu peut se faire assister d'un avocat (art. 390-1, al. 2, C. pr. pén.).

Elle est constatée par procès-verbal signé par le prévenu qui en reçoit copie (art. 390-1, al. 3, C. pr. pén.).

Les deux procédures suivantes ne sont pas applicables aux mineurs ni en matière de délits de presse, de délits politiques ou d'infractions dont la procédure de poursuite est prévue par une loi spéciale (art. 397-6, C. pr. pén.). Elles sont les héritières des anciennes procédures dites « de flagrant délit ».

• La convocation par procès-verbal (art. 394, C. pr. pén.), dite « rendez-vous judiciaire »

Cette procédure s'applique lorsque la comparution immédiate pourrait être utilisée mais le procureur de la République pense que le prévenu peut être laissé en liberté.

Le procureur de la République invite la personne déférée à comparaître dans un délai compris entre 10 jours (sauf renonciation expresse de l'intéressé en présence de son avocat) et 2 mois (art. 394, al. 1er, C. pr. pén.). Cette notification est mentionnée au procès-verbal dont la copie est remise au prévenu sur-le-champ et vaut citation à personne (art. 394, al. 1er, C. pr. pén.).

Le procureur de la République notifie à l'intéressé les faits retenus à son encontre ainsi que le lieu, la date et l'heure de l'audience. Ces informations sont transmises par tout moyen et sans délai à l'avocat choisi par l'intéressé ou au bâtonnier. Mention en est portée au procès-verbal. L'avocat peut alors consulter le dossier à tout moment (art. 394, al. 2, C. pr. pén.).

Lorsqu'il emploie cette procédure, il est fréquent que le procureur de la République estime nécessaire de placer le prévenu sous contrôle judiciaire jusqu'à sa comparution. Il doit alors le traduire sur-le-champ devant le juge des libertés et de la détention (art. 394, al. 3, C. pr. pén.). La mesure est prononcée dans les conditions prévues aux articles 138 et 139 du Code de procédure pénale (v. Chapitre 14). La décision de mise sous contrôle judiciaire est notifiée verbalement au prévenu et mentionnée au procès-verbal dont une copie lui est immédiatement remise.

• La comparution immédiate (art. 395 et s., C. pr. pén.)

La procédure de comparution immédiate permet de juger le prévenu sur-le-champ. Elle ne concerne pas les crimes.

Selon s'il s'agit ou non d'une infraction flagrante, la procédure de la comparution immédiate ne peut être utilisée dans les mêmes conditions :

– s'il s'agit d'une ***infraction flagrante (art. 395, al. 1er, C. pr. pén.)***, elle ne peut être utilisée que si la peine encourue est d'au moins 6 mois d'emprisonnement et si le procureur de la République estime que les éléments de l'espèce justifient une comparution immédiate ;

– si ***l'infraction n'est pas flagrante (art. 395, al. 2, C. pr. pén.)***, elle n'est utilisée que lorsque la peine encourue est d'au moins 2 ans d'emprisonnement et que le procureur de la République estime que l'affaire est en état d'être jugée.

Le prévenu est retenu jusqu'à sa comparution qui doit avoir lieu le jour même (art. 395, al. 3, C. pr. pén.). Il est conduit sous escorte devant le tribunal. Le procureur informe la personne déférée devant lui qu'elle a le droit à l'assistance d'un avocat. L'avocat peut consulter sur-le-champ le dossier et communiquer librement avec le prévenu (art. 393, al. 3, C. pr. pén.).

Deux hypothèses doivent alors être envisagées :

– ***si la réunion du tribunal est impossible le jour même, et si le procureur de la République estime que le prévenu ne peut être laissé en liberté***, il le fait traduire devant le juge des libertés et de la détention (art. 396, al. 1er, C. pr. pén.). Il peut ensuite faire procéder à une enquête rapide sauf si elle a déjà été effectuée (art. 396 al. 2 et 41, al. 6, C. pr. pén.). En effet, cette enquête est désormais obligatoire avant toute réquisition de placement en détention provisoire en cas de poursuite selon la procédure de comparution immédiate, quel que soit l'âge de la personne poursuivie et quelle que soit la peine encourue[3]. Le juge écoute alors les réquisitions du Ministère public puis recueille les observations éventuelles du prévenu ou de son avocat. Il rend ensuite une ordonnance de placement en détention provisoire s'il estime cette mesure nécessaire (art. 396, al. 2, C. pr. pén.). Le prévenu peut être placé en détention provisoire jusqu'à sa comparution devant le tribunal (art. 396, al. 3, C. pr. pén.). Cette ordonnance n'est pas susceptible d'appel (art. 396, al. 2, C. pr. pén.). Elle doit être motivée d'après les circonstances concrètes de l'espèce et se conformer aux conditions fixées par l'article 144 du Code de procédure pénale (art. 396, al. 3, C. pr. pén.). Le prévenu doit alors comparaître devant le tribunal au plus tard le troisième jour ouvrable suivant ; à défaut, il devra être remis en liberté d'office (art. 396, al. 3, C. pr. pén. *in fine*). Si le juge estime que la détention provisoire est inutile, il peut soumettre le prévenu, jusqu'à sa comparution devant le tribunal, à une ou plusieurs obligations du contrôle judiciaire. Le procureur de la République notifie alors à l'intéressé la date et l'heure de l'audience selon les modalités prévues au premier alinéa de l'article 394 (art. 396, al. 4, C. pr. pén.) ;

– ***si la réunion du tribunal est possible le jour même ou si le prévenu est traduit le troisième jour ouvrable suivant l'ordonnance de placement en détention provisoire*** : le président constate l'identité du prévenu, son avocat ayant été avisé (art. 397, al. 1er, C. pr. pén.). Il avertit alors le prévenu qu'il ne peut être jugé le jour même qu'avec son accord. Son accord (art. 397, al. 1er, C. pr. pén.) ne peut être recueilli qu'en présence de son avocat ou d'un avocat désigné d'office. Si le prévenu consent à être jugé immédiatement, mention en est faite dans les notes d'audience. Si le prévenu refuse de comparaître ou si l'affaire n'est pas en état d'être jugée, le tribunal, après avoir recueilli les observations des parties et de leur avocat, renvoie à une prochaine audience qui doit avoir lieu dans un délai compris entre 2 (sauf renonciation expresse du prévenu) et 6 semaines (art. 397-1, al. 1er, C. pr. pén.). La loi du 9 septembre 2002 ajoute (art. 397-1, al. 2, C. pr. pén.) que « *Lorsque la peine encourue est supérieure à 7 ans d'emprisonnement, le prévenu, informé de l'étendue de ses droits, peut demander que l'affaire soit renvoyée à une audience qui devra avoir lieu dans un délai qui ne*

---

3. Circulaire du 21 septembre 2004, préc., § 4.2.1.

peut être inférieur à deux mois, sans être supérieur à 4 mois ». Le tribunal peut alors placer ou maintenir le prévenu sous contrôle judiciaire ou en détention provisoire (art. 397-2, al. 3, C. pr. pén.). La détention provisoire n'est possible que si la peine encourue est égale ou supérieure soit à un an d'emprisonnement en cas de délit flagrant, soit à 2 ans d'emprisonnement dans les autres cas. La décision doit être rendue suivant les modalités prévues par les articles 135, 145, al. 1er, 145-1, al. 4 et 464-1 du Code de procédure pénale et motivée en référence aux dispositions de l'article 144-1° et 2° (v. Chapitre 14). Lorsque le prévenu est en détention provisoire, le jugement au fond doit être rendu dans les deux mois qui suivent le jour de sa première comparution devant le tribunal. Dans le cas contraire, la détention provisoire prend fin à l'expiration de ce délai (art. 397-3, al. 3, C. pr. pén.).

À la demande des parties ou d'office, le tribunal peut commettre par jugement l'un de ses membres ou l'un des juges d'instruction de la juridiction pour procéder à un supplément d'information (art. 397-2, C. pr. pén.).

Dans toutes les hypothèses où le prévenu ne consent pas à être jugé séance tenante ou si l'affaire ne paraît pas en état d'être jugée, le prévenu ou son avocat peut demander au tribunal d'ordonner tout acte d'information qu'il estime nécessaire à la manifestation de la vérité, relatif aux faits reprochés ou à la personnalité de l'intéressé. Le tribunal qui refuse de faire droit à cette demande doit rendre un jugement motivé (art. 397-1, al. 3, C. pr. pén.).

c) La comparution sur reconnaissance préalable de culpabilité

Cette procédure a été introduite par la loi du 9 mars 2004 ; elle est entrée en vigueur le 1er octobre 2004. Elle donne au parquet des pouvoirs importants qui dépassent ses fonctions traditionnelles de poursuite. Ce texte est d'ailleurs inclus dans un titre consacré au jugement des délits.

• Les hypothèses

Le recours à cette procédure nécessite avant tout que la personne reconnaisse les faits qui lui sont reprochés (art. 495-7, C. pr. pén.). La déclaration par laquelle la personne reconnaît les faits qui lui sont reprochés est recueillie en présence de l'avocat de l'intéressé choisi par lui ou, à sa demande, désigné par le bâtonnier de l'ordre des avocats (art. 495-8, al. 4, C. pr. pén.). La personne ne peut renoncer à son droit d'être assistée par un avocat. L'avocat doit pouvoir consulter sur-le-champ le dossier (art. 495-8, al. 4, C. pr. pén.).

Le procureur de la République peut recourir à cette procédure pour les seuls délits punis à titre principal d'une peine d'amende ou d'une peine d'emprisonnement d'une durée inférieure ou égale à cinq ans (art. 495-7, C. pr. pén.).

Cette procédure est exclue dans les hypothèses suivantes :

– pour les mineurs ;

– pour les délits de presse, les délits d'homicides involontaires, les délits politiques ou les délits dont la procédure de poursuite est prévue par une loi spéciale (art. 495-16, C. pr. pén.).

La comparution sur reconnaissance préalable de culpabilité est envisageable à l'égard de toute personne convoquée à cette fin ou déférée devant le procureur de la République en application des dispositions de l'article 393 (convocation par procès-verbal ou comparution immédiate).

Le procureur de la République peut recourir à cette procédure d'office, à la demande de l'intéressé ou à la demande de l'avocat de celui-ci (art. 495-7, C. pr. pén.).

De plus, le prévenu qui a fait l'objet, pour l'un des délits punis à titre principal d'une peine d'amende ou d'une peine d'emprisonnement d'une durée inférieure ou égale à cinq ans, d'une citation directe ou d'une convocation en justice[4] peut, soit lui-même, soit par l'intermédiaire de son avocat, indiquer par lettre recommandée avec demande d'avis de réception adressée au procureur de la République qu'il reconnaît les faits qui lui sont reprochés et demander l'application de la comparution sur reconnaissance préalable de culpabilité (art. 495-15, al. 1er, C. pr. pén.). S'il estime opportun le recours à cette procédure, le procureur de la République convoque le prévenu et son avocat ainsi que, le cas échéant, la victime (art. 495-15, al. 2, C. pr. pén.). S'il refuse, il n'est pas tenu d'en aviser le prévenu ou son avocat (art. 495-15, al. 3, C. pr. pén.). S'il accepte, la citation directe ou la convocation en justice sont alors caduques, sauf si la personne refuse les peines proposées ou si le président du tribunal de grande instance ou le juge délégué refuse d'homologuer la peine proposée lorsque l'un ou l'autre de ces refus intervient plus de dix jours avant la date de l'audience devant le tribunal correctionnel mentionnée dans l'acte de poursuite initial (art. 495-15, al. 2, C. pr. pén.).

Les dispositions du présent article ne sont pas applicables aux personnes renvoyées devant le tribunal correctionnel par le juge d'instruction.

- **La proposition de peine**

La procédure consiste pour le procureur de la République à proposer à l'intéressé d'exécuter une ou plusieurs des peines principales ou complémentaires encourues (art. 495-8, al. 1er, C. pr. pén.). La nature et le quantum de la ou des peines sont déterminés conformément aux dispositions de l'article 132-24 du Code pénal (art. 495-8, al. 1er, C. pr. pén.) c'est-à-dire en tenant compte des circonstances de l'infraction et de la personnalité de son auteur.

Le procureur de la République doit l'aviser qu'elle peut demander à disposer d'un délai de dix jours avant de faire connaître si elle accepte ou si elle refuse la ou les peines proposées (art. 495-8, al. 5, C. pr. pén.). Lorsque la personne demande à bénéficier de ce délai, le procureur de la République peut la présenter devant le juge des libertés et de la détention qui a plusieurs possibilités (art. 495-10, C. pr. pén.) :

– ordonner son placement sous contrôle judiciaire ;

– à titre exceptionnel et si l'une des peines proposées est égale ou supérieure à deux mois d'emprisonnement ferme et que le procureur de la République a proposé sa mise

4. Est exclue l'hypothèse de la personne renvoyée par le juge d'instruction devant le tribunal correctionnel (art. 495-15, al. 4, C. pr. pén.).

à exécution immédiate, ordonner le placement en détention provisoire jusqu'à ce qu'elle comparaisse de nouveau devant le procureur de la République.

Dans cette hypothèse, la nouvelle comparution doit intervenir dans un délai compris entre dix et vingt jours à compter de la décision du juge des libertés et de la détention. À défaut, il est mis fin au contrôle judiciaire ou à la détention provisoire de l'intéressé si l'une de ces mesures a été prise. Une enquête sociale rapide est obligatoire avant toute réquisition de placement en détention provisoire[5].

• Proposition d'une peine d'emprisonnement

L'article 495-8 du Code de procédure pénale prévoit dans son deuxième alinéa que lorsqu'une peine d'emprisonnement est proposée, sa durée ne peut être supérieure à un an ni excéder la moitié de la peine d'emprisonnement encourue. La proposition de peine est faite par le procureur de la République, en présence de l'avocat de l'intéressé (art. 495-8, al. 4, C. pr. pén.). La personne ne peut renoncer à son droit d'être assistée par un avocat (art. 495-8, al. 4, C. pr. pén.). La personne peut librement s'entretenir avec son avocat, hors la présence du procureur de la République, avant de faire connaître sa décision (art. 495-8, al. 5, C. pr. pén.).

Cette peine d'emprisonnement peut faire l'objet, à l'initiative du procureur de la République (art. 495-8, al. 2, C. pr. pén.) :

– d'un sursis en tout ou partie ;

– d'une des mesures d'aménagement énumérées par l'article 712-6 c'est-à-dire le placement à l'extérieur, la semi-liberté, le fractionnement et suspension des peines, le placement sous surveillance électronique et la libération conditionnelle.

Si le procureur de la République propose une peine d'emprisonnement ferme, il précise à la personne s'il entend que cette peine soit immédiatement mise à exécution ou si la personne sera convoquée devant le juge de l'application des peines pour que soient déterminées les modalités de son exécution, notamment la semi-liberté, le placement à l'extérieur ou le placement sous surveillance électronique (art. 495-8, al. 2, C. pr. pén.).

• Proposition d'une peine d'amende

Lorsqu'une peine d'amende est proposée par le procureur de la République, son montant ne peut être supérieur à celui de l'amende encourue (art. 495-8, al. 3, C. pr. pén.). Elle peut également être assortie du sursis (art. 495-8, al. 3, C. pr. pén.).

• Acceptation et homologation de la proposition de peine

Si, en présence de son avocat, l'intéressé accepte la peine proposée, il est aussitôt présenté devant le président du tribunal de grande instance ou le juge délégué par lui, saisi par le procureur de la République d'une requête en homologation (art. 495-9, al. 1er, C. pr. pén.).

Le président du tribunal de grande instance ou le juge délégué par lui entend la personne et son avocat (art. 495-9, al. 2, C. pr. pén.). Il vérifie la réalité des faits et leur

5. Circulaire du 21 septembre 2004, préc., § 4.2.1.

qualification juridique, il peut décider d'homologuer les peines proposées par le procureur de la République. Il statue le jour même par ordonnance motivée. En cas d'homologation, cette ordonnance est lue en audience publique (art. 495-9, al. 2, C. pr. pén.).

La loi n° 2005-847 du 26 juillet 2005 précisant le déroulement de l'audience d'homologation de la comparution sur reconnaissance préalable de culpabilité (*JO* 27 juillet 2005) a affirmé que la dernière phrase du second alinéa de l'article 495-9 du Code de procédure pénale prévoit que « *la procédure prévue par le présent alinéa se déroule en audience publique ; la présence du procureur de la République à cette audience n'est pas obligatoire* ».

Si elle est identifiée, la victime est informée sans délai, par tout moyen, de cette procédure (art. 495-13, C. pr. pén.). Il lui est proposé de comparaître en même temps que l'auteur des faits, accompagnée le cas échéant de son avocat, devant le président du tribunal de grande instance ou le juge délégué par lui pour se constituer partie civile et demander réparation de son préjudice. Le président du tribunal de grande instance ou le juge délégué par lui statue sur cette demande, même dans le cas où la partie civile n'a pas comparu à l'audience.

Si la victime n'a pu exercer le droit prévu à l'alinéa précédent, le procureur de la République doit l'informer de son droit de lui demander de citer l'auteur des faits à une audience du tribunal correctionnel statuant conformément aux dispositions du quatrième alinéa de l'article 464, dont elle sera avisée de la date, pour lui permettre de se constituer partie civile. Le tribunal statue alors sur les seuls intérêts civils, au vu du dossier de la procédure qui est versé au débat.

Le président du tribunal de grande instance ou le juge délégué par lui homologue la ou les peines proposées par une ordonnance qu'il doit motiver « *par les constatations, d'une part, que la personne, en présence de son avocat, reconnaît les faits qui lui sont reprochés et accepte la ou les peines proposées par le procureur de la République, d'autre part, que cette ou ces peines sont justifiées au regard des circonstances de l'infraction et de la personnalité de son auteur* » (art. 495-11, al. 1er, C. pr. pén.).

L'ordonnance a les effets d'un jugement de condamnation (art. 495-11, al. 2, C. pr. pén.). Elle est immédiatement exécutoire. Lorsque la peine homologuée est une peine d'emprisonnement ferme, la personne est immédiatement incarcérée en maison d'arrêt ou convoquée devant le juge de l'application des peines (art. 495-11, al. 2, C. pr. pén.).

L'ordonnance peut faire l'objet d'un appel de la part du condamné (art. 495-11, al. 3, C. pr. pén.). Le Ministère public peut faire appel à titre incident dans les mêmes conditions. À défaut, elle a les effets d'un jugement passé en force de chose jugée. La partie civile peut également faire appel de l'ordonnance (art. 495-13, al. 1er, C. pr. pén. *in fine*). En cas d'appel, la cour évoque l'affaire et statue sur le fond sans pouvoir prononcer une peine plus sévère que celle homologuée par le président du tribunal ou le juge délégué par lui, sauf si l'appel est formé par le Ministère public (art. 520-1, C. pr. pén.).

• Refus de la proposition de peine ou de l'homologation de la peine

En cas de refus de la proposition par l'intéressé ou de refus d'homologation par le président du tribunal, le procureur de la République doit, en l'absence de faits nouveaux, saisir le tribunal correctionnel selon les modalités prévues à l'article 388 du Code de procédure pénale c'est-à-dire la comparution volontaire des parties, la convocation par procès-verbal ou la comparution immédiate ou requérir l'ouverture d'une information (art. 495-12, C. pr. pén.).

Lorsque la personne avait été à l'origine déférée devant lui en application d'une convocation par procès-verbal ou d'une comparution immédiate, le procureur de la République peut la retenir jusqu'à sa comparution devant le tribunal correctionnel ou le juge d'instruction, qui doit avoir lieu le jour même, en application de l'article 395. Si la réunion du tribunal n'est pas possible le jour même, l'article 396 relatif aux comparutions immédiates est applicable (art. 495-12, al. 2, C. pr. pén.). Il en est de même lorsque la personne avait demandé à bénéficier d'un délai et avait été placée en détention provisoire (art. 495-12, al. 2, C. pr. pén. *in fine*).

À peine de nullité de la procédure, il est dressé procès-verbal des formalités accomplies en application des articles 495-8 à 495-13 (art. 495-14, al. 1er, C. pr. pén.). En cas de refus de la proposition par l'intéressé ou de refus d'homologation par le président du tribunal, ce procès-verbal ne peut être transmis à la juridiction d'instruction ou de jugement, et il ne pourra être fait état devant cette juridiction des déclarations faites ou des documents remis au cours de la procédure (art. 495-13, al. 2, C. pr. pén.).

d) La saisine d'office

La juridiction de jugement peut se saisir d'office, sur réquisitions du Ministère public, en cas d'infraction commise à son audience.

2 • LE DÉCLENCHEMENT DE L'ACTION PUBLIQUE PAR CERTAINES ADMINISTRATIONS

Dans des cas exceptionnels et strictement déterminés, quelques administrations ont le pouvoir de déclencher l'action publique pour des infractions qui lèsent les intérêts dont elles ont la charge :

- administration des eaux et forêts ;
- fonctionnaires des ponts et chaussées ;
- administration des contributions indirectes ;
- administration des douanes.

Globalement, l'action publique est exercée par ces administrations en vue essentiellement d'obtenir une sanction pécuniaire. Ces administrations ont la possibilité d'arrêter l'action publique en effectuant une transaction avec le coupable.

L'Administration qui succombe dans son action est tenue de payer les frais, dans les mêmes conditions qu'une partie civile ordinaire en cas d'acquittement ou de relaxe.

3 • LE DÉCLENCHEMENT DE L'ACTION PUBLIQUE PAR LA VICTIME

Elle résulte de la plainte avec constitution de partie civile de la victime ou de la citation directe émanant de celle-ci (v. Chapitre 6).

BIBLIOGRAPHIE

BENHAMOU (Y.), « Réflexions pragmatiques sur la nécessaire évolution de la condition du Ministère public », *D.* 1998, n° 31, Actualités.

CARBASSE (J.-M.) (sous la dir. de), *Histoire du Parquet*, PUF, coll. Droit et Justice, 2000.

CARIO (R.) (sous la dir. de), *La médiation pénale. Entre répression et réparation,* L'Harmattan, coll. « Logiques juridiques – science criminelle », 1998.

CÉRÉ (J.-P.), « De la composition pénale à la comparution sur reconnaissance préalable de culpabilité : le " palider coupable à la française " », *AJ Pénal* 2003, p. 45.

DANET (J.) et GRUNVAL (S.), *La composition pénale,* L'Harmattan, 2005.

DESDEVISES (M.-C.), « Réparer ou punir : la médiation pénale », *LPA,* 1997, 25 août, pp. 3-7.

FAGET (J.), *La médiation, essai de politique pénale*, Erès, coll. « Trajets », 1998.

DINTILHAC (J.-P.), « Rôle et attributions du procureur de la République », *RSC* 2002, p. 35.

GOYET (F.), *Le Ministère public en matière civile et en matière répressive et l'exercice de l'action publique,* 3e éd. par Rousselet et Patin, 1953.

HEDERER (J.), « Un an d'expérimentation de la composition pénale dans un tribunal de grande instance », *AJ Pénal* 2003, p. 45.

LARGUIER (J.), « L'action publique et l'action civile dans le Code de procédure pénale », *JCP* 1959, I, 1495.

LEMESLE (L.) et PANSIER (F.-J.), *Le procureur de la République,* Coll. Que sais-je ?, PUF, 1998.

MARTIN (A.), « Le Conseil supérieur de la Magistrature et l'indépendance des juges », *RDP* 1997, p. 741.

MEKER (J.-Y.), « Le Conseil supérieur de la Magistrature siégeant comme conseil de discipline des magistrats du siège et l'article 6 de la Convention européenne des droits de l'Homme », in *Le juge entre deux millénaires, Mélanges Pierre Drai*, Dalloz, 2000, pp. 89 à 98.

MINCKE (C.), « Vers un nouveau type d'utilisation du Ministère public. L'exemple de la médiation pénale et de la procédure accélérée » *RD pén. crim.* 1998 p. 644 ; « Du projet gouvernemental de réforme du parquet », *Rev. adm.* 1998, sept.-oct., pp. 12-14.

MOLINS (F.), « Plaidoyer pour le « plaider coupable » : des vertus d'une peine négociée », *AJ Pénal* 2003, p. 61.

PAPADOPOULOS (L.), *« Plaider coupable », la pratique américaine, le texte français,* PUF, 2004.

PRADEL (J.), « Une consécration du « plea bargaining » à la française : la composition pénale », *D.* 1999, Chron., p. 379.

PRADEL (J.), LABORDE (J.-P.), « Du Ministère public en matière pénale. À l'heure d'une éventuelle autonomie ? », *D.* 1997, Chron. p. 141.

RASSAT (M.-L.), *Le Ministère public entre son passé et son avenir*, Thèse, Paris, 1965, LGDJ, 1967.

ROLLAND (M.), « Le Ministère public en droit français », *JCP* 1956, I, 1271 et 1282 ; « Le Ministère public, agent non seulement de répression, mais de prévention », *JCP* 1957, I, 1342.

RUELLAN (F.), « Les modes alternatifs de résolution des conflits : pour une justice plurielle dans le respect du droit », *JCP* 1999, I, 135.

TURCEY (V.), « La nouvelle indépendance du parquet : mythe ou réalité ? », *LPA,* 1998, 27 avril, pp. 4-7.

VOLFF (J.), « La composition pénale : un essai manqué », *Gaz. Pal.* 2000, n° 26 du 28 mars, pp. 2-7.

CHAPITRE 5

L'extinction de l'action publique

Elle constitue un obstacle permanent à l'action publique. Les causes en sont prévues par l'article 6 du Code de procédure pénale. Il s'agit de la mort du prévenu, de la prescription, de l'amnistie, de l'abrogation de la loi pénale, de la chose jugée, de la transaction lorsque celle-ci est prévue par la loi, de l'exécution d'une composition pénale et du retrait de la plainte lorsque celle-ci est une condition nécessaire à la poursuite.

1 • LA PRESCRIPTION

L'action publique qui n'est pas mise en œuvre pendant un certain temps s'éteint par l'effet de la *prescription* : le délinquant ne peut plus être poursuivi et l'infraction reste impunie. Les faits perdent leur caractère délictueux.

A - La durée du délai de prescription

Le délai de prescription varie avec la qualification légale de l'infraction :

– 20 ans pour les crimes mentionnés à l'article 706-47[1] du Code de procédure pénale et commis contre des mineurs (art. 7, al. 2, C. pr. pén. ; loi du 9 mars 2004) et pour les délits prévus aux articles 220-30[2] et 227-26 du Code pénal[3] ;

– 10 ans pour les crimes (art. 7, al. 1er et 2, C. pr. pén.) et pour les délits mentionnés à l'article 706-47 et commis contre des mineurs (art. 8, al. 2, C. pr. pén.) ;

– 3 ans pour les délits (art. 8, C. pr. pén.) ;

– 1 an pour les contraventions (art. 9, C. pr. pén.).

1. Meurtre ou assassinat d'un mineur précédé ou accompagné d'un viol, de tortures ou d'actes de barbarie ou infractions d'agression ou d'atteintes sexuelles ou de recours à la prostitution d'un mineur.
2. Agression sexuelle autre que le viol.
3. Atteinte sexuelle sur la personne d'un mineur de 15 ans.

Il existe des délais spéciaux :

– 3 mois pour les délits de presse tels que la diffamation (art. 65 de la loi du 29 juillet 1881);

– 6 mois pour certaines infractions électorales (art. L. 114, C. élect.);

– certaines infractions, du fait de leur extrême gravité, ont été déclarées imprescriptibles : il s'agit des crimes contre l'humanité, des infractions militaires de désertion à bande armée, de désertion à l'ennemi ou en présence de l'ennemi et d'insoumission en temps de guerre ;

– 30 ans pour les crimes de terrorisme (art. 706-25-1, C. pr. pén.) et ceux concernant les trafics de stupéfiants (art. 706-31, C. pr. pén.) et 20 ans pour les délits dans ces mêmes matières.

Il convient de distinguer la prescription de l'action publique de la prescription de la peine, dont les délais sont différents :

– 20 ans pour les crimes (avec des exceptions également, par exemple 30 ans en matière de terrorisme) ;

– 5 ans pour les délits ;

– 2 ans pour les contraventions.

B - Le calcul du délai de prescription

Plusieurs solutions sont envisageables pour déterminer le point de départ du délai de prescription :

– pour les ***infractions instantanées***, c'est-à-dire réalisées en un trait de temps, telles que le vol, la diffamation ou le faux et l'usage de faux, le délai a pour point de départ le jour où l'infraction a été réalisée, c'est-à-dire où tous ses éléments constitutifs ont été réunis (art. 7, C. pr. pén.);

– pour les ***infractions continues***, c'est-à-dire celles qui se prolongent dans le temps telles que le recel ou la détention d'avoirs à l'étranger, la solution adoptée pour les infractions instantanées ne peut être appliquée : le point de départ du délai est le jour où l'état délictueux a pris fin « dans ses actes constitutifs et dans ses effets »[4] ;

– pour les ***infractions d'habitude***, c'est-à-dire celles qui sont constituées par la réalisation de plusieurs actes dont la seule répétition est punie par la loi (exemple : exercice illégal de la médecine, art. L. 4161-5, C. santé publ.), le point de départ du délai de prescription est fixé au jour du dernier acte constitutif de l'habitude.

Le cours du délai peut être suspendu ou interrompu :

– ***interruption du délai*** : elle a pour effet d'effacer le temps écoulé entre l'infraction et l'acte qui l'interrompt. À partir de cet acte, on doit faire courir un nouveau délai. Les

4. Crim., 19 février 1957, *Bull. crim.* n° 166 ; Crim., 30 septembre 1992, *Bull. crim.* n° 300.

causes d'interruption sont tout acte de poursuite (citation directe, réquisitoire introductif, constitution de partie civile, procès-verbaux de gendarmerie ou de police constatant une infraction, tous les jugements et arrêts...) ou d'instruction (interrogatoire du juge d'instruction, ordonnance ou arrêt de renvoi devant la juridiction de jugement...);

– ***suspension du délai*** : elle ne fait qu'arrêter le cours de la prescription, le temps déjà écoulé entre en ligne de compte pour le calcul du délai. Les causes de suspension sont relativement marginales :

• *causes définies par la jurisprudence :* tout obstacle de droit ou de fait à l'exercice de l'action.

Exemple : examen d'une question préjudicielle, demande de mainlevée de l'inviolabilité pour un parlementaire, minorité de la victime, occupation militaire, inondation... ;

• *causes prévues par les textes :* état de guerre et occupation (art. 1er de la loi du 29 mars 1942 modifiée par la loi du 12 mai 1950), décision de justice ayant déclaré l'action publique éteinte relativement à une infraction déterminée obtenue sur le fondement d'un faux (art. 6, al. 2, C. pr. pén.), en matière fiscale (art. L. 230, al. 3, LPF), suspension du délai pour une période maximale de 6 mois entre la date de saisine de la commission des infractions fiscales et la date de son avis, en matière de douane, suspension de 1 an maximum en cas de saisine de la commission de conciliation et d'expertise douanière (art. 450, C. douanes), pendant le temps de la consultation du Conseil de la concurrence sur les pratiques anticoncurrentielles (ordonnance du 1er décembre 1986 sur la liberté des prix et de la concurrence), en cas de crime et délit commis à l'encontre d'un mineur et dont l'auteur est un ascendant ou une personne ayant autorité sur elle (suspension jusqu'à la majorité de l'enfant, art. 7, al. 3 et art. 8, al. 2, C. pr. pén., découlant de l'article 121 de la loi du 4 février 1995).

Dans certains cas, le point de départ du délai est reculé :

– Cas prévus par la loi :

• victime mineure de certaines infractions : art. 7, al. 3 et art. 8, al. 2, C. pr. pén. : le point de départ est reculé jusqu'au jour de la majorité de la victime ;

• textes spéciaux :

Exemple : usure : délai reculé à la dernière perception d'un intérêt usuraire (loi du 28 décembre 1966, art. L. 313-5, C. consom.).

– Cas fixés par la jurisprudence :

• au moment où l'infraction a pu être constatée : abus de biens sociaux, publicité trompeuse, détournement de gage sans dépossession... ;

• au jour de la dernière remise des fonds escroqués pour l'escroquerie.

2 • LA MORT DU DÉLINQUANT

L'action publique s'éteint par la mort du délinquant. Elle ne peut être exercée contre ses héritiers, mais ses éventuels complices et coauteurs peuvent toujours être poursuivis. Il existe quelques exceptions à cette règle :

– en ***matière douanière***, les héritiers peuvent se voir réclamer le paiement des droits et taxes éludés ;

– en ***matière d'impôts indirects***, il peut leur être réclamé le paiement des condamnations telles que la confiscation et le quintuple droit ;

– ***l'article 133-1 du Code pénal*** prévoit qu'il peut être procédé au recouvrement de l'amende due au jour du décès et des frais de justice ainsi qu'à l'exécution de la confiscation après le décès du condamné lorsque le décès survient après que la décision a acquis l'autorité de la chose jugée mais avant son exécution.

Le juge d'instruction a l'obligation de préciser s'il existe des charges suffisantes établissant que l'intéressé a commis les faits qui lui sont reprochés lorsqu'il rend une ordonnance de non-lieu motivée notamment par le décès de la personne mise en examen (art. 177, al. 2, C. pr. pén.).

En revanche, l'action civile n'est pas éteinte.

3 • L'AMNISTIE

L'amnistie fait perdre aux faits leur caractère délictueux. Ils ne peuvent plus être poursuivis.

Chaque loi d'amnistie possède ses propres spécificités.

L'action civile ne disparaît pas car le fait dommageable existe toujours mais elle ne peut être engagée devant le tribunal répressif sauf si ce dernier avait été saisi de cette action avant l'entrée en vigueur de la loi d'amnistie[5] ou lorsque l'amnistie dépend de la peine prononcée[6]. En cas d'amnistie, l'action civile n'est pas soumise à la prescription de l'action publique mais à celle du droit civil[7].

---

5. Crim., 2 mai 1971, *Bull. crim.* n° 68 ; Crim., 14 novembre 1972, *Bull. crim.* n° 340 ; Toulouse, 24 avril 1973, *D.* 1973, Somm. p. 94 ; Crim., 21 avril 1976, *D.* 1976, IR, p. 162 ; Crim., 24 mars 1987, *Bull. crim.* n° 136 ; Crim., 20 février 1989, *Bull. crim.* n° 80 ; Crim., 14 novembre 1972, *Bull. crim.* n° 340 ; Crim., 28 février 1974, *Bull. crim.* n° 87, *D.* 1974, IR, p. 89 ; Crim., 22 mai 1990, *Bull. crim.* n° 209.
6. Crim., 23 juin 1993, *Bull. crim.* n° 222.
7. Civ., 11 mars 1954, *D.* 1954. Jur. p. 350 ; Civ., 25 octobre 1973, *D.* 1974, IR, p. 5 ; Crim., 22 janvier 1974, *Bull. crim.* n° 32 ; Paris, 5 octobre 1989, *Gaz. Pal.* 17 octobre 1990, p. 9, note Doucet.

4 • L'ABROGATION DE LA LOI PÉNALE

Lorsqu'une loi enlève à des faits leur caractère délictueux c'est-à-dire abroge une infraction, elle est appliquée immédiatement aux poursuites non encore commencées ou qui commencent mais n'ont pas abouti encore à une condamnation définitive (rétroactivité *in mitius*).

L'action civile doit alors être intentée devant le tribunal civil sauf dans les cas où la juridiction répressive, qui avait été saisie avant l'abrogation de la loi pénale, a déjà rendu une décision sur le fond[8].

5 • LA TRANSACTION ET LA COMPOSITION PÉNALE

La transaction entre la victime et le délinquant fait disparaître l'action civile mais pas l'action publique (art. 2046, C. civ. ; art. 6, al. 3, C. pr. pén.).

Le Ministère public ne peut en principe transiger avec la personne poursuivie mais l'action publique peut s'éteindre par transaction lorsque la loi le prévoit expressément.

Tout d'abord, la loi accorde un droit de transaction à certaines administrations. Celles-ci peuvent proposer à l'individu l'abandon des poursuites en contrepartie du versement d'une certaine somme d'argent.

La procédure de l'amende forfaitaire (art. 529 et s., C. pr. pén.) constitue également une variété de transaction : elle se rencontre pour les contraventions des quatre premières classes relatives au Code de la route et à la police des services publics des transports.

Depuis la loi du 23 juin 1999, la composition pénale constitue également une forme de transaction (cf. p. 64) qui éteint l'action publique.

6 • LE RETRAIT DE LA PLAINTE

Elle n'éteint pas l'action publique (art. 2, al. 2, C. pr. pén.) sauf dans les cas où la poursuite est subordonnée à une plainte de la victime (art. 6, al. 3, C. pr. pén.).

Exemples : Contrefaçon, chasse sur le terrain d'autrui, atteinte à l'intimité de la vie privée, diffamation ou injure contre un particulier...

---

8. Crim., 16 décembre 1954, *D.* 1955. Jur. p. 145, rapport Pépy, *JCP* 1955, II, 9643, note Vitu ; Crim., 15 juin 1982, *Bull. crim.* n° 158 ; Crim., 16 mars 1987, *D.* 1988, Jur. p. 40 ; Crim., 12 octobre 1987, *Bull. crim.* n° 346 ; Crim., 6 juin 1988, *Bull. crim.* n° 251 ; Crim., 6 février 1989, *Bull. crim.* n° 45.

7 • LA CHOSE JUGÉE

La décision définitive rendue par une juridiction répressive relativement à une action publique éteint celle-ci (art. 368, C. pr. pén. ; v. Chapitre 21).

BIBLIOGRAPHIE

BOITARD (M.), « La transaction pénale en droit français », *RSC*, 1941, p. 151.

BOULOC (B.), « Remarques sur l'évolution de la prescription de l'action publique », in *Mélanges C. Gavalda*, Dalloz, 2002, p. 57.

DOKRINE, « La transaction en matière pénale », D. 1994, Chron. p. 137.

EHRARD (F.), « La suspension de la prescription de l'action publique », *RSC*, 1937, p. 640.

GUÉRARD (E.), « Réflexions sur la nature juridique des transactions pénales », *RFDA* 1999, p. 905.

GUÉRY (G.), « La prescription des infractions contre les mineurs : un nouvel état des lieux », *D.* 1999, Chron. p. 38.

GUÉRY (C.), « Crimes et délits contre les mineurs par ascendant : quelle prescription ? », *D.* 1997, Chron. p. 138.

GUÉRY (C.), « La prescription des infractions contre les mineurs : un nouvel état des lieux », *D.* 1999, Chron. p. 38.

GUÉRY (C.), « Kafka II ou "pourquoi faire simple quand on peut faire… une nouvelle loi sur la prescription des infractions commises contre les mineurs" », *D.* 2004, Chron. p. 3015.

HAMIAUT (M.), « La prescription des contraventions », *JCP* 1957, I, 1375b.

HELFRE (H.), « Essai de liste des actes interruptifs et des actes non interruptifs de prescription de l'action publique », *Gaz. Pal.*, 1987, I, Doctr. p. 427.

PIGACHE (V.), « La prescription pénale, instrument de politique criminelle », *RSC*, 1983, p. 53.

RENUCCI (J.-F.), « Infractions d'affaires et prescription de l'action publique », *D.* 1997, Chron. p. 23.

VARTANIAN (K.), « À propos de l'alinéa 3 de l'article 7 du Code de procédure pénale », *D.* 1997, Chron. p. 67.

CHAPITRE 6

L'action civile

L'action civile vise à obtenir la ***réparation du dommage causé par l'infraction*** (art. 2, al. 1er, C. pr. pén). Cette action peut être menée devant la juridiction répressive : la victime obtient là une place privilégiée dans le procès puisqu'elle est la « troisième partie ». Cette action est de nature indemnitaire car elle vise à la réparation d'un dommage mais également de nature vindicative parce qu'elle permet le déclenchement de l'action publique (art. 1er, C. pr. pén.).

L'action civile doit être distinguée de l'***action de nature civile*** qui vise à demander réparation d'un dommage causé par des faits non constitutifs d'une infraction.

L'action civile devant les juridictions pénales présente de nombreux intérêts pour la victime. En effet, elle est d'abord plus économique qu'une action devant la juridiction civile. De plus, cette action est souvent plus efficace dans la mesure où les preuves sont apportées par la juridiction pénale et non par le demandeur, et surtout plus rapide. L'intérêt est également l'unité de procédure entre l'aspect civil et l'aspect pénal. L'action civile permet également de pallier une éventuelle inertie du Parquet[1] et d'apporter ou de rechercher des preuves auxquelles la justice n'aurait pas pensé en raison des pouvoirs donnés à la partie civile. Enfin, la possibilité d'une action civile ajoute la réparation au traitement pénal. Néanmoins, l'action civile peut être également exercée séparément de l'action publique (art. 4, al. 1er, C. pr. pén.). Dans cette hypothèse, la victime ne peut ensuite porter sont action devant la juridiction pénale sauf si celle-ci a été saisie par le Ministère public avant qu'un jugement sur le fond ait été rendu par la juridiction civile (art. 5, C. pr. pén.). De plus, sa situation de partie donne à la victime certains droits tels que la possibilité d'accéder au dossier par l'intermédiaire de son avocat et le droit de n'être interrogée qu'en présence de son avocat.

La loi du 15 juin 2000 a visé à ***renforcer la présomption d'innocence mais également à renforcer les droits des victimes***. Le paragraphe II du nouvel article préliminaire du Code de procédure pénale prévoit que « *l'autorité judiciaire veille à l'information et à la garantie des droits des victimes au cours de la procédure pénale* ». Ainsi, il est désormais possible à la victime de déposer plainte auprès de n'importe quel service de police même territorialement incompétent. Cette plainte sera ensuite transmise le cas échéant au service ou à l'unité de police judiciaire territorialement compé-

1. Cet intérêt explique le mouvement législatif dans le sens du droit d'action plus grand des associations.

tente (art. 15-3, al. 1er, C. pr. pén.)[2]. La loi du 9 mars 2004 a ajouté un second alinéa à l'article 15-3 du Code de procédure pénale qui dispose que « *tout dépôt de plainte fait l'objet d'un procès-verbal et donne lieu à la délivrance immédiate d'un récépissé à la victime. Si elle en fait la demande, une copie du procès-verbal lui est immédiatement remise* ».

La loi du 15 juin 2000 assure la protection de l'image et de la dignité des victimes en créant un délit de diffusion sans l'accord de l'intéressé, de l'image des circonstances d'un crime ou d'un délit portant gravement atteinte à la dignité de la victime. Le délit de diffusion, sans l'accord de l'intéressé, de l'identité ou de l'image d'une victime d'agression ou d'une atteinte sexuelle est renforcé. Le délit de diffusion de l'identité de certains mineurs est étendu à l'hypothèse des mineurs victimes d'infractions.

De multiples obligations d'information sont instituées au profit des victimes :

– dans le cadre de l'enquête de flagrance (art. 53-1, C. pr. pén.) : les officiers et les agents de police judiciaire informent par tout moyen les victimes de leur droit d'obtenir réparation du préjudice subi, de se constituer partie civile si l'action publique est mise en mouvement par le parquet ou en citant directement l'auteur des faits devant la juridiction compétente ou en portant plainte devant le juge d'instruction, d'être assistées d'un avocat si elles souhaitent se constituer partie civile, d'être aidées par un service relevant d'une ou de plusieurs collectivités publiques ou par une association conventionnée d'aide aux victimes, de saisir, le cas échéant, la commission d'indemnisation des victimes d'infraction, lorsqu'il s'agit d'une infraction mentionnée aux articles 706-3 et 706-14 ;

– dans le cadre de l'enquête préliminaire (art. 75, al. 3, C. pr. pén.) : les officiers et les agents de police judiciaire informent par tout moyen les victimes des mêmes droits ;

– dans le cadre de l'instruction (art. 80-3, C. pr. pén.) : dès le début de l'information, le juge d'instruction doit avertir la victime d'une infraction de l'ouverture d'une procédure, de son droit de se constituer partie civile et des modalités d'exercice de ce droit. Elle est également informée de ce qu'elle a le droit, si elle souhaite se constituer partie civile, d'être assistée d'un avocat.

Depuis le 1er octobre 2004 (loi du 9 mars 2004), le juge doit également indiquer à la victime « *qu'elle a le droit, si elle souhaite se constituer partie civile, d'être assistée d'un avocat qu'elle pourra choisir ou qui, à sa demande, sera désigné par le bâtonnier de l'ordre des avocats, en précisant que les frais seront à sa charge, sauf si elle remplit les conditions d'accès à l'aide juridictionnelle ou si elle bénéficie d'une assurance de protection juridique. Lorsque le juge d'instruction est informé par la victime qu'elle se constitue partie civile et qu'elle demande la désignation d'un avocat, il en informe sans délai le bâtonnier de l'ordre des avocats* ».

De nombreuses dispositions montrent également la volonté du législateur de donner plus d'importance aux associations d'aide aux victimes.

---

2. Voir également Circ. CRIM 00-13F1 du 4 décembre 2000, §3.1 qui traite de l'institution d'un « guichet unique » en matière de dépôt de plainte.

1 • LE DÉCLENCHEMENT DE L'ACTION CIVILE

La victime peut exercer son action civile soit devant le tribunal répressif, soit devant le tribunal civil.

La victime bénéficie d'une option. En effet, alors que l'article 4, alinéa 1er du Code de procédure pénale prévoit que « *l'action civile peut être exercée séparément de l'action publique* », l'article 3, alinéa 1er du même code prévoit que « *l'action civile peut être exercée en même temps que l'action publique et devant la même juridiction* ».

Dans certains cas, la voie civile va être fermée à la victime :

– diffamation (art. 30 et 31 de la loi du 29 juillet 1881) ;

– responsabilité des instituteurs en raison d'un dommage causé à un élève ou par un élève (art. 2 de la loi du 5 avril 1937).

Parfois, c'est la voie répressive qui lui est fermée :

– les juridictions répressives d'exception ne peuvent statuer sur l'action civile ;

– l'action civile du cessionnaire ne peut être portée devant la juridiction répressive.

Cette option est définitive et irrévocable : « *Electa una via, non datur recursus ad alteram.* » Cette règle est énoncée par l'article 5 du Code de procédure pénale : « *La partie qui a exercé son action devant la juridiction civile compétente ne peut la porter devant la juridiction répressive.* » La règle de l'irrévocabilité de l'option connaît des atténuations :

– le choix d'exercer son action devant la juridiction répressive n'est pas irrévocable pour la victime (art. 426, C. pr. pén.) à moins qu'elle n'ait statué au fond. En revanche, la saisine du juge des référés civil n'implique pas l'abandon de la voie criminelle ;

– la victime qui avait choisi d'exercer son action civile devant le tribunal civil peut revenir sur ce choix lorsque la juridiction est étrangère ou incompétente ;

– la victime peut porter son action devant le tribunal répressif alors qu'elle avait choisi au départ la voie civile lorsque l'action diffère par sa cause ou son objet ;

– la victime peut opter finalement pour la voie pénale alors qu'elle avait choisi la voie civile lorsqu'elle ne savait pas que le fait dommageable constituait une infraction ;

– la victime peut exercer son action devant le tribunal répressif alors même qu'elle avait choisi la voie civile lorsque la juridiction pénale a été saisie par le Ministère public avant qu'un jugement sur le fond n'ait été rendu par la juridiction civile.

A - L'action civile exercée devant la juridiction répressive

1) La constitution de partie civile

La constitution de partie civile peut avoir lieu après que le Ministère public a engagé l'action publique, la victime agit alors par voie d'intervention, ou avant toute poursuite lancée par celui-ci, elle agit alors par voie d'action.

a) La voie de l'intervention

La victime peut se constituer partie civile à tout moment de l'instruction (art. 87, al. 1, C. pr. pén.) c'est-à-dire aussi bien devant le juge d'instruction que devant la Chambre de l'instruction. La constitution de partie civile peut être contestée par le procureur de la République ou par une partie (art. 87, al. 2, C. pr. pén.). S'il déclare irrecevable la constitution de partie civile, le juge d'instruction statue, après communication du dossier au Ministère public, par ordonnance motivée dont l'intéressé peut interjeter appel (art. 87, al. 3, C. pr. pén.).

La victime peut se constituer partie civile directement devant la juridiction de jugement (art. 418, al. 1er, C. pr. pén.). Il doit s'agir d'une juridiction de première instance et non pas de la cour d'appel. Avant l'audience, la constitution de partie civile se fait par déclaration au greffe (art. 419, C. pr. pén.) ou même par lettre recommandée avec avis de réception ou par télécopie parvenue au tribunal correctionnel 24 heures au moins avant la date de l'audience (art. 420-1, C. pr. pén.). Pendant l'audience, la constitution de partie civile doit intervenir avant les réquisitions du Ministère public sur le fond ou, si le tribunal a ordonné l'ajournement du prononcé de la peine, avant les réquisitions du Ministère public sur la peine (art. 421, C. pr. pén.). Depuis le 15 juin 2000, la victime peut formuler sa demande de dommages-intérêts en se constituant partie civile dès le stade de l'enquête (art. 420-1, al. 2, C. pr. pén.).

b) La voie de l'action

Lorsque le Ministère public n'a pas mis en mouvement l'action publique, la victime peut porter plainte avec constitution de partie civile.

Il s'agit d'une plainte, datée et signée, adressée au juge d'instruction (art. 85, C. pr. pén.) dans laquelle la victime exprime sa volonté de se constituer partie civile et de demander des dommages-intérêts.

En application de la loi n° 2007-291du 5 mars 2007, la recevabilité de la plainte avec constitution de partie civile est désormais subordonnée, en matière délictuelle, à la condition que la personne justifie soit que le procureur de la République lui a fait connaître qu'il n'engagera pas de poursuites, « *à la suite d'une plainte déposée devant lui ou un service de police judiciaire* », soit de l'inertie du Ministère public depuis trois mois, à compter du dépôt de sa plainte devant le procureur de la République ou de la date à laquelle elle lui a adressé copie de sa plainte déposée devant le service de police judiciaire.

Elle peut être portée contre personne dénommée ou contre X. Le juge d'instruction transmet la plainte au procureur de la République qui prend ses réquisitions (art. 86, al. 1er, C. pr. pén.). Le réquisitoire peut être pris contre personne dénommée ou non dénommée (art. 86, al. 2, C. pr. pén.). Lorsque la plainte n'est pas suffisamment motivée ou justifiée, le procureur de la République, avant de prendre ses réquisitions et s'il n'a pas été procédé d'office par le juge d'instruction, demander à celui-ci d'entendre la partie civile et, le cas échéant, d'inviter celle-ci à produire toute pièce à l'appui de sa plainte (art. 86, al. 3, C. pr. pén.).

Le procureur de la République peut également prendre des réquisitions de non-lieu dans le cas où il est établi de façon manifeste que les faits dénoncés par la partie civile n'ont pas été commis (art. 86, al. 4, C. pr. pén. découlant de la loi du 5 mars 2007).

À moins qu'elle ne bénéficie de l'aide juridictionnelle, la partie civile doit verser une consignation dont le montant sera déterminé par le juge d'instruction en fonction des ressources de la partie civile (art. 88, C. pr. pén.). La partie civile a également pour obligation de déclarer au juge d'instruction une adresse qui doit être située dans un département métropolitain si l'instruction se déroule en métropole (art. 89, al. 1er, C. pr. pén.).

c) Les effets de la constitution de partie civile

La constitution de partie civile a pour conséquence d'une part de faire de la victime une partie au procès et d'autre part dans certains cas de déclencher l'action publique.

• La mise en mouvement de l'action publique

La constitution de partie civile a pour conséquence de mettre en mouvement l'action publique[3]. Ce pouvoir qui place la victime sur un pied d'égalité avec le Parquet peut conduire à des abus. Dès lors, plusieurs solutions ont été apportées afin d'éviter de tels débordements :

– la jurisprudence puis les textes (art. 190, C. pr. pén.) ont prévu que seul le Ministère public pouvait décider de la réouverture de l'information sur charges nouvelles ;

– l'article 86, alinéa 2 du Code de procédure pénale permet au procureur de la République de prendre un réquisitoire contre personne non dénommée s'il estime que la plainte est insuffisamment motivée et justifiée ;

– la personne mise en examen dans une information ouverte suite à une constitution de partie civile et qui obtient une ordonnance de non-lieu peut demander des dommages-intérêts à la partie civile (art. 91, C. pr. pén.) sauf si cette ordonnance est motivée par une loi d'amnistie[4].

Le juge d'instruction peut, sur réquisitions du procureur de la République, prononcer une amende pour la partie civile s'il juge que la constitution de partie civile a été abusive ou dilatoire. La consignation prévue à l'article 88 du Code de procédure pénale pourra garantir le paiement de cette amende (art. 88-1, C. pr. pén.).

• La victime partie au procès pénal

La constitution de partie civile a pour conséquence de donner à la victime la qualité de partie au procès et pourra obtenir des dommages-intérêts en réparation de son préjudice.

Elle ne peut donc plus être entendue comme témoin mais uniquement à titre de renseignement sans prestation de serment (art. 335-6°, C. pr. pén.).

---

3. Crim., 8 décembre 1906, *Placet-Thirion* ou *Laurent-Atthalin, D.* 1907, I, p. 207 et S.A 1907, I, p. 377, note Demogue.
4. Crim., 26 novembre 1974, *Bull. crim.* n° 346.

Etant une partie, elle ne peut être interrogée ou confrontée qu'en présence de son avocat (art. 114, al. 1er, C. pr. pén.). Celui-ci doit être convoqué au plus tard 5 jours ouvrables avant l'audition de la partie civile (art. 114, al. 2, C. pr. pén.). La procédure doit être mise à la disposition du défenseur 4 jours ouvrables avant chaque audition (art. 114, al. 3, C. pr. pén.).

Les actes importants de la procédure sont notifiés au domicile de la partie civile, élue par elle lors du dépôt de la plainte avec constitution de partie civile (art. 183, al. 3, C. pr. pén.).

La partie civile peut également faire valoir ses preuves et peut solliciter, sans pouvoir l'imposer, son audition, celle d'un témoin, une confrontation ou un transport sur les lieux (art. 82-1, C. pr. pén.).

La loi du 9 mars 2004 a limité l'obligation jusque-là prévue par l'article 175-3 du Code de procédure pénale du juge d'instruction d'informer la partie civile de l'avancement de l'instruction tous les six mois, introduite par la loi du 15 juin 2000. Depuis le 1er octobre 2004, l'obligation d'informer la partie civile tous les 6 mois de l'état de l'avancement de l'instruction est limitée aux instructions menées en matière criminelle, lorsqu'il s'agit d'un délit contre les personnes prévu par le livre II du Code pénal ou lorsqu'il s'agit d'un délit contre les biens prévu par le livre III du même code et accompagné d'atteintes à la personne (art. 90-1, al. 1er, C. pr. pén.).

L'article 46 de la loi du 5 mars 2007 (n° 2007-297) permet à la partie civile de demander à être informée de l'évolution de la procédure tous les 4 mois (art. 90-1, C. pr. pén.).

Un calendrier prévisionnel de l'instruction permet aux parties de contrôler la durée de l'instruction (art. 89-1 et 175-2, C. pr. pén.).

La partie civile peut exercer des voies de recours à la fois contre les ordonnances du juge d'instruction lui faisant grief (art. 186 et 186-1, C. pr. pén.) et contre les jugements rendus par la juridiction pénale sur les intérêts civils seulement (art. 497-3°, 546, 567 et 573, C. pr. pén.).

2) La citation directe

Dans certains cas, la victime a le choix entre la plainte avec constitution de partie civile et la citation directe. Il s'agit pour la victime de citer le prévenu directement devant la juridiction de jugement par un exploit d'huissier (art. 551, al. 1, C. pr. pén.). Les conditions sont les mêmes que lorsque la citation directe est employée par le Ministère public (v. Chapitre 4).

Son domaine d'application est limité dans la mesure où elle ne peut être employée lorsqu'une instruction est nécessaire, ce qui exclut obligatoirement les crimes et limite les hypothèses en cas de délit ou de contravention.

B - L'action civile exercée devant la juridiction civile

L'action civile exercée devant la juridiction civile obéit aux règles de la procédure civile. Cependant, liée à une infraction, il s'agit d'une procédure particulière qui doit respecter certains principes notamment lorsque l'action publique a été mise en mouvement.

1) « Le criminel tient le civil en l'état »

L'article 4, alinéa 2 du Code de procédure pénale prévoit qu'il est sursis au jugement de l'action civile exercée devant la juridiction civile tant qu'il n'a pas été prononcé définitivement sur l'action publique lorsque celle-ci a été mise en mouvement : « *Le criminel tient le civil en l'état.* » Le sursis a un caractère d'ordre public. Il doit être respecté sous peine de nullité absolue de la procédure.

Cependant, en application de la loi n° 2007-291 du 5 mars 2007, le sursis à statuer n'est plus obligatoire pour toutes les hypothèses autres que celles où l'action civile est exercée en réparation d'un dommage causé par une infraction pour laquelle une action publique a été mise en mouvement devant le juge pénal.

Pour que le tribunal civil soit ainsi contraint de surseoir au jugement en attendant que le tribunal répressif ait rendu le sien, il faut d'une part que l'action publique ait été mise en mouvement et d'autre part qu'il y ait une identité de fait entre les deux actions.

Le tribunal civil peut rendre sa décision dès lors que le tribunal répressif a statué sur l'action publique. Sont également considérés comme des décisions définitives l'ordonnance de non-lieu, le jugement par défaut ou, avant la loi du 9 mars 2004, l'arrêt de contumace.

2) L'autorité sur le civil de la chose jugée au criminel

Le tribunal civil va se trouver en partie lié par la décision de la juridiction répressive : « *il n'est pas permis au juge civil de méconnaître ce qui a été nécessairement et certainement décidé par le juge criminel sur l'existence du fait incriminé qui forme la base commune de l'action pénale et de l'action civile, sur sa qualification et sur la culpabilité de celui à qui il est imputé* » a dit la jurisprudence.

2 • L'EXERCICE DE L'ACTION CIVILE

A - Le demandeur à l'action civile

Il s'agit de la victime ou de ses ayants droit. Il peut s'agir d'une personne physique ou d'une personne morale. Certaines conditions vont leur être communes. D'autres sont propres à chacune d'elles.

1) Les conditions d'exercice communes aux personnes physiques et aux personnes morales

La victime doit pouvoir invoquer un préjudice certain né d'une infraction punissable.

a) Le préjudice certain

La condition tenant à l'existence du préjudice est commune à tous les contentieux. On dit que le préjudice doit être certain et actuel ou né et actuel.

Un préjudice éventuel ne peut donner lieu à une action civile. En revanche, le préjudice peut être futur et peut même consister en une perte de chance c'est-à-dire dans « *la disparition, par l'effet du délit, de la probabilité d'un événement favorable* »[5].

b) Le préjudice né d'une infraction punissable

Le préjudice doit être né d'une infraction punissable dans la mesure où l'action civile est l'accessoire de l'action publique (art. 2, al. 1er, C. pr. pén.). Les faits doivent pouvoir être encore poursuivis devant une juridiction répressive.

Le fait doit être infractionnel c'est-à-dire qu'il ne doit pas être couvert par la légitime défense, par une amnistie, la prescription ou l'abrogation de la loi pénale.

Si le juge acquitte ou relaxe l'intéressé, la victime ne pourra obtenir des dommages-intérêts devant la juridiction répressive. Néanmoins, dans certains cas, le juge peut accorder malgré tout des dommages-intérêts par exemple devant la Cour d'assises notamment en raison de l'absence de motivation des arrêts. Cependant, « *la faute retenue à l'appui de l'allocation de dommages-intérêts doit être distincte de celle qui était liée à l'infraction afin de ne pas contredire le verdict* »[6]. De même, l'article 470-1, alinéa 1er du Code de procédure pénale prévoit que le tribunal correctionnel qui prononce une relaxe « *demeure compétent sur la demande de la partie civile ou de son assureur formulée avant la clôture des débats, pour accorder, en application des règles du droit civil, réparation de tous les dommages résultant de faits qui ont fondé la poursuite* ».

En l'absence de faute non intentionnelle, il est néanmoins possible à la victime d'exercer une action devant les juridictions civiles afin d'obtenir réparation sur le fondement de l'article 1383 du Code civil dès lors qu'est établie l'existence d'une faute civile au sens de ce texte ou d'une faute inexcusable au sens de l'article L. 452-1 du Code de la sécurité sociale (art. 4-1, C. pr. pén.).

Dans les cas où la juridiction répressive a déjà sanctionné l'infraction, seule la voie civile sera envisageable par la victime (art. 464, C. pr. pén.)[7] sauf devant le tribunal de police en cas de recours à la procédure d'ordonnance pénale (art. 528-2, C. pr. pén.).

2) L'intérêt à agir des personnes physiques

Selon l'article 2, alinéa 1er du Code de procédure pénale, l'action civile en réparation du dommage causé par un crime, un délit ou une contravention appartient à tous ceux qui ont personnellement souffert du dommage directement causé par l'infraction. Le préjudice subi doit être actuel, personnel et direct.

a) Le préjudice actuel

Le préjudice doit être actuel et pas seulement éventuel. Il doit exister au moment de la mise en mouvement de l'action publique. Une action civile ne peut être exercée sur la base d'un préjudice seulement susceptible de se réaliser[8].

---

5. Crim., 15 juin 1982, *Bull. crim.* n° 159 ; Crim., 6 juin 1950, *Bull. crim.* n° 224.
6. Crim., 11 janvier 1986, *Bull. crim.* n° 17.
7. Crim., 7 février et 13 juillet 1967, *Bull. crim.* nos 52 et 216, *RSC* 1968, p. 92, obs. Robert.
8. Crim., 26 juin 1973, *Bull. crim.* n° 299, *JCP* 1973, IV, 307 ; Crim., 23 mai 1977, *Bull. crim.* n° 182 ; Crim., 6 mai 1987, *Bull. crim.* n° 180 ; Crim., 7 juin 1989, *JCP* 1989, IV, 321.

Le préjudice peut consister en une perte de chance. Celle-ci doit avoir un caractère certain au jour de la décision. Le juge doit alors constater que l'infraction a provoqué la disparition d'un événement favorable. De plus, il doit analyser s'il y a véritablement perte d'une chance sérieuse comparée à la probabilité de l'arrivée de l'événement. Il doit donc constater à la fois que l'événement devait bien arriver et que l'infraction a eu pour conséquence de l'empêcher.

b) Le préjudice personnel

Le préjudice causé par l'infraction doit être personnel. Quel qu'il soit (physique, moral, au patrimoine, à l'honneur...)[9], c'est celui qui l'éprouve, qui est personnellement lésé, et lui seul, qui pourra exercer l'action civile. Il peut s'agir de la victime directe mais également d'autres personnes qui vont subir le contrecoup des conséquences de l'infraction c'est-à-dire celles qui ont subi un préjudice matériel ou moral sans être la victime directe de l'infraction.

La situation des héritiers doit notamment être examinée.

c) Le préjudice direct

Le préjudice doit pouvoir être rattaché à l'infraction. Il doit avoir un lien direct avec celle-ci, découler de celle-ci. L'infraction doit être la cause du préjudice. Selon l'article 2 du Code de procédure civile, l'action civile répare le dommage « directement causé par l'infraction ».

Exemples : préjudice corporel pour un délit de coups et blessures volontaires, préjudice matériel pour un vol, atteinte à l'honneur et à la considération en cas d'injures ou de diffamation, dommage moral en cas d'homicide...

Dans de nombreux cas, la jurisprudence rejette l'action civile, considérant que le préjudice est indirect.

Exemples : le préjudice de l'assureur qui a dû verser une indemnité à l'assuré suite à un vol[10], le préjudice par ricochet des proches parents de la victime d'un homicide involontaire[11], le malade qui a eu recours à un guérisseur exerçant illégalement la médecine[12]...

3) L'intérêt à agir des personnes morales

Qu'il s'agisse d'une personne morale de droit privé ou d'une personne morale de droit public, celle-ci doit également, pour pouvoir exercer l'action civile, justifier d'un préjudice personnel et direct. Il est certain qu'elle peut agir si elle se trouve victime d'un vol, d'un abus de biens sociaux ou d'une escroquerie, mais qu'en est-il lorsque le préjudice découle de l'atteinte à l'intérêt collectif dont elle assure la défense ? Le préjudice n'est plus alors vraiment direct et personnel. Il faut distinguer selon la personne morale dont il s'agit.

---

9. Art. 3, al. 2, C. pr. pén.
10. Il s'agit ici de l'exécution d'une obligation contractuelle préexistante, Crim., 29 décembre 1961, *Bull. crim.* n° 552.
11. Crim., 20 mars 1973, *Bull. crim.* n° 137, *D.* 1973, IR, p. 101.
12. Ch. acc. Limoges, 2 juillet 1964, *JCP* 1964, IV, 133.

a) Les groupes professionnels

• Les syndicats

Leur objet est l'étude et la défense des intérêts économiques, industriels, commerciaux ou agricoles d'une profession[13].

La loi du 21 mars 1884 a accordé aux syndicats le droit de défendre les intérêts de la profession par voie d'action en justice.

La jurisprudence admit en 1913 que cette action pouvait être exercée par la voie pénale.

Cette solution jurisprudentielle fut consacrée par la loi du 12 mars 1920. Elle est aujourd'hui incluse dans l'article L. 411-11 du Code du travail : « *Les syndicats professionnels peuvent devant toutes les juridictions exercer tous les droits réservés à la partie civile, relativement aux faits portant un préjudice direct ou indirect à l'intérêt collectif de la profession qu'ils représentent* ».

La Chambre criminelle a peu à peu posé les conditions de cette action. Le syndicat doit pouvoir justifier d'une atteinte à la fois à un intérêt collectif et à un intérêt professionnel.

– ***atteinte à un intérêt professionnel :*** un lien doit exister entre le préjudice et la profession que le syndicat représente. Il importe peu que le syndicat soit représentatif et même que la personne directement lésée soit membre ou non du syndicat ;

– ***atteinte à un intérêt collectif :*** le préjudice doit porter sur un intérêt qui concerne tous les membres de la profession. L'infraction doit porter atteinte à l'intérêt collectif de la profession. Il ne s'agit ni du préjudice individuel subi par l'un des membres[14], ni du préjudice social ou général que seul le Ministère public défend.

• Les ordres professionnels

Ils sont chargés d'assurer la dignité de la profession et peuvent ainsi infliger des sanctions disciplinaires.

Comme les syndicats professionnels, ils ont la faculté de se constituer partie civile ou d'user de la citation directe pour défendre les intérêts de leur profession. Cependant, la jurisprudence se montre sévère dans l'admission de leur action. Sont assimilés aux ordres professionnels les chambres et conseils des officiers ministériels.

b) Les associations

Pendant longtemps, les associations n'ont pas eu la possibilité de se constituer partie civile pour défendre une atteinte aux intérêts collectifs qu'elles défendaient. Puis, le législateur a donné ce droit à un nombre croissant d'associations. Il faut donc distinguer celles auxquelles ce droit a été aménagé par la loi de celles auxquelles il n'est pas reconnu.

---

13. Gaston Stéfani, Georges Levasseur et Bernard Bouloc, *Procédure pénale*, Dalloz, 20e éd. , 2006.
14. Com., 29 janvier 1986, *Alfand et fédération nationale des chambres syndicales*, *JCP* 1987, II, 20753.

• *Associations dont le droit à l'action civile n'a pas été reconnu par un texte*

La jurisprudence est très restrictive à leur égard. Elle considère que dans la plus grande majorité des cas, l'association invoque soit un préjudice personnel touchant quelques individus, soit un préjudice social que seul le Ministère public a pour mission de protéger[15].

• *Associations dont le droit à l'action civile a été légalement aménagé*

Un texte a donné à chacune d'entre elles le droit de se porter partie civile (art. 2-1 à 2-21, C. pr. pén.) en précisant leur mission particulière. La jurisprudence reste cependant restrictive.

c) Les personnes morales de droit public

Une personne morale de droit public a la possibilité de se constituer partie civile lorsqu'elle a directement été victime d'une infraction par exemple un vol. Quelques textes prévoient la constitution de partie civile de l'administration dans certains cas précis :

Exemple : loi du 22 juillet 1987, art. 2-7, C. pr. pén. : « *En cas de poursuites pénales pour incendie volontaire commis dans les bois, forêts, landes, maquis, garrigues, plantations ou reboisements, les personnes morales de droit public peuvent se constituer partie civile devant la juridiction de jugement en vue d'obtenir le remboursement, par le condamné, des frais qu'elles ont exposés pour lutter contre l'incendie* ».

En revanche, lorsqu'il s'agit d'un intérêt purement moral, la chambre criminelle de la Cour de cassation a refusé aux personnes morales de droit public la possibilité de se constituer partie civile. En effet, elle considère que cet intérêt se confond avec celui de la société, défendu par le Ministère public. Il existe quelques exceptions à ce principe notamment en matière de dopage[16]. On peut se demander ici s'il ne s'agit pas plutôt d'une action publique « camouflée sous le nom d'action publique »[17].

4) L'action civile exercée par d'autres personnes que la victime

L'action civile peut être exercée par les ayants cause de la victime dans la mesure où cette action fait partie de son patrimoine. Plusieurs personnes peuvent donc exercer cette action.

a) Les créanciers de la victime

Selon l'article 1166 du Code civil, les créanciers peuvent exercer tous les droits et actions du débiteur, à l'exception de ceux qui sont exclusivement attachés à la personne et à condition que celui-ci ait négligé de l'exercer.

---

15. Crim., 18 octobre 1913, *S.* 1920, I, p. 321, note Hugueney.
16. Art. 15 de la loi du 28 juin 1989 : permet la constitution de partie civile des fédérations sportives agrées chargées d'une mission de service publique.
17. Gaston Stéfani, Georges Levasseur, Bernard Bouloc, *Procédure pénale,* Dalloz, 20e éd., 2006, n° 190.

Les créanciers peuvent intenter leur action devant la juridiction civile sauf lorsque le préjudice est purement moral. Ils exercent alors l'action civile du débiteur et non pas leur propre action civile.

En revanche, malgré une décision contraire de 1941[18], les créanciers ne peuvent exercer l'action civile de leur débiteur devant les juridictions répressives[19]. Le créancier doit justifier en effet d'un préjudice personnel et direct.

b) Les cessionnaires

L'action civile étant de nature patrimoniale, elle peut être cédée à un tiers. Cependant, celui-ci peut-il l'exercer devant les juridictions répressives ? La Cour de cassation a refusé la possibilité au cessionnaire d'exercer cette action devant le juge pénal[20]. En effet, celle-ci a un but indemnitaire mais également celui de mettre en mouvement l'action publique, or seule la victime peut mettre en mouvement l'action publique. Celle-ci ne peut renoncer à son droit de vengeance.

c) Les tiers subrogés

C'est celui qui a payé à la victime la réparation du dommage. Il se trouve alors subrogé dans ses droits. Peut-il exercer l'action civile de la victime devant les tribunaux répressifs ? La réponse apparaît négative dans la mesure où le préjudice n'est pas personnel. Cependant, il faut distinguer selon le tiers subrogé :

• ***L'assureur de la victime***

L'assureur est subrogé dans les droits de l'assuré qu'il a indemnisé du préjudice causé par l'infraction (art. L. 121-12, C. assur.). Après avoir admis leur action devant les juridictions répressives[21], la jurisprudence l'a exclu dans la mesure où le préjudice n'est pas personnel à l'assureur[22]. Cependant, la loi du 8 juillet 1983 a permis à l'assureur d'intervenir dans le procès pénal[23], même pour la première fois en appel, lorsque les poursuites sont exercées pour l'infraction d'homicide ou de blessures involontaires ayant entraîné pour autrui un dommage quelconque. L'assureur doit être représenté par un avocat ou un avoué. La décision concernant les intérêts civils lui est alors opposable (art. 388-3, C. pr. pén.) s'il a été mis en cause régulièrement (art. 388-2, C. pr. pén.) ;

• ***La Sécurité sociale***

La caisse de Sécurité sociale ayant fourni différentes prestations et indemnités à la victime de l'infraction, elle se trouve également subrogée dans les droits de la victime.

---

18. Crim., 18 mars 1941, *DA* 1941, p. 247.
19. Crim., 16 janvier 1964, *D.* 1964, Jur. p. 191, note J.M. *Bull. crim.* n° 16 ; Crim., 24 avril 1971, *Bull. crim.* n° 117.
20. Crim., 25 février 1897, *S.* 1989, I, p. 208, note Roux.
21. Crim., 21 juin 1859, *Bull. crim.* n° 149.
22. Crim., 10 octobre 1957, *D.* 1958, Jur. p. 386, note Meurisse ; Crim., 29 décembre 1961, *Bull. crim.* n° 552 ; Crim., 28 février 1967, *Bull. crim.* n° 78 ; Crim., 26 mars 1990, *Bull. crim.* n° 130, *D.* 1990, IR, p. 123.
23. Il s'agit d'une intervention volontaire ou forcée.

Elle possède donc un recours contre le tiers auteur de l'infraction (art. L. 376-1 et L. 454-1, CSS). Après quelques hésitations et décisions contradictoires, la jurisprudence a admis l'action civile des caisses de Sécurité sociale devant les juridictions répressives : « *En vertu des dispositions de l'article 95 de l'ordonnance du 19 octobre 1945, les caisses de sécurité sociale sont recevables à intervenir devant la juridiction répressive pour réclamer le remboursement des dépenses qu'elles ont effectuées au profit de l'assuré social, victime d'un dommage* »[24].

Cependant, elle a ensuite à plusieurs reprises précisé les limites de cette action : « *Une telle intervention, dérogatoire aux règles de la procédure pénale et fondée uniquement que l'action civile accordée à la victime d'une infraction est nécessairement subordonnée à l'exercice par ladite victime de son action devant cette même juridiction* »[25]. La victime directe doit donc agir elle-même : les caisses de Sécurité sociale peuvent agir par voie d'intervention mais jamais par voie d'action devant le tribunal répressif.

• *Le Fonds de garantie des assurances obligatoires de dommages*

Le Fonds de garantie des assurances obligatoires de dommages (art. L. 421-1 et s., C. assur.) est chargé, lorsque le responsable des dommages demeure inconnu ou n'est pas assuré, insolvable ou lorsque son assureur est totalement ou partiellement insolvable, d'indemniser les victimes des dommages résultant des atteintes à leur personne nés d'un accident dans lequel est impliqué un véhicule terrestre à moteur en circulation.

Selon l'article L. 421-5 du Code des assurances, « *Le fonds de garantie peut intervenir même devant les juridictions répressives et même pour la première fois en cause d'appel, en vue notamment de contester le principe ou le montant de l'indemnité réclamée, dans toutes les instances engagées entre les victimes d'accidents ou leurs ayants droit, d'une part, les responsables ou leurs assureurs, d'autre part. Il intervient alors à titre principal et peut user de toutes les voies de recours ouvertes par la loi* ».

• *L'État et les collectivités publiques*

L'État ou une collectivité publique peut-il se retourner contre celui qui, commettant une infraction, a causé un dommage à un agent public ou à un fonctionnaire auquel il a dû verser une pension ? Après le refus de la jurisprudence, des textes ont envisagé cette éventualité. Ainsi, une ordonnance du 7 février 1959 pour le fonctionnaire et une loi du 2 janvier 1968 pour l'agent d'une collectivité publique permettent à l'État ou à la collectivité publique d'être subrogé dans les droits de la victime décédée ou victime d'une infirmité ou d'une maladie imputable à un tiers et donc de demander le remboursement des prestations versées à ce tiers. La jurisprudence a décidé que l'État pouvait se constituer partie civile même en l'absence d'action de la part de la victime. Une ordonnance du 4 juin 1959 a également permis à l'État de réclamer à l'auteur d'une infraction volontaire contre un fonctionnaire les sommes qu'il a dû lui verser en lui accordant à la fois une subrogation et une action directe.

---

24. Crim., 12 mars 1957, *S.* 1957, 1, p. 222.
25. Crim., 20 février 1958, *Bull. crim.* n° 187 ; Crim., 29 avril 1958, *JCP* 1958, II, 10801 ; Crim., 7 octobre 1960, *Bull. crim.* n° 255.

• *Les héritiers de la victime*

Trois cas doivent être distingués :

L'action se trouve dans le patrimoine de la victime et est donc transmise aux héritiers. Ils peuvent exercer cette action même si elle n'avait pas été intentée de son vivant par leur auteur décédé. Cette solution a été donnée par la chambre mixte de la Cour de cassation en 1976 : « *Il résulte de l'article 1382 du Code civil, des articles 2, 3 et 10 du Code de procédure pénale et des articles 731 et 732 du Code civil, que toute personne victime d'un dommage quelle qu'en soit la nature, a le droit d'en obtenir la réparation de celui qui l'a causé par sa faute, que le droit à réparation du dommage résultant de la souffrance morale éprouvée par des parents en raison de la mort de leur fils victime d'un accident, dont la responsabilité incombe à un tiers, étant né dans leur patrimoine, se transmet à leur décès, à leurs héritiers.* »[26]

L'action est née alors directement dans le patrimoine des héritiers dans la mesure où ils éprouvent personnellement un préjudice matériel et moral du fait du décès de leur auteur suite à l'infraction. Peut-on leur opposer un partage de responsabilités en cas de faute de la victime ? À plusieurs reprises, la jurisprudence l'avait refusé puis elle a admis qu'un partage de responsabilités puisse être opéré par le juge. Ces héritiers peuvent être les ascendants, les descendants, le conjoint et même les collatéraux de la victime dans la mesure où ils subissent un préjudice moral puisqu'ils sont atteints dans leur intérêt légitime d'affection.

En cas d'injure ou de diffamation contre la mémoire du défunt, les héritiers peuvent-ils demander réparation en leur nom propre ou au nom du défunt ?

– *en leur propre nom :* l'auteur de l'infraction doit avoir eu l'intention de nuire aux héritiers vivants. Les héritiers doivent donc subir un préjudice personnel[27] ;

– *au nom et en représentation du défunt :* la qualification, la compétence et la peine seront alors appréciées par rapport à la personne du défunt[28].

B - Les défendeurs à l'action civile

L'action publique ne peut être exercée qu'à l'encontre du délinquant. Ce n'est pas le cas de l'action civile.

1) Les héritiers du délinquant

L'action civile peut être exercée contre les héritiers du délinquant décédé. En effet, l'action civile vise à constater l'existence d'une dette de réparation qui va grever le patrimoine du délinquant. Les héritiers recueillent donc cette dette dans la succession.

---

26. Cass. Chambre mixte, 30 avril 1976, *D.* 1977, Jur. p. 185, note Contamine-Raynaud.
27. Crim., 15 novembre 1900, *D.* 1901, 1, p. 286.
28. Crim., 27 juillet 1912, *D.* 1913, 1, p. 370.

Cette action ne peut être exercée que devant le tribunal civil sauf si un jugement sur le fond avait été rendu par la juridiction répressive alors que le prévenu était encore vivant.

2) Les tiers civilement responsables

Il s'agit des personnes visées à l'article 1384 du Code civil mais également d'autres tiers qui doivent répondre du fait de certaines personnes[29].

3) L'assureur

Il peut intervenir ou être mis en cause devant la juridiction pénale, même pour la première fois en cause d'appel, lorsque l'assuré est poursuivi pour homicide ou blessures par imprudence.

L'assureur peut invoquer une cause de nullité du contrat d'assurance ou une clause le mettant hors de cause à deux conditions :

– il doit le faire avant toute défense au fond ;

– cette exception doit être de nature à exonérer totalement l'assureur de son obligation de garantie à l'égard des tiers (art. 385-1, C. pr. pén.).

La décision sur les intérêts civils est opposable à l'assureur qui est intervenu au procès ou a été régulièrement avisé.

4) Le tiers atteint par ricochet par la condamnation du prévenu

Des peines telles que la confiscation d'un objet ou la fermeture d'un établissement appartenant à une autre personne que le délinquant peuvent toucher des tiers. Si la personne est menacée dans son patrimoine, elle doit être citée à l'audience et peut être d'une part assistée d'un avocat et d'autre part faire appel des décisions lui causant un préjudice (art. 706-38, C. pr. pén.).

5) L'administration

Lorsque l'administration est tenue d'un dommage causé par un fonctionnaire, la victime peut-elle exercer l'action civile contre cette administration ? Une distinction a été posée par la jurisprudence de la Cour de cassation[30] et du Tribunal des conflits[31].

L'administration n'est pas engagée et la juridiction répressive peut accueillir l'action civile.

Dans cette hypothèse, c'est la responsabilité de l'administration et non celle du fonctionnaire qui est mise en cause : le juge répressif n'est pas compétent pour accorder une réparation, la responsabilité de l'administration étant de la compétence des

---

29. Crim., 4 janvier 1995, *Bull. crim.* n° 3.
30. Crim., 16 février et 8 juin 1934, *DH* 1934, 196 et 398.
31. T. confl., 22 septembre 1989, *Dr. pén.,* novembre 1989, n° 58.

tribunaux administratifs. Cependant, si la victime ne peut demander réparation, elle peut toutefois exercer l'action civile dans le but de mettre en mouvement l'action publique afin que le Ministère public ne bénéficie pas d'un principe de l'opportunité des poursuites absolu. Les juridictions administratives octroyant souvent une indemnisation moindre que les juridictions répressives, la loi a prévu deux exceptions à ce principe :

– les juridictions judiciaires peuvent statuer sur toute action en responsabilité tendant à la réparation des dommages de toute nature causés par un véhicule quelconque. Cette action est jugée conformément aux règles de droit civil. La responsabilité de la personne morale de droit public est substituée à celle de son agent, auteur des dommages causés dans l'exercice de ses fonctions (loi du 31 décembre 1957) ;

– le juge répressif est compétent pour les attentats à la liberté et abus d'autorité commis par des fonctionnaires (art. 136, al. 3 et 4, C. pr. pén.).

3 • L'EXTINCTION DE L'ACTION CIVILE

L'action civile peut disparaître pour des causes qui lui sont propres.

A - La prescription

Comme l'action publique, l'action civile qui n'est pas intentée pendant un certain temps s'éteint par l'effet de la prescription. La victime ne peut plus obtenir de dommages-intérêts.

En droit civil, le délai de prescription de droit commun est de 30 ans (art. 2262, C. civ.). Cependant, la question de l'indépendance de la prescription de l'action civile par rapport à celle de l'action publique a été posée.

Pendant longtemps, le principe a été celui de la solidarité des prescriptions de l'action civile et de l'action publique. L'action civile se prescrivait dans les mêmes délais que l'action publique.

Face à la critique de la doctrine[32], la loi du 23 décembre 1980 a décidé que « *L'action civile se prescrit selon les règles du Code civil. Toutefois, cette action ne peut plus être engagée devant la juridiction répressive après l'expiration du délai de prescription de l'action publique* » (art. 10, al. 1er, C. pr. pén.). Ainsi, l'action civile peut être exercée devant les tribunaux répressifs seulement pendant le délai de prescription de l'action publique mais elle peut ensuite être exercée devant les juridictions civiles dans les délais prévus par le Code civil sauf en matière de presse où l'article 65 de la loi de 1881 pose le principe de la solidarité des prescriptions.

Cette prescription est d'intérêt privé. Le juge ne peut la soulever d'office.

---

32. La victime d'une infraction aurait été moins bien traitée que celle d'un dommage civil.

B - Les autres causes d'extinction de l'action civile

1) La transaction

L'article 2046 du Code civil permet à la victime de transiger sur l'intérêt civil qui résulte d'un délit. Les parties concluent un contrat évitant toute contestation. L'action civile est éteinte mais le Ministère public a toujours la possibilité de mettre en mouvement l'action publique.

2) La renonciation

La victime renonce expressément à demander réparation du dommage qu'elle a subi du fait de l'infraction. Elle éteint l'action civile mais pas l'action publique (art. 2, al. 2, C. pr. pén.).

3) Le désistement et l'acquiescement

Le désistement intervient après la mise en mouvement de l'action publique qui subsiste. La victime ne sera plus partie au procès pénal, elle ne peut plus obtenir des dommages-intérêts devant la juridiction répressive mais elle le peut encore devant le juge civil (art. 426, C. pr. pén.).

La jurisprudence assimile l'acquiescement au désistement. Il s'agit pour la victime de se soumettre aux prétentions de l'autre.

4) La chose jugée

Elle interdit à la victime qui a obtenu une décision définitive d'agir en dommages-intérêts devant quelque juridiction que ce soit.

Dans certains cas, l'action publique ne peut subsister à l'action civile. Il s'agit des cas où la plainte de la victime est indispensable à la mise en mouvement de l'action publique.

BIBLIOGRAPHIE

ABERKANE (H.), « La réparation du dommage causé par le délit pénal du fonctionnaire », *JCP* 1959, I, 1509.

ALT-MAES (F.), « Le concept de victime en droit civil et en droit pénal », *RSC* 1994, p. 35.

APIETTO (J.), « Intervention de l'assureur au procès pénal », *Gaz. Pal.* 1984, 2, Doctr. p. 520.

BONNARD (H.), « La participation de victimes d'infraction au procès pénal », in *Mélanges Levasseur*, 1992, p. 287.

BORÉ (L.), La défense des intérêts collectifs par les associations devant les juridictions administratives et judiciaires, LGDJ, coll. « Bibliothèque de droit privé », 1997.

BOULAN (F.), « Le double visage de l'action civile exercée devant la juridiction répressive », *JCP* 1976, II, 2563.

BROUCHOT (J.), « L'arrêt Laurent-Atthalin, sa genèse et ses conséquences », in *Mélanges Patin*, 1966, p. 411.

CALAIS-AULOY (J.), « Les actions en justice des associations de consommateurs », *DA* 1988, p. 93.

CHAVANNE (A.), « La solidarité de la prescription de l'action publique et de l'action civile », in *Mélanges Patin*, 1966, p. 425.

COUSIN-POLLET (N.), « Indulgence et sévérité de la Cour de cassation à l'égard des victimes de dénonciations téméraires (À propos de l'arrêt de la chambre criminelle du 5 mai 1971) », *JCP* 1972, I, 2492.

COUVRAT (P.), « La protection des victimes d'infractions. Essai d'un bilan », *RSC* 1983, p. 577.

DELMAS SANT-HILAIRE (J.-P.), « La mise en mouvement de l'action publique par la victime de l'infraction », in *Mélanges Brèthe de la Gressaye*, 1967, p. 159.

D'HAUTEVILLE (A.), « Les droits des victimes », *RSC* 2001, p. 107.

GRANIER (J.), « Quelques réflexions sur l'action civile », *JCP* 1957, I, 1386.

HÉBRAUD (P.), « Recevabilité de l'action civile exercée devant les juridictions répressives par les groupements et associations pour préjudice matériel ou moral », *RTD civ.* 1971, p. 407.

LARGUIER (J.), « Remarques sur l'action civile exercée par une autre personne que la victime », in *Mélanges Patin*, p. 383.

LARGUIER (J.), « L'action publique et l'action civile dans le Code de procédure pénale », *JCP* 1959, I, 1495.

LIENHARD (C.), « Le droit pour les associations de défense des victimes d'accidents collectifs de se porter partie civile », *D.* 1996, Chron. p. 314.

LOPEZ (G.), *Victimologie*, Dalloz, 1997.

MAZEAUD (H.), « La lésion d'un intérêt légitime juridiquement protégé, condition de la responsabilité civile », *D.* 1954, Chron. p. 377.

MERLE (R.), « La distinction entre le droit de se constituer partie civile et le droit d'obtenir réparation du dommage causé par l'infraction », in *Mélanges Vitu*, 1987, p. 397.

ROCA (C.), « De la dissociation entre la réparation et la répression dans l'action civile exercée devant les juridictions répressives », *D.* 1991, Chron. p. 85.

ROGER (M.), « La réforme du délai de prescription de l'action civile », *D.* 1981, Chron. p. 175.

VIDAL (J.), « Observations sur la nature juridique de l'action civile », *RSC* 1963, p. 481.

VIDAL (J.), « L'arrêt de la chambre mixte du 27 février 1970 : le droit à réparation de la concubine et le concept de dommages réparables », *JCP* 1971, I, 2390.

VIDAL (J.), « L'infraction commise par un agent public dans l'exercice de ses fonctions », in *Mélanges Couzinet*, 1974, p. 779.

VOUIN (R.), « L'unique action civile », *D.* 1973, Chron. p. 54.

PARTIE 3

L'enquête policière

CHAPITRE 7

La preuve

Le demandeur, qui a la charge de la preuve, bénéficie d'une certaine liberté pour apporter la preuve de l'existence de l'infraction.

1 • LA CHARGE DE LA PREUVE

La charge de la preuve incombe en principe au demandeur. Cette règle résulte du principe de la présomption d'innocence.

A - Le principe de la présomption d'innocence

Jusqu'à la loi du 15 juin 2000, le principe de la présomption d'innocence n'était pas posé par le Code de procédure pénale mais par des normes supérieures :

– article 9 de la Déclaration des droits de l'Homme et du citoyen de 1789 ;

– article 11-1 de la Déclaration universelle des droits de l'Homme de 1948 ;

– article 14 du Pacte sur les droits civils et politiques ;

– article 6 de la Convention européenne de sauvegarde des droits de l'Homme.

Ce principe signifie qu'un individu est innocent tant que sa culpabilité n'a pas été prouvée par un jugement irrévocable. Il assure la protection des individus dans leurs rapports avec les autorités étatiques. « *In dubio pro reo* » : le doute profite à l'accusé[1].

Désormais, le Code de procédure pénale affirme clairement le ***principe de la présomption d'innocence***. Il est inscrit dans un article préliminaire de ce Code ainsi formulé (art. 1er de la loi du 15 juin 2000).

Un certain nombre de dispositions ont pour objectif de préserver le principe de la présomption d'innocence :

– légalisation des communiqués de presse du procureur de la République au cours de l'enquête et de l'instruction ou transmission d'éléments de procédure à des autorités ou organismes habilités (art. 11-1, C. pr. pén.) ;

1. Il s'agit de l'accusé au sens large ce qui comprend également le prévenu.

– possibilité d'une publicité des débats contradictoires intervenant au cours de l'enquête ou de l'instruction ;

– renforcement de la possibilité pour le juge d'instruction ou la Chambre de l'instruction d'ordonner la diffusion d'un communiqué à la demande d'une personne bénéficiant d'un non-lieu (art. 9 et 177-1, C. pr. pén.) ;

– création d'un délit de diffusion, sans l'accord de l'intéressé, de l'image d'une personne montrant qu'elle est menottée, entravée ou placée en détention provisoire et du délit de réalisation ou de diffusion d'un sondage sur la culpabilité d'une personne (art. 35 *ter* de la loi du 29 juillet 1881) ;

– le principe de la présomption d'innocence est également rappelé, depuis le 1er janvier 2001, dans le serment prêté par les jurés devant la Cour d'assises (art. 304, C. pr. pén.).

B - Les conséquences du principe de la présomption d'innocence

La conséquence de la présomption d'innocence est que c'est la partie poursuivante qui doit faire la preuve de la culpabilité de l'autre. Cependant, ce principe connaît quelques limitations.

1) La preuve incombe à la partie poursuivante

En vertu du principe de la présomption d'innocence, la partie poursuivante c'est-à-dire le Ministère public doit « *établir tous les éléments constitutifs de l'infraction et l'absence de tous les éléments susceptibles de la faire disparaître* »[2]. Ainsi, il doit montrer que l'infraction est bien caractérisée dans ses trois éléments : élément légal, élément matériel et élément moral.

a) La preuve de l'élément légal

En application du principe de légalité, le comportement reproché doit être prévu par un texte. La personne poursuivie ne peut invoquer sa méconnaissance du texte : ***Nul n'est censé ignorer la loi***. Jusqu'au nouveau Code pénal, la jurisprudence refusait même de prendre en compte l'erreur invincible, c'est-à-dire celle que toute personne placée dans les mêmes conditions que la personne poursuivie ferait également. Désormais, l'article 122-3 du Code pénal prévoit que « *n'est pas pénalement responsable la personne qui justifie avoir cru, par une erreur sur le droit qu'elle n'était pas en mesure d'éviter, pouvoir légitimement accomplir l'acte* ».

b) La preuve de l'élément matériel

La partie poursuivante doit prouver d'une part que tel ou tel acte, qu'il s'agisse d'une action ou d'une omission, a été commis et d'autre part que cet acte est imputé à la personne poursuivie. L'accusation doit donc également établir la preuve de l'identité de l'auteur.

---

2. Crim., 24 mars 1949, *Bull. crim.* n° 144.

Cependant, lorsqu'une contravention est constatée par procès-verbal, l'existence de cette infraction est présumée (art. 537, C. pr. pén.). Le contrevenant doit rapporter la preuve contraire au moyen d'un écrit ou de témoignages.

c) La preuve de l'élément moral

La preuve de l'élément moral diffère selon le type d'infraction :

– pour une ***infraction intentionnelle*** : le Ministère public doit prouver l'intention délictueuse ;

– pour un ***délit ou une contravention d'imprudence*** : le Ministère public doit prouver la faute d'imprudence ou de négligence (art. 221-6, 222-19, R. 625-2 et R. 625-3, C. pén.) ;

– pour une ***contravention ne supposant ni intention, ni faute d'imprudence*** : le Ministère public doit seulement apporter la preuve du fait matériel constitutif de l'infraction.

En cas de complicité, le Ministère public doit à la fois prouver l'intention de l'auteur principale et l'intention personnelle du complice.

2) Les hypothèses de renversement de la charge de la preuve

Dans certaines hypothèses, ce n'est plus le Ministère public mais la partie poursuivie qui doit apporter la preuve. Il y a renversement de la charge de la preuve. Il existe une hypothèse générale et des hypothèses particulières.

a) L'hypothèse générale : l'exception soulevée par la personne poursuivie

Le même principe s'applique en droit pénal et en droit civil : la preuve incombe au demandeur *(« actori incombit probatio »)* mais celui qui formule une exception devient à son tour demandeur et doit apporter la preuve *(« reus in excipiendo fit actor »)*. Si la personne poursuivie soutient certains éléments de nature à prouver sa non-culpabilité, elle doit en apporter la preuve. Elle devient demandeur si elle soulève une exception.

Exemples : faits justificatifs, causes de non-imputabilité, excuse absolutoire.

Cependant, le Ministère public comme le juge d'instruction peuvent eux-mêmes démontrer l'existence, par exemple de la légitime défense, s'ils ont le sentiment qu'elle est constituée.

b) Les hypothèses particulières : les présomptions de culpabilité

Dans certaines hypothèses, il est difficile au Ministère public d'apporter la preuve de la culpabilité de la personne poursuivie. Le législateur en a tenu compte et a considéré que l'intérêt de la société demandait que la charge de la preuve soit renversée. La jurisprudence a elle aussi établie de telles présomptions.

• **Présomptions légales de culpabilité**

– ***Portant sur l'élément matériel***

• *proxénétisme :* une personne qui ne peut justifier de ressources correspondant à son train de vie et qui vit avec une personne se livrant habituellement à la prostitution est considérée comme proxénète (art. 225-6, C. pén.). Une disposition semblable existe en matière de trafic de stupéfiants (art. 222-39-1, C. pén.);

• *douanes :* celui qui est interpellé dans le rayon douanier en possession de marchandises pour lesquelles il ne peut fournir de titre de circulation valable est réputé avoir introduit ces marchandises frauduleusement en France (art. 418, C. douanes).

– ***Portant sur l'élément moral :*** est réputée de mauvaise foi toute reproduction d'une imputation jugée diffamatoire (art. 35 *bis* de la loi du 29 juillet 1881).

• **Présomptions jurisprudentielles de culpabilité**

Il s'agit de l'application de la méthode des preuves inductives ou indiciales. Cette technique s'applique principalement à la preuve de l'élément moral.

La partie poursuivante prouve non pas que l'individu avait telle intention mais plutôt qu'il n'a pas pu avoir d'autres intentions.

Exemple : recel : un ensemble d'indices montre que la personne poursuivie ne pouvait pas ignorer la provenance frauduleuse des objets.

2 • LES MOYENS DE PREUVE

A - La liberté dans l'établissement de la preuve

Ce principe a une double dimension :

– il s'agit d'abord de la liberté de celui qui fournit la preuve : c'est la liberté dans l'admissibilité de la preuve ;

– il s'agit également de la liberté d'appréciation de celui qui reçoit la preuve : c'est le principe de l'intime conviction.

1) La liberté dans l'admissibilité de la preuve

Dans la mesure où il s'agit de prouver des faits, tout moyen de preuve est admis pour caractériser l'infraction. Tous les types de preuves sont donc recevables. Ce principe est affirmé par l'article 427, alinéa 1er du Code de procédure pénale qui prévoit que « *hors les cas où la loi en dispose autrement, les infractions peuvent être établies par tout moyen de preuve...* ».

Toutes les preuves sont recevables : constatations matérielles, témoignages, aveux indices et présomptions. Lorsque la loi a prévu un mode de preuve particulier pour une infraction, la liberté de preuve demeure si le texte ne précise pas qu'il s'agit du seul mode d'établissement de la preuve[3].

Il existe en effet parfois des limitations à la liberté de la preuve :

– ***cette limitation peut concerner toutes les infractions :***

• « *la preuve par écrit ne peut résulter de la correspondance échangée entre le prévenu et son conseil* » (art. 432, C. pr. pén.) : cette règle a pour but de protéger les droits de la défense ;

• « *le juge ne peut fonder sa décision que sur des preuves qui lui sont apportées au cours des débats et contradictoirement discutées devant lui* » (art. 427, al. 2, C. pr. pén.) : cette règle a pour objectif de favoriser la libre discussion des parties. Le juge ne peut baser sa décision sur des éléments retirés de la notoriété publique ou de ses connaissances personnelles ou sur des éléments non communiqués à toutes les parties.

– ***cette limitation concerne parfois uniquement certaines infractions :***

Exemple : les contraventions en général, faits matériels simples, ne peuvent être prouvées que par procès-verbal ou rapport de police, à défaut par témoignage.

2) L'intime conviction

L'article 427, al. 1er prévoit *in fine* que « *le juge décide d'après son intime conviction* ».

Le juge n'est tenu par aucun moyen de preuve. Ainsi, l'aveu n'a pas une valeur supérieure aux autres modes de preuve : « *L'aveu, comme tout élément de preuve, est laissé à la libre appréciation des juges* » (art. 428, C. pr. pén.). Les procès-verbaux doivent être réguliers en la forme, leur auteur doit avoir agi dans l'exercice de ses fonctions (art. 429, al. 1er, C. pr. pén.). Les procès-verbaux d'interrogatoire ou d'audition doivent comporter les questions auxquelles il est répondu (art. 429, al. 2, C. pr. pén.). En principe et sauf exception prévue par la loi, les procès-verbaux et les rapports constatant les délits ne valent qu'à titre de simples renseignements (art. 430, C. pr. pén.). Le magistrat fonde sa conviction sur l'ensemble des preuves qui lui ont été apportées au cours des débats à condition qu'elles aient été discutées contradictoirement devant lui (art. 428, C. pr. pén.). Il doit motiver sa décision en expliquant de quelle manière il est parvenu à cette conviction.

Le principe de l'intime conviction connaît quelques exceptions :

– ***en matière de contraventions***, l'article 537, alinéa 2 du Code de procédure pénale prévoit que sauf dans les cas où la loi en dispose autrement, les procès-verbaux ou rapports constatant des infractions et dressés dans des conditions régulières par les personnes compétentes font foi jusqu'à preuve du contraire. Cette preuve contraire ne peut être rapportée que par écrit ou par des témoins (art. 537, al. 3, C. pr. pén.) ;

---

3. Crim., 24 janvier 1973, *D.* 1973, Jur. p. 240.

– ***en matière de délits prévus par des lois spéciales***, le même principe s'applique (art. 431, C. pr. pén.) ;

– ***certains procès-verbaux font foi jusqu'à inscription de faux***, c'est-à-dire jusqu'à ce qu'il soit prouvé qu'il s'agit d'un faux en écriture publique : c'est le cas par exemple en matière douanière (art. 336, C. douanes).

B - La légalité dans l'administration de la preuve

La preuve est libre mais ne peut être rapportée par tous les moyens. Elle doit l'être en respectant les principes imposés par la loyauté et la morale.

La jurisprudence a condamné certains procédés de preuve déloyaux : agissements provocateurs des policiers[4], interrogatoires employant des procédés narcotiques, enregistrement téléphonique à l'insu des intéressés[5] ... mais la loi du 9 mars 2004 a permis l'infiltration en matière de délinquance et de criminalité organisées (cf. *infra).* Ces procédés étaient déjà permis en matière de stupéfiants par la loi du 19 décembre 1991. La loyauté consiste dans « *une manière d'être dans la recherche des preuves, conforme au respect des droits de l'individu et à la dignité humaine* »[6].

Tout d'abord, la recherche de la preuve impose le respect de la dignité humaine. Ainsi, aucun procédé scientifique, tel que le détecteur de mensonges ou tout procédé de nature à anéantir les défenses de l'individu, n'est utilisé en droit français, afin d'obtenir un aveu. Ce principe a été réaffirmé à plusieurs reprises par la Cour européenne des droits de l'Homme[7].

Le principe le plus important qui doit être respecté reste celui du contradictoire. Les droits de la défense sont fondamentaux. Ce principe doit être respecté pendant la phase policière et d'instruction ce qui implique que les policiers ou le juge d'instruction n'utilisent pas de stratagèmes destinés à tromper la défense de la personne impliquée dans une affaire judiciaire[8]. En revanche, en dehors d'une commission rogatoire, aucune jurisprudence ne permet de dire qu'il existe une autorisation ou une interdiction de telles pratiques. Le risque d'un non-respect du principe du contradictoire a conduit à l'adoption récente d'une loi réglementant les écoutes téléphoniques[9].

Il existe des règles particulières pour chaque type de preuve.

---

4. Toulouse, 23 avril 1942, *DC* 1943, p. 94, note H. Donnedieu de Vabres, *JCP* 1942, II, 1886, note J. Magnol ; T. corr. Grenoble, 23 janvier 1943, *JCP* 1943, II, 2277, note R.L.
5. Crim., 13 juin 1989, *Bull. crim.* n° 254.
6. Crim., 27 février 1996, *D.* 1996, Jur. p. 346, note Ch. Guéry.
7. CEDH, 27 août 1992, *Tomasi c/ France,* Série A, n° 241-A, §115, *RSC* 993, p. 33 ; CEDH, 28 juillet 1999, *Selmouni c/ France, Recueil* 1999, II, §101.
8. Crim., 12 juin 1952, *Imbert, JCP* 1952, II, 7241, note Brouchot, *S.* 1954, I, Jur. p. 69, note Legal ; Crim., 2 février 1971, *Bull. crim.* n° 71, *D.* 1971, Somm. p. 79, *Gaz. Pal.* 1971, 1, Jur. p. 324, *JCP* 1971, II, 16815 ; Crim., 16 décembre 1997, *JCP* 1998, Somm. p. 153 ; Paris, 10e ch. corr., 2 août 1996, *D.* 1997, Jur. p. 42, note D. Fortin : le fait pour un policier de se faire passer pour un acheteur dans le but de démasquer un vendeur de stupéfiants ne constitue pas un acte déterminant la commission d'une infraction.
9. Cf. *infra*, Chapitre 13.

BIBLIOGRAPHIE

ACCOMANDO (G.) et GUÉRY (Ch.) « La sonorisation : un mode légal de preuve ? », *D.* 2002, Chron. p. 2001.

BOURSIER (M. E.), *Le principe de loyauté en droit processuel,* préface S. Guinchard, Dalloz, 2003.

BOUZAT (P.), « La loyauté dans la recherche des preuves », in *Mélanges Hugueney*, 1964, p. 155.

BUISSON (J.), « Les limites de l'intime conviction du juge répressif », *Procédures* 2000, Chron. n° 6.

COLLET-ASKRI (L.), « *Testing or not testing ?* La chambre criminelle de la Cour de cassation valide ce mode de preuve, serait-il déloyal... (à propos de l'arrêt de la Chambre criminelle du 11 juin 2002 », *D.* 2003, Chron. p. 1309.

DANJAUME (G.), « Le principe de la liberté de la preuve en procédure pénale », *D.* 1996, Chron. p. 153.

DEFFERRARD (F.), « Le crime et le soupçon. Réflexions sur la preuve dans la suspicion légitime d'infraction pénale », *D.* 2001, Chron. p. 2692.

DERRIDA (F.), « Perquisitions et saisies chez les avocats, les avoués et les notaires », *RSC* 1953, p. 223.

GALLOUX (C.), « L'empreinte génétique : la preuve parfaite ? », *JCP* 1991, I, 3497.

LECLERC (H.), « Les limites de la liberté de la preuve. Aspects actuels en France », *RSC* 1992, p. 15.

MAISTRE DE CHAMBON (P.), « La régularité des procédures policières : l'évolution de la jurisprudence », *JCP* 1989, I, 3422.

POMPE (W.-P.), « La preuve en procédure pénale », *RSC* 1961, p. 269.

PONCELA (P.), « L'intime conviction dans le jugement pénal », *Revue interdisciplinaire d'études juridiques* 1983, p. 103.

ROMNICIANU (M.), « L'incompatibilité de la présomption d'innocence avec l'indépendance du Parquet et la juridiction d'instruction », *D.* 1999, Actualité, n° 41 du 18 novembre.

ROUJOU DE BOUBEE (G.), DE LAMY (B.), « À propos de la création en procédure pénale d'un pourvoi dans l'intérêt des droits de l'Homme », *D.* 2000, n° 10, Actualités.

« La présomption d'innocence. Essais de philosophie pénale et de criminologie », Institut de criminologie de Paris, *Revue de l'Institut*, n° 4, 2003-2004.

CHAPITRE 8

Les organes de police

La police judiciaire est définie à l'article 14 du Code de procédure pénale : « *Elle est chargée [...] de constater les infractions à la loi pénale, d'en rassembler les preuves et d'en rechercher les auteurs tant qu'une information n'est pas ouverte. Lorsqu'une information est ouverte, elle exécute les délégations des juridictions d'instruction et défère à leurs réquisitions* ».

La police judiciaire est exercée sous la direction du procureur de la République, par divers fonctionnaires et agents (art. 12, C. pr. pén.). Elle est placée dans le ressort de chaque cour d'appel sous la surveillance du procureur général (art. 38, C. pr. pén.) et sous le contrôle de la chambre de l'instruction (art. 13, C. pr. pén.).

On distingue police judiciaire et police administrative. La police administrative a une mission de prévention, elle empêche que l'ordre public soit troublé ou le rétablit rapidement. La police judiciaire a pour mission de constater une infraction réelle ou supposée. Leurs liens restent cependant étroits.

L'activité de police judiciaire est essentiellement exercée par la police et par la gendarmerie. Cependant, d'autres personnes se voient attribuer des fonctions de police judiciaire. Ainsi, elle comprend les officiers de police judiciaire, les agents de police judiciaire et les agents de police judiciaire adjoints ainsi que les fonctionnaires et agents auxquels sont attribués par la loi certaines fonctions de police judiciaire (art. 15, C. pr. pén.). Dans tous les cas, la police judiciaire est soumise à un certain contrôle.

1 • L'ORGANISATION DES SERVICES DE POLICE

Alors que la gendarmerie constituait depuis longtemps une force de police étatisée, la loi du 23 avril 1941 a étatisé la police. En effet, celle-ci fonctionnait jusque-là à l'échelon municipal. Malgré tout, le maire peut encore créer des forces de police municipale.

La police nationale a été créée par la loi du 9 juillet 1966 qui unifie la sûreté nationale (police de province) et la préfecture de police (police de Paris).

A - La gendarmerie nationale

Il s'agit d'une formation militaire qui est rattachée au ministère de la Défense.

1) La gendarmerie départementale

La gendarmerie départementale exerce principalement les fonctions de police judiciaire et de police administrative. Elle est répartie en sept régions correspondant aux régions militaires puis en subdivisions territoriales correspondant aux subdivisions territoriales administratives françaises. Il s'agit d'une structure hiérarchisée.

La gendarmerie nationale est organisée en régions, groupements ou régiments qui peuvent être constitués de groupes, compagnies ou escadrons, sections, pelotons ou brigades organisés ou non en communautés de brigades (art. 6 du décret du 24 mars 2005[1]).

Le commandant de région de gendarmerie est directement subordonné au directeur général de la gendarmerie nationale. Il exerce son commandement sur toutes les unités qui lui sont subordonnées à titre permanent ou temporaire dans les conditions prévues par le décret n° 91-668 du 14 juillet 1991 susvisé (art. 7, al. 1er du décret du 24 mars 2005). Le commandant de la région de gendarmerie situé au siège de la zone de défense dispose d'attributions particulières définies par arrêté. Il prend l'appellation de « commandant la région de gendarmerie, commandant la gendarmerie pour la zone de défense ». Il reçoit les réquisitions des autorités civiles pour les formations appartenant à la gendarmerie mobile (art. 7, al. 2 du décret du 24 mars 2005).

Les formations de gendarmerie départementale sont placées sous l'autorité du commandant de région de gendarmerie sur le territoire de laquelle elles sont implantées (art. 8, al. 1er du décret du 24 mars 2005).

Subordonné au commandant de région, le groupement de gendarmerie départementale est l'échelon de commandement de la gendarmerie départementale au niveau d'un département. Le groupement est subdivisé en compagnies.

En règle générale, on trouve une compagnie de gendarmerie départementale par arrondissement. Commandées par des officiers, les compagnies sont divisées en brigades territoriales.

Il y a en principe une brigade territoriale par canton. Les brigades territoriales peuvent fonctionner de manière autonome ou être organisées en communautés de brigades. La brigade représente l'unité de base de la gendarmerie.

---

1. Décret n° 2005-274 du 24 mars 2005 portant organisation générale de la gendarmerie nationale, *JO* 26 mars 2005, p. 5123 ; ce décret est entré en vigueur le 1er juillet 2005.

2) La gendarmerie mobile

La gendarmerie mobile a une mission de maintien de l'ordre. Les formations de gendarmerie mobile sont chargées d'assurer le maintien de l'ordre public et renforcent l'action des formations territoriales et des formations spécialisées (art. 5, al. 2 du décret du 24 mars 2005).

La gendarmerie mobile est divisée en groupements, groupes, escadrons (135 hommes) et pelotons (4 pelotons par escadron). Ils n'ont pas de circonscription territoriale mais des lieux de stationnement. Elle peut assurer des missions de surveillance en renfort des forces de police locales, après une réquisition de l'autorité civile.

Les formations de gendarmerie mobile sont placées sous l'autorité du commandant de la région de gendarmerie située au siège de la zone de défense sur le territoire de laquelle elles sont implantées (art. 8, al. 3 du décret du 24 mars 2005).

B - La police nationale

1) Les services centraux

La police nationale est placée sous l'autorité du ministre de l'Intérieur avec un relais constitué par le directeur général de la police judiciaire. Celui-ci a sous son autorité plusieurs directions et services actifs de police (art. 5 du décret n° 99-57 du 29 janvier 1999).

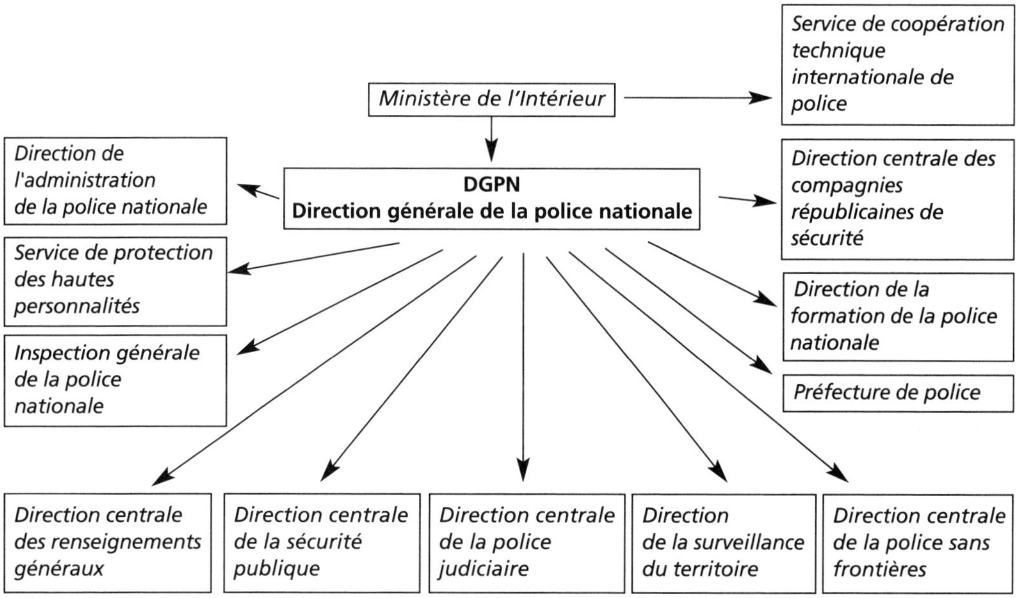

2) Les services extérieurs

Direction centrale	Services extérieurs
Direction centrale de la police judiciaire	– Direction régionale de la police judiciaire de Paris (DRPJ) ; – 9 directions interrégionales de la police judiciaire (DIPJ) composées elles-mêmes d'un ou de plusieurs services régionaux de police judiciaire (SRPJ) et d'une ou de plusieurs antennes de police judiciaire et 3 directions régionales de la police judiciaire (DRPJ) et parfois en brigades régionales d'enquêtes et de coordination (BREC) ; – Directions régionales de la police judiciaire (DRPJ) ; – Groupements d'intervention régionaux (GIR).
Direction centrale de la sécurité publique	– 102 directions départementales regroupant un nombre variable de circonscriptions (442 au total) ; – La circonscription de police est l'entité de base des services extérieurs de la sécurité publique ; – Au niveau d'une circonscription, il existe un « service général » assurant les missions de première intervention et de « police secours ». Il comprend notamment des unités d'appui au rang desquelles figurent par exemple les brigades anti-criminalité (BAC), une brigade de sûreté urbaine (BSU), une base technique d'identité et une brigade des accidents et des délits routiers (BADR).
Direction centrale des renseignements généraux	Répartition en directions zonales, régionales, et départementales, lesquelles comptent parfois des services d'arrondissements.
Direction de la surveillance du territoire	L'organisation détaillée de la direction de la surveillance du territoire est couverte par la classification secret défense.
Direction centrale de la police aux frontières	Subdivision en directions zonales (7 DZPAF), directions régionales (6 DRPAF), directions départementales (42 DDPAF) et services de la police aux frontières (67 SPAF). Il existe également 44 brigades mobiles de recherche et 2 brigades des chemins de fer.
Direction centrale des compagnies républicaines de sécurité	61 « unités mobiles qui constituent la réserve générale de la police nationale ».

C - La préfecture de police

Le préfet de police exerce les pouvoirs de police sur la ville de Paris et les départements de Seine-Saint-Denis, des Hauts-de-Seine et du Val-de-Marne. Le personnel qui collabore à cette mission appartient à la police nationale et est placé sous l'autorité du directeur général de la police judiciaire.

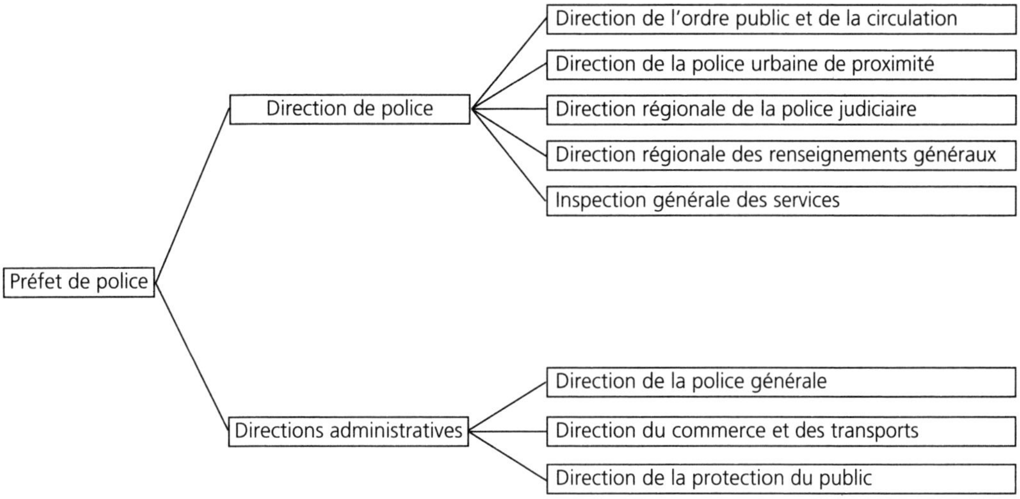

2 • LA COMPOSITION DE LA POLICE JUDICIAIRE

L'activité de police judiciaire peut être exercée par différentes personnes qui ont des pouvoirs plus ou moins étendus.

A - Les officiers de police judiciaire

1) Identification

L'article 16 du Code de procédure pénale énonce une liste de personnes ayant qualité d'officier de police judiciaire.

Sont officiers de police judiciaire ***de plein droit*** les maires et leurs adjoints (art. 16, al. 1er, C. pr. pén.), les inspecteurs généraux, les sous-directeurs de police active, les contrôleurs généraux, les commissaires de police, les officiers de police et les personnes exerçant des fonctions de directeur ou sous-directeur de la police judiciaire relevant du ministre de l'Intérieur et de directeur ou sous-directeur de la gendarmerie au ministère des Armées (art. 16, al. 3, C. pr. pén.).

Sont officiers de police judiciaire ***après avoir été nominativement désignés par arrêté des ministres de la Justice et de la Défense***, après avis conforme d'une commission les officiers et les gradés de la gendarmerie, les gendarmes comptant au moins trois ans de service dans la gendarmerie (art. 16, al. 1er 2°, C. pr. pén.).

Sont officiers de police judiciaire ***après avoir été nominativement désignés par arrêté des ministres de la Justice et de l'Intérieur***, après avis conforme d'une commission, les fonctionnaires du corps d'encadrement et d'application de la police nationale comptant au moins trois ans de services dans ce corps (art. 16, al. 1er 3° et 4°, C. pr. pén.).

De plus, les officiers et les gradés de la gendarmerie, les gendarmes comptant au moins trois ans de service dans la gendarmerie et les fonctionnaires du corps d'encadrement et d'application de la police nationale comptant au moins trois ans de services dans ce corps, les inspecteurs généraux, les sous-directeurs de police active, les contrôleurs généraux, les commissaires de police et les officiers de police ne peuvent exercer effectivement les attributions attachées à leur qualité d'officier de police judiciaire ni se prévaloir de cette qualité que s'ils sont affectés à un emploi comportant cet exercice et en vertu d'une décision du procureur général près la cour d'appel les y habilitant personnellement (art. 16, al. 4, C. pr. pén.).

Depuis le décret du 9 mai 1995, le corps de la police nationale comprend 3 grades : lieutenant de police, capitaine de police et commandant de police. Ils peuvent exercer les fonctions de gardien de la paix, de lieutenant de police ou de commissaire de police selon leur grade, leur ancienneté et leurs états de service.

2) Mission

Leur mission est décrite à l'article 17 du Code de procédure pénale :

– ils exercent les pouvoirs définis à l'article 14, c'est-à-dire qu'ils sont chargés de constater les infractions à la loi pénale, d'en rassembler les preuves et d'en rechercher les auteurs tant qu'une information n'est pas ouverte. Lorsque l'information est ouverte, ils exécutent les délégations des juridictions d'instructions et défèrent à leurs réquisitions ;

– ils reçoivent les plaintes et dénonciations ;

– ils procèdent aux enquêtes préliminaires (art. 75 à 78, C. pr. pén.);

– ils exercent les pouvoirs qui leur sont conférés en cas de crime ou délit flagrant (art. 53 à 67, C. pr. pén.);

– ils peuvent demander directement le concours de la force publique pour l'exécution de leur mission.

B - Les agents de police judiciaire

1) Identification

L'article 20 du Code de procédure pénale prévoit qu'il s'agit :

– des gendarmes n'ayant pas la qualité d'officier de police judiciaire ;

– les fonctionnaires titulaires du corps d'encadrement et d'application de la police nationale n'ayant pas la qualité d'officier de police judiciaire sous réserve des dispositions concernant les fonctionnaires cités ci-dessous ;

– des gardiens de la paix issus de l'ancien corps des gradés et gardiens de la police nationale nommés stagiaires avant le 31 décembre 1985, lorsqu'ils comptent au moins deux ans de services en qualité de titulaires et ont satisfait aux épreuves d'un examen technique dans des conditions fixées par décret en Conseil d'État ou détiennent les qualifications professionnelles permettant l'accès au grade supérieur et des gardiens de la paix issus de l'ancien corps des enquêteurs de police, nommés stagiaires avant le 1er mars 1979, lorsqu'ils comptent au moins deux ans de services en qualité de titulaires et remplissent les conditions d'aptitude prévues par la loi du 28 juillet 1978 ou ont satisfait aux épreuves d'un examen technique dans des conditions fixées par décret en Conseil d'État ou détiennent les qualifications professionnelles permettant l'accès au grade supérieur.

Ils ne peuvent exercer les fonctions attachées à la qualité d'agent de police judiciaire que s'ils sont affectés à un emploi comportant cet exercice (art. 20, al. 2, C. pr. pén.).

Depuis la loi du 18 mars 2003, les fonctionnaires de la police nationale et les militaires de la gendarmerie nationale à la retraite ayant eu durant leur activité la qualité d'officier ou d'agent de police judiciaire peuvent bénéficier de la qualité d'agent de police judiciaire lorsqu'ils sont appelés au titre de la réserve civile de la police nationale ou au titre de la réserve opérationnelle de la gendarmerie nationale (art. 20-1, C. pr. pén.).

2) Mission

Leur mission est décrite à l'article 20, alinéas 2 à 6 du Code de procédure pénale :

– ils secondent, dans leurs fonctions, les officiers de police judiciaire ;

– ils constatent les crimes, délits ou contraventions et en dressent procès-verbal ;

– ils reçoivent par procès-verbal les déclarations qui leur sont faites par toutes les personnes susceptibles de leur fournir des indices, preuves et renseignements sur les auteurs et complices de ces infractions.

Les agents de police judiciaire ne peuvent décider d'une garde à vue (art. 20, al. 4, C. pr. pén.).

C - Les agents de police judiciaire adjoints

1) Identification

Il s'agit selon l'article 21 du Code de procédure pénale :

– des fonctionnaires des services actifs de police nationale ne remplissant pas les conditions prévues par l'article 20 ;

– des volontaires servant en qualité de militaire dans la gendarmerie ;

– des adjoints de sécurité ;

– des agents de surveillance de Paris ;

– des agents de police municipale ;

– des militaires servant au titre de la réserve opérationnelle de la gendarmerie nationale ne remplissant pas les conditions prévues par l'article 20-1 ;

– des gardes champêtres, lorsqu'ils agissent pour l'exercice des attributions fixées au dernier alinéa de l'article L. 2213-18 du Code général des collectivités territoriales.

La loi du 15 avril 1999[2] a permis de donner un cadre législatif aux polices municipales mises en place par les municipalités. Les agents de police municipale sont des fonctionnaires territoriaux nommés par le maire, agréés par le préfet et le procureur de la République puis assermentés. Le port d'armes leur est autorisé par le préfet. La loi fixe les limites de leurs compétences par rapport à la police et à la gendarmerie nationale et fixe les règles essentielles du statut des agents de police municipale.

2) Mission

Selon l'article 21, alinéas 2 à 6 du Code de procédure pénale, ils ont pour mission :

– de seconder, dans l'exercice de leurs fonctions, les officiers de police judiciaire ;

– de rendre compte à leurs chefs hiérarchiques de tous crimes, délits ou contraventions dont ils ont connaissance ;

– de constater, conformément aux ordres de leurs chefs, les infractions à la loi pénale et de recueillir tous les renseignements en vue de découvrir les auteurs de ces infractions.

– les agents de police judiciaires adjoints ont également pour mission, depuis la loi du 15 novembre 2001, de constater par procès-verbal les contraventions aux dispositions du Code de la route dont la liste est fixée par décret en Conseil d'État. De plus, ils sont désormais habilités à relever l'identité des contrevenants pour dresser les procès-verbaux concernant des contraventions aux arrêtés de police du maire, certaines contraventions routières ou des contraventions qu'ils peuvent constater en vertu d'une disposition législative expresse.

Les agents de police municipale rendent compte immédiatement à tout officier de police judiciaire de la police nationale ou de la gendarmerie nationale territorialement compétent de tous crimes, délits ou contraventions dont ils ont connaissance (art. 21-2, al. 1er, C. pr. pén.).

D - Les fonctionnaires et agents chargés de certaines fonctions de police judiciaire

Ils possèdent une compétence réduite en matière de police judiciaire : ils ne peuvent constater que les infractions dans les domaines spécialisés qui relèvent de leur compétence. Il s'agit :

– des ingénieurs, chefs de districts et agents techniques des eaux et forêts ainsi que des gardes champêtres chargés de constater les délits et contraventions portant atteinte aux propriétés forestières ou rurales (art. 22 à 27, C. pr. pén.) ;

– des fonctionnaires et agents des administrations et services publics auxquels des lois spéciales attribuent certains pouvoirs de police judiciaire (art. 28 et 28-1, C. pr. pén.).

---

2. Loi n° 99-291 du 15 avril 1999, *JO* 16 avril 1999, p. 5607.

Exemples : agents du service des Douanes (art. 323-1, C. douanes), agents de l'inspection du Travail (art. L. 611-1 et s., C. trav.).

– des gardes particuliers assermentés (art. 29, C. pr. pén.) chargés de constater les délits et contraventions portant atteinte aux propriétés dont ils ont la garde.

Certains magistrats possèdent également des pouvoirs de police judiciaire. Il s'agit du procureur de la République et du juge d'instruction. Cependant, ces pouvoirs sont souvent délégués aux officiers de police judiciaire.

Le préfet avait également des pouvoirs de police judiciaire jusqu'à la loi du 4 janvier 1993. Ce texte a abrogé l'article 30 du Code de procédure pénale lui conférant ces attributions de police judiciaire.

3 • LA COMPÉTENCE TERRITORIALE DES AGENTS ET OFFICIERS DE POLICE JUDICIAIRE

A - La compétence de principe

Quels qu'ils soient, les agents de la force publique sont soumis au respect d'une compétence territoriale. Ces règles sont d'ordre public et doivent donc être appliquées à peine de nullité.

Les officiers de police judiciaire ont compétence dans les limites territoriales où ils exercent leurs fonctions habituelles (art. 18, al. 1er, C. pr. pén.). Les officiers de police judiciaire, mis temporairement à disposition d'un service autre que celui dans lequel ils sont affectés, ont la même compétence territoriale que celle des officiers de police judiciaire du service d'accueil (art. 18, al. 2, C. pr. pén.). La même règle est applicable aux agents de police judiciaire et aux agents de police judiciaire adjoints. Ces derniers sont également compétents dans les limites territoriales dans lesquelles l'officier de police judiciaire auprès duquel ils sont mis à disposition temporaire exerce ses fonctions. Ils sont également compétents sur le même territoire que l'officier de police judiciaire qu'ils secondent éventuellement (art. 21-1, C. pr. pén.).

B - L'extension de compétence

Dans certains cas, cette compétence territoriale peut être étendue :

– l'agent de la force publique peut poursuivre son action dans le ressort de son tribunal de grande instance en cas de crime ou délit flagrant ou dans le cadre de l'enquête préliminaire en cas d'urgence (art. 18, al. 3, C. pr. pén.) et même dans le ressort des tribunaux de grande instance limitrophes en cas de crime ou délit flagrant (art. 18, al. 3, C. pr. pén.) ;

– sur commission rogatoire expresse du juge d'instruction ou sur réquisitions du procureur de la République prises au cours d'une enquête préliminaire ou d'une enquête de flagrance, l'officier de police judiciaire peut procéder aux opérations qui lui seront prescrites sur toute l'étendue du territoire (art. 18, al. 4, C. pr. pén.).

– «*Avec l'accord des autorités compétentes de l'État concerné, les officiers de police judiciaire peuvent, sur commission rogatoire expresse du juge d'instruction ou sur réquisitions du procureur de la République, procéder à des auditions sur le territoire d'un État étranger*» (art. 18, al. 5, C. pr. pén.);

– en matière de criminalité organisée, la compétence des officiers de police judiciaire et, sous leur autorité, des agents de police judiciaire, peut être étendue à l'ensemble du territoire national après information du procureur de la République qui peut s'y opposer pour la surveillance de personnes contre lesquelles il existe une ou plusieurs raisons plausibles de les soupçonner d'avoir commis l'un des crimes et délits entrant dans le champ d'application des articles 706-73 ou 706-74 ou pour la surveillance de l'acheminement ou du transport des objets, biens ou produits tirés de la commission de ces infractions ou servant à les commettre (art. 706-80, al. 1er, C. pr. pén.). L'information du procureur de la République doit se faire par tout moyen. En est destinataire le procureur de la République près du tribunal de grande instance dans le ressort duquel les opérations de surveillance sont susceptibles de débuter ou, le cas échéant, le procureur de la République saisi en application des dispositions de l'article 706-76 (art. 706-80, al. 2, C. pr. pén.).

4 • LE CONTRÔLE ET LA RESPONSABILITÉ DES MEMBRES DE LA POLICE JUDICIAIRE

A - Le contrôle : la responsabilité disciplinaire

La police judiciaire est exercée sous la direction du procureur de la République (art. 12, C. pr. pén.). Dans chaque ressort de Cour d'appel, la police judiciaire est placée sous la surveillance du procureur général et sous le contrôle de la Chambre de l'instruction (art. 13, C. pr. pén.).

Le procureur général note les officiers de police judiciaire de son ressort, ce qui peut influencer leur avancement (art. 19-1, C. pr. pén.). Le procureur général peut prendre des sanctions contre un membre de la police judiciaire tel que le retrait de l'habilitation. L'intéressé dispose alors de recours.

La Chambre de l'instruction possède également un pouvoir disciplinaire. Elle peut adresser des observations et même suspendre un membre de la police judiciaire sans préjudice des sanctions qui auront pu être infligées par le supérieur hiérarchique de l'agent (art. 227, C. pr. pén.). Elle peut également transmettre le dossier au procureur général si elle considère que l'agent a commis une infraction à la loi pénale (art. 228, C. pr. pén.).

En ce qui concerne la gendarmerie, l'article 117 du décret du 20 mai 1903 prévoit que « *sans préjudice des sanctions susceptibles de leur être infligées en vertu du Code pénal ou des règlements militaires, les officiers de police judiciaire de la gendarmerie peuvent se voir adresser des observations par la chambre de l'instruction ou interdire, temporairement ou définitivement l'exercice des fonctions attachées à cette qualité, dans le ressort de la cour d'appel* ». Pour les fonctionnaires de la police nationale, l'article 16 du décret du 24 janvier 1968, modifié par le décret du 8 février 1973, permet au ministre de l'Intérieur de prononcer un certain nombre de sanctions : avertissement, blâme, radiation d'un tableau d'avancement, réduction d'ancienneté d'échelon, abaissement d'un ou deux échelons, révocation sans suspension des droits à pension, révocation des droits à pension. La sanction privant l'agent de sa fonction est prononcée conjointement par le ministre de l'Intérieur et le ministre de la Justice.

L'article 15-2 du Code de procédure pénale, créé par la loi du 15 juin 2000 a également organisé une nouvelle modalité de contrôle par des enquêtes administratives associant inspection générale des services judiciaires et service d'enquête compétent, dirigées par un magistrat, portant sur le comportement d'un officier ou d'un agent de police judiciaire.

B - La responsabilité pénale

Depuis la loi du 4 janvier 1993, l'agent ou l'officier de police judiciaire qui a commis une infraction pénale dans l'accomplissement de sa mission ne bénéficie plus de la disposition contenue dans l'ancien article 687 du Code de procédure pénale qui lui permettait d'être jugé devant un autre tribunal correctionnel que celui du lieu où il exerce. La loi du 8 février 1995 a introduit une question préalable en prévoyant que « *lorsqu'un crime ou un délit prétendument commis à l'occasion d'une poursuite judiciaire impliquant la violation d'une disposition de procédure pénale, l'action publique ne peut être exercée que si le caractère illégal de la poursuite ou de l'acte accompli à cette occasion a été constaté par une décision définitive de la juridiction répressive saisie* » (art. 6-1, C. pr. pén.).

Lorsque l'infraction consiste dans une atteinte à la liberté individuelle ou à l'inviolabilité du domicile, la victime peut exercer son action civile devant le tribunal répressif. En effet, dans ces matières, le conflit ne peut être élevé par l'autorité administrative : les tribunaux judiciaires sont exclusivement compétents. En revanche, lorsqu'il s'agit de violences, la question se pose toujours de savoir si le tribunal répressif est compétent ou si l'Administration peut élever le conflit.

C - La responsabilité civile

La mise en œuvre d'une action civile est toujours possible pour la victime d'un agent ou d'un officier de police judiciaire dans l'exercice de ses fonctions.

La juridiction judiciaire est compétente sauf si l'infraction est commise par un collaborateur du service public de la justice : la juridiction administrative pourrait alors être compétente[3]. Cette faute peut être purement civile. Dans tous les cas, la victime peut éventuellement obtenir des dommages-intérêts.

---

3. TA. Versailles, 29 février 1988, *D.* 1988, Jur. p. 233, concl. Prétot.

BIBLIOGRAPHIE

Besson (A.), « La police judiciaire et le Code de procédure pénale », *D.* 1958, Chron. p. 129.

Cathelineau (J.), « La gendarmerie », *D.* 1964, Chron. p. 109.

Cutajar (C.), « La loi pour la sécurité intérieure (principales dispositions) », *D.* 2003, Chron. p. 1106.

Decocq (A.), Montreuil (J.) et Buisson (J.), *Le droit de la police,* Litec, 2e éd., 1998.

Kerbaoi (G.), « Le devenir des polices municipales en France », *Rev. crim. et police techn.* 1999, p. 99-116.

La Clère (M.), *La police,* PUF, Que sais-je ?, 1972.

Lambert (G.), *Traité de police judiciaire,* 3e éd., 1951.

Lesclous (V.) et Marsat (C.), « L'existence d'une nullité est-elle soumise à l'exigence d'un grief ? », *Dr. pén.* 1997, Chron. p. 9.

Renaudie (O.), « De quelques aspects de l'organisation de la police à Paris », *RSC* 2000, p. 789.

Rudolph (L.), « La réforme de la police », *Rev. adm.* 1996, p. 128.

Rudolph (L.), « Une réforme réussie, une réforme attendue », *Rev. adm.* 1997, p. 116.

Tamion (E.), « La loi relative aux polices municipales », *LPA* 1999, n° du 2 juin, p. 4.

CHAPITRE 9

Les modalités de l'enquête

Notre droit connaît deux sortes d'enquêtes : l'enquête préliminaire et l'enquête de flagrance.

La procédure au cours de l'enquête, comme au cours de l'instruction, est secrète (art. 11, al. 1er, C. pr. pén.) et les personnes qui y participent sont tenues au secret professionnel (art. 11, al. 2, C. pr. pén.). La loi du 15 juin 2000 avait introduit une première restriction en permettant au procureur de la République, à la demande de la juridiction d'instruction ou des parties, de rendre publics certains éléments de la procédure, à condition qu'ils ne comportent aucune appréciation sur le bien-fondé des charges retenues contre les personnes mises en cause « *afin d'éviter la propagation d'informations parcellaires ou inexactes ou pour mettre fin à un trouble à l'ordre public* ». L'article 11-1 du Code de procédure pénale, issu de la loi du 9 mars 2004, introduit une nouvelle restriction : « *Sur autorisation du procureur de la République ou du juge d'instruction selon les cas, peuvent être communiqués à des autorités ou organismes habilités à cette fin par arrêté du ministre de la Justice, pris le cas échéant après avis du ou des ministres intéressés, des éléments des procédures judiciaires en cours permettant de réaliser des recherches ou enquêtes scientifiques ou techniques, destinées notamment à prévenir la commission d'accidents, ou de faciliter l'indemnisation des victimes ou la prise en charge de la réparation de leur préjudice* ».

La loi du 9 mars 2004 a par ailleurs renforcé le secret de l'instruction par une disposition contenu à l'article 434-7-2 du Code pénal : « *Sans préjudice des droits de la défense, le fait, pour toute personne qui, du fait de ses fonctions, a connaissance, en application des dispositions du Code de procédure pénale, d'informations issues d'une enquête ou d'une instruction en cours concernant un crime ou un délit, de révéler, directement ou indirectement, ces informations à des personnes susceptibles d'être impliquées, comme auteurs, coauteurs, complices ou receleurs, dans la commission de ces infractions, lorsque cette révélation est de nature à entraver le déroulement des investigations ou la manifestation de la vérité, est puni de cinq ans d'emprisonnement et de 75 000 euros d'amende.* »

La loi relative à la présomption d'innocence a renforcé les garanties pendant la phase de l'enquête. Les articles 77-2 et 77-3 du Code de procédure pénale donnent désormais la possibilité à une personne gardée à vue puis libérée d'interroger le procureur de la République, à l'issue d'un délai de 6 mois, sur les suites données ou susceptibles d'être données à la procédure (art. 77-2, al. 1er, C. pr. pén.). Cette demande est adressée par lettre recommandée avec demande d'avis de réception. Ces dispositions ne sont pas applicables aux enquêtes portant sur l'un des crimes ou délits entrant dans le champ d'application de l'article 706-73 (délinquance et criminalité organisées). Le procureur de la République a alors la possibilité d'engager des poursuites contre l'intéressé, d'engager l'une des mesures prévues aux articles 41-1 à 41-4 du Code de procédure pénale, de lui notifier le classement sans suite de la procédure ou, s'il désire que l'enquête se poursuive, de saisir le juge des libertés et de la détention. Tout acte d'enquête fait postérieurement au délai d'un mois à compter de la réception de la demande peut faire l'objet d'une annulation si ce magistrat n'a pas été saisi. Le juge des libertés et de la détention décidera de la suite à donner à l'enquête.

1 • L'ENQUÊTE PRÉLIMINAIRE

A - Présentation

L'enquête préliminaire ou ordinaire a pour objectif de fournir un minimum d'éléments afin que le procureur de la République puisse exercer l'opportunité des poursuites. Les éléments qui lui sont ainsi rapportés par la police judiciaire lui permettent de décider s'il doit poursuivre ou classer sans suite.

Cette enquête, menée avant ouverture de toute information, est diligentée par la police judiciaire, d'office ou sur les instructions du Parquet (art. 75, al. 1er, C. pr. pén.). Ces opérations relèvent de la surveillance du procureur général (art. 75, al. 2, C. pr. pén.).

L'enquête préliminaire présente certains dangers dans la mesure où elle remplace l'instruction dans certains cas sans donner aux intéressés les garanties qui leur sont accordées lors de l'ouverture d'une information.

L'enquête préliminaire reste cependant indispensable dans la mesure où les premiers éléments recueillis par la police judiciaire lorsqu'elle agit d'office sont souvent trop peu précis pour que le procureur de la République puisse prendre une décision sur l'opportunité des poursuites en toute connaissance de cause. Lorsqu'il est informé de ces premiers éléments, le Parquet demande généralement à la police judiciaire de compléter l'enquête. De plus, les éléments recueillis au cours de cette enquête pourront être produits en tant que preuve devant le juge pénal.

La loi du 15 juin 2000 a apporté des ***garanties supplémentaires*** aux personnes qui ont fait l'objet d'une garde à vue (ces dispositions sont d'application immédiate) :

– le nouvel article 75-1 du Code de procédure pénale prévoit que le procureur de la République, lorsqu'il donne instruction aux officiers de police judiciaire de procéder à une enquête préliminaire, doit fixer le délai dans lequel celle-ci doit être effectuée. En pratique, la circulaire du 4 décembre 2000 a précisé qu'il serait opportun que ce délai soit fixé à 6 mois, sauf circonstances particulières justifiant un délai plus ou moins long. Il peut proroger ce délai au vu des justifications fournies par les enquêteurs. Lorsque l'enquête est menée d'office, les officiers de police judiciaire devront rendre compte au procureur de la République de son état d'avancement lorsqu'elle est commencée depuis plus de six mois ;

– le nouvel article 75-2 du Code de procédure pénale prévoit que l'officier de police judiciaire qui mène une enquête préliminaire concernant un crime ou un délit doit aviser le procureur de la République dès qu'une personne à l'encontre de laquelle existent des indices faisant présumer qu'elle a commis ou tenté de commettre l'infraction est identifiée.

Néanmoins, le défaut d'information du procureur de la République quant à l'ouverture d'une enquête préliminaire à laquelle un officier de police judiciaire a décidé de procéder d'office ne remet pas en cause la validité des actes accomplis dans le cadre de celle-ci[1]. Cette information peut être faite par téléphone mais doit être mentionnée au procès-verbal[2]. Elle peut également découler, en cas d'urgence, de l'information du placement en garde à vue de la personne ou de la demande faite au Parquet en application de l'article 78 de faire comparaître une personne par la force publique[3].

B - Les actes de l'enquête préliminaire

Ces actes peuvent être accomplis d'office par la police judiciaire. Ils peuvent également être demandés par le Parquet, soit parce que celui-ci a reçu le premier la plainte ou la dénonciation, soit parce qu'il a été informé de certains éléments par la police judiciaire et qu'il demande un complément par le biais d'un ordre écrit appelé « soit-transmis ».

Avant la réforme de la garde à vue de 1993, la jurisprudence décidait que, que la police judiciaire agisse d'office ou sur instructions du Parquet, il n'y aurait aucune appréciation de la validité des actes accomplis pendant l'enquête préliminaire[4].

Cependant, il existe certaines limites à ces règles sévères et dangereuses pour le citoyen :

– les actes de l'enquête préliminaire ne peuvent être accomplis que par un officier de police judiciaire ou par un agent de police judiciaire cité à l'article 20 du Code de procédure pénale, mais ces derniers ne peuvent décider d'une mesure de garde à vue ;

– l'enquête préliminaire n'est pas une enquête coercitive. Les différents actes accomplis nécessitent l'accord préalable de la personne qui les subit. Cependant, depuis la loi du 4 janvier 1993, l'audition peut être forcée. Des limitations à l'absence de coercition ont également été posées par la loi du 9 mars 2004 ;

– en matière de perquisitions, des hypothèses de nullité sont clairement prévues par les articles 59, alinéa 3, 76, alinéa 3, 706-24, alinéas 3 et 4 et 706-28, alinéas 2 et 3 du Code de procédure pénale. De plus, l'article 171 de ce même code prévoit qu' « *il y a nullité lorsque la méconnaissance d'une formalité substantielle prévue par une dispo-*

---

1. Crim., 1er décembre 2004, *D.* 2005, Jur. p. 1336, note J.-L. Lennon ; de même, circulaire du 4 décembre 2000, *préc.*, §1.1.2. : « *L'absence de signalement de l'existence d'une enquête préliminaire d'initiative n'entraîne pas non plus la nullité des investigations conduites par le service de police judiciaire à l'origine de celles-ci.* »
2. Circulaire du 4 décembre 2000, préc., §1.1.3.
3. Circulaire du 4 décembre 2000, préc., §1.1.3.
4. Crim., 30 novembre 1981, *Bull. crim.* n° 315.

sition du présent code de toute autre disposition de procédure pénale a porté atteinte aux intérêts de la partie qu'elle concerne ». Ce texte prévu pour l'instruction s'applique en réalité à la totalité de l'enquête. Qu'il s'agisse des perquisitions (art. 802, C. pr. pén.) ou des autres actes de l'enquête (art. 171, C. pr. pén.), la nullité n'est encourue qu'en cas d'atteinte aux intérêts d'une partie. Il existe également des cas de nullité spécifiques, par exemple en matière de garde à vue.

1) Les auditions

Toute personne peut être sollicitée pour une audition : plaignant, témoins, personne soupçonnée... Ces personnes ne prêtent pas serment et ne peuvent donc pas être poursuivies pour faux témoignage.

Depuis la loi du 4 janvier 1993, l'audition pendant l'enquête préliminaire possède un caractère coercitif : « *Les personnes convoquées par un officier de police judiciaire pour les nécessités de l'enquête sont tenues de comparaître* » (art. 78, al. 1, C. pr. pén.). Si elles ne répondent pas à cette convocation, l'officier de police judiciaire peut en aviser le procureur de la République qui pourra les y contraindre par la force publique. Cette disposition évite les recours abusifs à la garde à vue, voire l'ouverture d'une information. Cependant, le témoin peut se présenter sans déposer, sans qu'aucune sanction ne soit possible. La loi du 9 mars 2004 a accentué ce caractère coercitif en permettant à l'officier de police judiciaire de contraindre à comparaître, par la force publique, après en avoir avisé le procureur de la République, à la fois les personnes qui n'ont pas répondu à une convocation à comparaître mais également celles dont on peut craindre qu'elles ne répondent pas à une telle convocation (art. 78, al. 1er, *in fine*, C. pr. pén.).

Un procès-verbal des déclarations est dressé par l'officier de police judiciaire ou par un agent de police judiciaire sous le contrôle d'un officier. S'il n'existe pas contre les personnes entendues d'indices laissant présumer qu'elles ont commis ou tenté de commettre une infraction, celles-ci ne peuvent être retenues que le temps strictement nécessaire à leur audition (art. 78, al. 2, C. pr. pén.).

2) Les perquisitions, visites domiciliaires et saisies

Selon l'article 76 du Code de procédure pénale, les perquisitions, visites domiciliaires et saisies ne peuvent être effectuées sans l'assentiment exprès de la personne chez laquelle l'opération a lieu. Cet assentiment doit faire l'objet d'une déclaration écrite de la main de l'intéressé. Si la personne ne sait pas écrire, il en est fait mention au procès-verbal.

En général, les officiers de police judiciaire usent de la formule suivante :

> « Sachant que je puis m'opposer à la visite de mon domicile, je consens expressément à ce que vous y opériez les perquisitions et saisies que vous jugerez utiles à l'enquête en cours. »

Un consentement donné ne peut plus être rétracté. La simple mention « Lu et approuvé » suivie de la signature d'un document dactylographié a été refusé par les tribunaux dans un premier temps puis admise mais seulement pour les policiers. En effet, un texte concernant les gendarmes spécifie que la formule doit être écrite de la main de l'intéressé (art. 127 du décret du 20 mai 1903 sur la gendarmerie modifié par le décret du 22 août 1958).

Une dérogation au principe de l'assentiment a été créée par la loi du 9 mars 2004 à l'article 76, alinéa 4 du Code de procédure pénale. Ces nouvelles dispositions sont entrées en vigueur le 1er octobre 2004. Désormais, « *si les nécessités de l'enquête relative à un crime (loi du 12 décembre 2005) ou à un délit puni d'une peine d'emprisonnement d'une durée égale ou supérieure à cinq ans l'exigent, le juge des libertés et de la détention du tribunal de grande instance peut, à la requête du procureur de la République, décider, par une décision écrite et motivée, que les opérations prévues au présent article seront effectuées sans l'assentiment de la personne chez qui elles ont lieu* ».

Le juge des libertés et de la détention peut alors se déplacer sur les lieux quelle que soit leur localisation sur le territoire national. Le procureur de la République peut également saisir le juge des libertés et de la détention du tribunal de grande instance dans le ressort duquel la perquisition doit avoir lieu, par l'intermédiaire du procureur de la République de cette juridiction (art. 76, al. 5, C. pr. pén.).

À peine de nullité, la décision du juge des libertés et de la détention doit préciser la qualification de l'infraction dont la preuve est recherchée ainsi que l'adresse des lieux dans lesquels ces opérations peuvent être effectuées, ceci à peine de nullité. Ces opérations ne peuvent, à peine de nullité, avoir un autre objet que la recherche et la constatation des infractions visées dans la décision du juge des libertés et de la détention. Toutefois, le fait que ces opérations révèlent des infractions autres que celles visées dans la décision ne constitue pas une cause de nullité des procédures incidentes.

De plus, toujours en matière de criminalité et de délinquance organisées, depuis le 1er octobre 2004, lorsque la personne au domicile de laquelle est faite une perquisition est en garde à vue ou détenue en un autre lieu et que son transport sur place paraît devoir être évité en raison des risques graves soit de troubles à l'ordre public ou d'évasion, soit de disparition des preuves pendant le temps nécessaire au transport, la perquisition peut être faite, avec l'accord préalable du procureur de la République ou du juge d'instruction, en présence de deux témoins ou d'un représentant désigné par celui dont le domicile est en cause (art. 706-94, al. 1er, C. pr. pén.). Il en est de même lorsque la perquisition est faite sans l'assentiment de la personne. L'accord est alors donné par le juge des libertés et de la détention (art. 706-94, al. 2, C. p. pén.).

En matière de délinquance et de criminalité organisées, lorsque les nécessités de l'enquête préliminaire l'exigent, le juge des libertés et de la détention du tribunal de grande instance peut, à la requête du procureur de la République, décider, que les perquisitions, visites domiciliaires et saisies de pièces à conviction pourront être effectuées en dehors des heures prévues à l'article 59 c'est-à-dire après 6 heures et avant 21 heures, lorsque ces opérations ne concernent pas des locaux d'habitation (art. 706-90, C. pr. pén.). L'autorisation est donnée pour des perquisitions déterminées et fait l'objet d'une ordonnance écrite, précisant la qualification de l'infraction dont la preuve est recherchée ainsi que l'adresse des lieux dans lesquels les visites, perquisitions et saisies peuvent être faites. Les opérations sont faites sous le contrôle du magistrat qui les a autorisées. Celui-ci peut se déplacer sur les lieux pour veiller au respect des dispositions légales (art. 706-92, al. 1er, C. pr. pén.).

Les officiers de police judiciaires peuvent, dans le cadre de l'enquête préliminaire, au cours d'une perquisition, accéder par un système informatique implanté sur les lieux où se déroule la perquisition à des données intéressant l'enquête en cours et stockées dans ledit système ou dans un autre système informatique, dès lors que ces données sont accessibles à partir du système initial ou disponibles pour le système initial (art. 76-3 et 27-1, C. pr. pén.)

3) Réquisitions

Depuis la loi du 18 mars 2003, l'article 77-1-1 du Code de procédure pénale, devenu l'article 77-1-2 par l'effet de la loi du 9 mars 2004, prévoit la possibilité pour l'officier de police judiciaire de procéder à des réquisitions.

Sur autorisation du procureur de la République, il peut demander aux organismes publics ou aux personnes morales de droit privé[5], de mettre à sa disposition les informations utiles à la manifestation de la vérité, à l'exception de celles protégées par un secret prévu par la loi, contenues dans le ou les systèmes informatiques ou traitements de données nominatives qu'ils administrent.

L'article 77-1-1 du Code de procédure pénale prévoit désormais que le procureur de la République ou, sur autorisation de celui-ci, l'officier de police judiciaire, peut requérir de toute personne, de tout établissement ou organisme privé ou public ou de toute administration publique qui sont susceptibles de détenir des documents intéressant l'enquête, y compris ceux issus d'un système informatique ou d'un traitement de données nominatives, de lui remettre ces documents, sans que puisse lui être opposée, sans motif légitime, l'obligation au secret professionnel. Lorsque les réquisitions concernent des avocats, des locaux de presse ou de communication audiovisuelle, le cabinet d'un médecin, d'un notaire, d'un avoué ou d'un huissier de justice, la remise des documents ne peut intervenir qu'avec leur accord.

Sur autorisation du juge des libertés et de la détention saisi à cette fin par le procureur de la République, l'officier de police peut requérir des opérateurs de télécommunications, et notamment les personnes physiques ou morales dont l'activité est d'offrir un accès à des services de communication en ligne autres que de correspondance privée[6] de prendre, sans délai, toutes mesures propres à assurer la préservation, pour une durée ne pouvant excéder un an, du contenu des informations consultées par les personnes utilisatrices des services fournis par les opérateurs (art. 77-1-2, al. 2, C. pr. pén.).

---

5. À l'exception des églises et les groupements à caractère religieux, philosophique, politique ou syndical ainsi que organismes de la presse écrite ou audiovisuelle.
6. Article 43-7 de la loi n° 86-1067 du 30 septembre 1986 relative à la liberté de communication.

4) Écoutes téléphoniques

En matière de délinquance et de criminalité organisées, depuis le 1er octobre 2004, lorsque les nécessités de l'enquête l'exigent, le juge des libertés et de la détention peut, à la requête du procureur de la République, autoriser sous son contrôle, l'interception, l'enregistrement et la transcription de correspondances émises par la voie des télécommunications pour une durée maximale de quinze jours, renouvelable une fois dans les mêmes conditions de forme et de durée (art. 706-95, al. 1er, C. pr. pén.). Dans cette hypothèse, les attributions confiées au juge d'instruction ou à l'officier de police judiciaire commis par lui sont exercées par le procureur de la République ou l'officier de police judiciaire requis par ce magistrat (art. 706-95, al. 2, C. pr. pén.).

5) L'infiltration en matière de criminalité organisée

a) Notion

Selon l'article 706-81, alinéa 2 du Code de procédure pénale, « *L'infiltration consiste, pour un officier ou un agent de police judiciaire spécialement habilité dans des conditions fixées par décret et agissant sous la responsabilité d'un officier de police judiciaire chargé de coordonner l'opération, à surveiller des personnes suspectées de commettre un crime ou un délit en se faisant passer, auprès de ces personnes, comme un de leurs coauteurs, complices ou receleurs. L'officier ou l'agent de police judiciaire est à cette fin autorisé à faire usage d'une identité d'emprunt et à commettre si nécessaire les actes mentionnés à l'article 706-82. À peine de nullité, ces actes ne peuvent constituer une incitation à commettre des infractions* ». Elle n'est possible qu'en matière de criminalité organisée c'est-à-dire pour les infractions prévues par l'article 706-73 du Code civil depuis le 1er octobre 2004.

b) Hypothèses

L'infiltration est possible au cours de l'enquête ou de l'instruction lorsque les nécessités de l'une ou de l'autre le justifient (art. 706-81, al. 1er, C. pr. pén.).

Elle est autorisée par le procureur de la République ou par le juge d'instruction après avis du procureur de la République qui assurent le contrôle de l'opération (art. 706-81, al. 1er, C. pr. pén.). À peine de nullité, l'autorisation doit être délivrée par écrit et doit être spécialement motivée, ceci à peine de nullité (art. 706-83, al. 1er, C. pr. pén.).

L'autorisation mentionne un certain nombre d'éléments :

– la ou les infractions qui justifient le recours à cette procédure (art. 706-83, al. 2, C. pr. pén.) ;

– l'identité de l'officier de police judiciaire sous la responsabilité duquel se déroule l'opération (art. 706-83, al. 2, C. pr. pén.) ;

– la durée de l'opération d'infiltration, qui ne peut pas excéder quatre mois, renouvelable dans les mêmes conditions de forme et de durée (art. 706-83, al. 3, C. pr. pén.).

L'autorisation est versée au dossier de la procédure après achèvement de l'opération d'infiltration (art. 706-83, al. 4, C. pr. pén.).

c) Déroulement de l'opération d'infiltration

Les officiers et agents de police judiciaire qui accomplissent ces opérations d'infiltration peuvent accomplir un certain nombre d'actes qui ne peuvent engager leur responsabilité pénale (art. 706-82, C. pr. pén.) :

– acquérir, détenir, transporter, livrer ou délivrer des substances, biens, produits, documents ou informations tirés de la commission des infractions ou servant à la commission de ces infractions ;

– utiliser ou mettre à disposition des personnes se livrant à ces infractions des moyens de caractère juridique ou financier ainsi que des moyens de transport, de dépôt, d'hébergement, de conservation et de télécommunication.

Cette exonération de responsabilité s'applique également pour les actes commis à seule fin de procéder à l'opération d'infiltration, aux personnes requises par les officiers ou agents de police judiciaire pour permettre la réalisation de cette opération (art. 706-82, al. 2, C. pr. pén.).

L'article 706-87, alinéa 1er du Code de procédure pénale précise de plus qu'« *aucune condamnation ne peut être prononcée sur le seul fondement des déclarations faites par les officiers ou agents de police judiciaire ayant procédé à une opération d'infiltration* », sauf lorsque les officiers ou agents de police judiciaire déposent sous leur véritable identité (art. 706-87, al. 2, C. pr. pén.).

L'identité réelle des officiers ou agents de police judiciaire ayant effectué l'infiltration sous une identité d'emprunt ne doit apparaître à aucun stade de la procédure (art. 706-84, al. 1er, C. pr. pén.).

d) L'interruption ou la fin de l'opération

Le magistrat qui a autorisé l'opération peut ordonner son interruption, à tout moment, même avant l'expiration de la durée fixée (art. 706-83, al. 3, C. pr. pén.). En l'absence d'interruption, l'opération d'infiltration prend fin à la date fixée dans l'autorisation.

Dans ces deux hypothèses et en l'absence de prolongation de l'opération, il est néanmoins possible à l'agent infiltré de continuer les opérations d'infiltration prévues à l'article 706-82 du Code de procédure pénale sans être pénalement responsable pendant le temps strictement nécessaire pour lui permettre de cesser sa surveillance dans des conditions assurant sa sécurité sans que cette durée puisse excéder quatre mois (art. 706-85, C. pr. pén.). Cette poursuite des opérations est subordonnée à l'information dans les meilleurs délais du magistrat ayant donné son autorisation à l'engagement de l'opération d'infiltration (art. 706-85, C. pr. pén.). À l'issue de ce délai de quatre mois, si l'agent infiltré ne peut cesser son opération dans des conditions assurant sa sécurité, ce magistrat en autorise la prolongation pour une durée de quatre mois au plus (art. 706-85, C. pr. pén.).

Le contrôle du procureur de la République et du juge d'instruction sur l'opération d'infiltration est rendu possible notamment par l'obligation, à la charge de l'officier de police judiciaire qui a coordonné l'opération, de rédiger un rapport relativement à cette opération d'infiltration (art. 706-81, al. 3, C. pr. pén.). Ce rapport comprend les éléments strictement nécessaires à la constatation des infractions et ne mettant pas en danger la sécurité de l'agent infiltré et des personnes requises au sens de l'article 706-82 (art. 706-81, al. 3, C. pr. pén.).

Ce même officier de police judiciaire peut seul être entendu en qualité de témoin sur l'opération (art. 706-86, al. 1er, C. pr. pén.) mais la personne mise en examen ou comparaissant devant la juridiction de jugement peut être confrontée avec cet agent lorsqu'elle est directement mise en cause par des constatations effectuées par un agent ayant personnellement réalisé les opérations d'infiltration telle que le décrit le rapport de l'officier de police judiciaire (art. 706-86, al. 2, C. pr. pén.). En cas de confrontation, les questions posées à l'agent infiltré ne doivent pas avoir pour objet ni pour effet de révéler, directement ou indirectement, sa véritable identité (art. 706-85, al. 2, C. pr. pén.).

6) Les autres investigations

a) Les prélèvements externes

Le procureur de la République ou, sur autorisation de celui-ci, l'officier de police judiciaire peut faire procéder sur toute personne susceptible de fournir des renseignements sur les faits en cause ou sur toute personne à l'encontre de laquelle il existe une ou plusieurs raisons plausibles de soupçonner qu'elle a commis ou tenté de commettre l'infraction, aux opérations de prélèvements externes nécessaires à la réalisation d'examens techniques et scientifiques de comparaison avec les traces et indices prélevés pour les nécessités de l'enquête (art. 76-2 et 55-1, C. pr. pén.). Il peut procéder, ou fait procéder sous son contrôle, à des opérations de relevés signalétiques et notamment de prise d'empreintes digitales, palmaires ou de photographies nécessaires à l'alimentation et à la consultation des fichiers de police. Le refus de l'intéressé peut être sanctionné par une peine d'un an d'emprisonnement et de 15 000 euros d'amende.

b) La délivrance d'un mandat de recherche

Si les nécessités de l'enquête portant sur un crime ou un délit puni d'au moins trois ans d'emprisonnement l'exigent, le procureur de la République peut décerner mandat de recherche contre toute personne à l'encontre de laquelle il existe une ou plusieurs raisons plausibles de soupçonner qu'elle a commis ou tenté de commettre l'infraction (art. 77-4, C. pr. pén.).

7) L'information des victimes

L'article 75, alinéa 3 du Code de procédure pénale fait obligation aux officiers et aux agents de police judiciaire d'informer par tout moyen les victimes de leur droit d'obtenir réparation du préjudice subi, de se constituer partie civile si l'action publique est mise en mouvement par le parquet ou en citant directement l'auteur des faits devant la juridiction compétente ou en portant plainte devant le juge d'être, si elles souhaitent se constituer partie civile, assistées d'un avocat, d'être aidées par un service relevant d'une ou de plusieurs collectivités publiques ou par une association conventionnée d'aide aux victimes et de saisir, le cas échéant, la commission d'indemnisation des victimes d'infraction, lorsqu'il s'agit d'une infraction mentionnée aux articles 706-3 et 706-14.

2 • L'ENQUÊTE DE FLAGRANCE

A - Présentation

L'enquête de flagrance ou enquête de flagrant délit concerne des infractions qui se voient, s'entendent, se perçoivent. L'enquête de flagrance vise essentiellement à empêcher les preuves de disparaître.

La flagrance est définie par l'article 53 du Code de procédure pénale. L'infraction doit être d'une certaine gravité. Cette procédure s'applique aux crimes et délits flagrants punissables d'emprisonnement. Sont exclus de cette procédure les délits punissables d'amende seulement et les contraventions.

La loi du 15 juin 2000 fait obligation, dans l'enquête de flagrance, aux officiers et agents de police judiciaire d'informer les victimes des mêmes droits qu'en matière d'enquête préliminaire (art. 53-1, C. pr. pén.).

La loi du 23 juin 1999 a limité la durée de l'enquête de flagrance à 8 jours à compter du premier acte d'enquête (art. 53, al. 2, C. pr. pén.). La loi du 9 mars 2004 permet au procureur de la République « *lorsque des investigations nécessaires à la manifestation de la vérité pour un crime ou un délit puni d'une peine supérieure ou égale à cinq ans d'emprisonnement ne peuvent être différées* » de « *décider la prolongation, dans les mêmes conditions, de l'enquête pour une durée maximale de huit jours* » (art. 5, al. 2, C. pr. pén.).

B - Cas de flagrance

Il existe quatre cas de flagrance auxquels s'ajoutent deux cas assimilés.

1) Les quatre cas principaux de flagrance

Ils sont prévus par l'article 53, alinéa 1er du Code de procédure pénale :

– le crime ou délit actuel, qui se commet actuellement. C'est l'infraction qui peut être perçue par l'un des sens de perception. Cette perception doit reposer sur des indices objectifs qui laissent à penser qu'une infraction se commet actuellement[7] ;

7. La forte odeur de cannabis constatée lors d'un contrôle routier est un indice apparent d'un flagrant délit, cf. Crim., 4 novembre 1999, *D.* 2000, IR, p. 23.

– antériorité immédiate du crime ou du délit : le crime ou le délit vient de se commettre, il y a urgence ;

– désignation de la personne soupçonnée par la clameur publique dans un temps très voisin de l'infraction. La clameur est différente de la rumeur, la clameur est l'expression, le cri ;

– découverte dans un temps très voisin de l'infraction d'une personne trouvée en possession d'objets ou présentant des traces ou indices laissant penser qu'il a participé au délit.

2) Les cas assimilés de flagrance

Il en existait traditionnellement deux :

– réquisition du chef de maison : la demande de l'intervention de la police dans les lieux qu'occupe le chef de maison avait pour effet de placer le policier qui vient constater l'infraction dans le cadre d'une enquête de flagrance quelle que soit la date de commission du crime ou du délit pour lequel les enquêteurs étaient requis. La loi du 23 juin 1999 a limité cette possibilité aux hypothèses d'infractions flagrantes au sens de l'article 1er de l'article 53 du Code de procédure pénale (4 hypothèses ci-dessus) ; ce cas n'existe donc plus en tant que tel ;

– découverte de cadavre (art. 74, C. pr. pén.) : hypothèse de mort violente ou d'une mort de cause inconnue ou suspecte : le policier ou le gendarme ne connaît pas les causes de la mort de la personne ou trouve dans ce décès une raison de soupçonner une infraction sans qu'il puisse en avoir la révélation.

La loi du 9 mars 2004 assimile à cette hypothèse celle de la découverte d'une personne grièvement blessée lorsque la cause de ses blessures est inconnue ou suspecte (art. 74, al. 4, C. pr. pén.).

De plus, la loi du 9 septembre 2002 permet d'appliquer les articles 56 à 62 prévus en matière de flagrant délit dans deux hypothèses :

– lorsque la disparition d'un mineur ou d'un majeur protégé vient d'intervenir ou d'être constatée, aux fins de découvrir la personne disparue (art. 74-1, al. 1er, C. pr. pén.). À l'issue d'un délai de huit jours à compter des instructions de ce magistrat, ces investigations peuvent se poursuivre dans les formes de l'enquête préliminaire (art. 74-1, al. 1er, C. pr. pén.). Dans cette hypothèse, le procureur de la République peut également requérir l'ouverture d'une information pour recherche des causes de la disparition (art. 74-1, al. 2, C. pr. pén.).

– en cas de disparition d'un majeur présentant un caractère inquiétant ou suspect eu égard aux circonstances, à l'âge de l'intéressé ou à son état de santé (art. 74-1, al. 3, C. pr. pén.) dans les mêmes conditions qu'en cas de disparition d'un mineur.

Les articles 56 à 62 sont également applicables, depuis la loi du 9 mars 2004 aux fins de rechercher et de découvrir trois types de personnes en fuite (art. 74-2, C. pr. pén.) :

– personne faisant l'objet d'un mandat d'arrêt délivré par le juge d'instruction, le juge des libertés et de la détention, la chambre de l'instruction ou son président ou le président de la cour d'assises, alors qu'elle est renvoyée devant une juridiction de jugement ;

– personne faisant l'objet d'un mandat d'arrêt délivré par une juridiction de jugement ou par le juge de l'application des peines ;

– personne condamnée à une peine privative de liberté sans sursis supérieure ou égale à un an, lorsque cette condamnation est exécutoire ou passée en force de chose jugée.

Dans cette hypothèse, si les nécessités de l'enquête pour rechercher la personne en fuite l'exigent, le juge des libertés et de la détention du tribunal de grande instance, à la requête du procureur de la République, peut autoriser l'interception, l'enregistrement et la transcription de correspondances émises par la voie des télécommunications (art. 74-2, al. 2, C. pr. pén.) pour une durée maximale de deux mois renouvelable dans les mêmes conditions de forme et de durée, dans la limite de six mois en matière correctionnelle, sous l'autorité et le contrôle du juge des libertés et de la détention.

C - Actes de l'enquête de flagrance

L'enquête de flagrance ne peut être diligentée que par un officier de police judiciaire. Au contraire de l'enquête préliminaire, elle présente un caractère coercitif. De plus, certains actes de cette enquête peuvent faire l'objet d'une annulation, qui peut entraîner l'annulation de toute la procédure lorsque certaines formalités n'ont pas été observées.

1) Les actes accomplis par les membres de la police judiciaire

L'enquête de flagrance permet aux enquêteurs de bénéficier de pouvoirs importants. Ceux-ci doivent donc être confiés en principe uniquement aux officiers de police judiciaire. Ce principe connaît quelques atténuations : certains actes peuvent être accomplis à la fois par un officier de police judiciaire et par un agent de police judiciaire, sous le contrôle du premier. L'arrestation peut être accomplie par tous les membres de la police judiciaire et même par tout citoyen à certaines conditions (art. 73, C. pr. pén.).

a) Les actes pouvant être accomplis par les officiers et agents de police judiciaire

– Ils peuvent procéder à des ***vérifications d'identité*** (art. 78-2, al. 1er, C. pr. pén.) (v. Chapitre 10).

– Ils peuvent procéder à des auditions sous le contrôle de l'officier de police judiciaire (art. 62, al. 4, C. pr. pén.) : il peut s'agir de toute personne (victime, suspect, témoins...) susceptible de fournir des renseignements sur les faits ou sur les objets et documents saisis. Là encore, comme pour l'enquête préliminaire, les personnes convoquées sont tenues de comparaître. En cas de refus, l'officier ou l'agent de police judiciaire en avise le procureur de la République qui peut alors les contraindre à comparaître par la force publique (art. 62, al. 2, C. pr. pén.).

– Les officiers de police judiciaire peuvent procéder, ou faire procéder sous leur contrôle, sur toute personne susceptible de fournir des renseignements sur les faits en cause ou sur toute personne à l'encontre de laquelle il existe une ou plusieurs raisons plausibles de soupçonner qu'elle a commis ou tenté de commettre l'infraction, aux opérations de prélèvements externes nécessaires à la réalisation d'examens techniques et scientifiques de comparaison avec les traces et indices prélevés (art. 55-1, al. 1er, C. pr. pén.). Ils peuvent procéder sous le contrôle de l'officier de police judiciaire aux opérations signalétiques et notamment de prise d'empreintes digitales, palmaires ou de photographies nécessaires à l'alimentation et à la consultation des fichiers de police selon les règles propres à chacun de ces fichiers (art. 55-1, al. 2, C. pr. pén.).

– Les officiers et les agents de police judiciaire informent par tout moyen les victimes de leur droit d'obtenir réparation du préjudice subi, de se constituer partie civile si l'action publique est mise en mouvement par le parquet ou en citant directement l'auteur des faits devant la juridiction compétente ou en portant plainte devant le juge d'instruction, d'être, si elles souhaitent se constituer partie civile, assistées d'un avocat, d'être aidées par un service relevant d'une ou de plusieurs collectivités publiques ou par une association conventionnée d'aide aux victimes et de saisir, le cas échéant, la commission d'indemnisation des victimes d'infraction, lorsqu'il s'agit d'une infraction mentionnée aux articles 706-3 et 706-14 (art. 53-1, C. pr. pén.).

– Les officiers de police judiciaire ou, sous leur responsabilité, les agents de police judiciaire peuvent, au cours d'une perquisition accéder par un système informatique implanté sur les lieux où se déroule la perquisition à des données intéressant l'enquête en cours et stockées dans ledit système ou dans un autre système informatique, dès lors que ces données sont accessibles à partir du système initial ou disponibles pour le système initial (art. 57-1, al. 1er, C. pr. pén.).

b) Les actes ne pouvant être accomplis que par les officiers de police judiciaire

• Actes préalables

L'officier de police judiciaire doit ***se transporter*** lui-même ***sur les lieux*** sans délai (art. 54, al. 1er, C. pr. pén.).

La première obligation de l'officier de police judiciaire est d'***informer*** immédiatement ***le procureur de la République*** (art. 54, al. 1er, C. pr. pén.) car celui-ci dirige les enquêtes et pourrait désirer se rendre sur les lieux.

L'officier de police judiciaire peut procéder aux ***constatations*** et prendre des ***mesures conservatoires***. En effet, il doit veiller à la conservation des indices susceptibles de disparaître et de tout ce qui peut servir à la manifestation de la vérité (art. 54, al. 2, C. pr. pén.). Pour cela, il peut prendre des photographies, procéder à des prélèvements, etc. Il peut également saisir les objets qui ont contribué à la perpétration du crime ou du délit ainsi que le produit éventuel du crime (art. 54, al. 1er, C. pr. pén., *in fine*) qu'il peut présenter pour reconnaissance aux personnes qui paraissent avoir participé au crime si elles sont présentes (art. 54, al. 3, C. pr. pén.). Il est interdit à toute personne, sous peine de sanction pénale, de modifier l'état des lieux ou d'effectuer des prélèvements quelconques, sauf si la sécurité et la salubrité publique l'exigent ou si ces mesures sont indispensables pour pouvoir donner des soins aux victimes (art. 55, C. pr. pén.).

• **Recueil d'informations**

La loi du 18 mars 2003 relative à la sécurité intérieure avait créé un article 60-1 du Code de procédure pénale, devenue 60-2 par l'effet de la loi du 9 mars 2004 prévoyant que sur demande de l'officier de police judiciaire, intervenant par voie télématique ou informatique, les organismes publics ou les personnes morales de droit privé[8], doivent ***mettre à sa disposition*** les informations utiles à la manifestation de la vérité, à l'exception de celles protégées par un secret prévu par la loi, contenues dans le ou les systèmes informatiques ou traitements de données nominatives qu'ils administrent.

L'article 99-4 du Code de procédure pénale[9] permet par renvoi à l'article 60-2 du Code de procédure pénale à l'officier de police judiciaire, sur commission rogatoire, intervenant par voie télématique ou informatique, de demander aux organismes publics ou aux personnes morales de droit privé[10], de mettre à sa disposition les informations utiles à la manifestation de la vérité, à l'exception de celles protégées par un secret prévu par la loi, contenues dans le ou les systèmes informatiques ou traitements de données nominatives qu'ils administrent.

L'officier de police judiciaire, intervenant sur réquisition du procureur de la République préalablement autorisé par ordonnance du juge des libertés et de la détention, peut requérir des opérateurs de télécommunications, et notamment les personnes physiques ou morales dont l'activité est d'offrir un accès à des services de communication en ligne autres que de correspondance privée[11] de prendre, sans délai, toutes mesures propres à assurer la préservation, pour une durée ne pouvant excéder un an, du contenu des informations consultées par les personnes utilisatrices des services fournis par les opérateurs (art. 99-4, al. 2, C. pr. pén. renvoyant à l'article 60-2, al. 2, C. pr. pén.).

L'article 60-1 du Code de procédure pénale, dans sa formulation issue de la loi du 9 mars 2004 dispose désormais que l'officier de police judiciaire peut requérir de toute personne, de tout établissement ou organisme privé ou public ou de toute administration publique qui sont susceptibles de détenir des documents intéressant l'enquête, y compris ceux issus d'un système informatique ou d'un traitement de données nominatives, de lui ***remettre ces documents***, sans que puisse lui être opposée, sans motif légitime, l'obligation au secret professionnel. Lorsque les réquisitions concernent des avocats, des locaux de presse ou de communication audiovisuelle, le cabinet d'un

8. À l'exception des églises et les groupements à caractère religieux, philosophique, politique ou syndical ainsi que organismes de la presse écrite ou audiovisuelle.
9. Qui était avant la loi du 9 mars 2004 l'article 151-1-1 du même code.
10. À l'exception des églises et les groupements à caractère religieux, philosophique, politique ou syndical ainsi que des organismes de la presse écrite ou audiovisuelle.
11. Article 43-7 de la loi n° 86-1067 du 30 septembre 1986 relative à la liberté de communication.

médecin, d'un notaire, d'un avoué ou d'un huissier de justice, la remise des documents ne peut intervenir qu'avec leur accord.

• Participation des personnes au recueil des renseignements

L'officier de police judiciaire peut ***interdire à toute personne de s'éloigner*** du lieu de l'infraction jusqu'à la clôture des opérations. Il ne s'agit pas d'une garde à vue.

L'officier de police judiciaire peut retenir sur place les personnes présentes lors de la perquisition si elles sont susceptibles de communiquer des renseignements sur les objets, documents et données informatiques saisis pendant le temps strictement nécessaire à ces opérations (art. 56, al. 7, C. pr. pén. ; loi du 9 mars 2004).

Par application de la loi du 9 mars 2004, l'officier de police judiciaire peut contraindre ces personnes à comparaître par la force publique (art. 62, al. 2, C. pr. pén.). Il peut également contraindre à comparaître par la force publique, avec l'autorisation préalable du procureur de la République, les personnes qui n'auraient pas répondu à une convocation à comparaître ou dont on peut craindre qu'elles ne répondent pas à une telle convocation (art. 62, al. 2, C. pr. pén.).

• Perquisitions et saisies

L'officier de police judiciaire peut procéder à des ***perquisitions et saisies***. Elles peuvent être opérées sans le consentement de la personne qui les subit. L'officier de police judiciaire peut se transporter au domicile des personnes qui paraissent avoir participé à l'infraction ou qui pourraient détenir des pièces ou objets relatifs aux faits incriminés (art. 56, al. 1er, C. pr. pén.). Un certain nombre de règles doivent alors être respectées :

– les perquisitions et visites domiciliaires doivent être faites entre 6 et 21 heures mais elles peuvent continuer la nuit lorsqu'elles ont débuté le jour. Elles peuvent également avoir lieu la nuit lorsque c'est le chef de maison qui a requis le procureur de la République ou dans les lieux où on use en société de stupéfiants ou dans lesquels ils sont fabriqués, transformés ou entreposés illicitement. En matière de délinquance et de criminalité organisées, lorsque les nécessités de l'enquête préliminaire l'exigent, le juge des libertés et de la détention du tribunal de grande instance peut, à la requête du procureur de la République, décider, que les perquisitions, visites domiciliaires et saisies de pièces à conviction pourront être effectuées en dehors des heures prévues à l'article 59 c'est-à-dire après 6 heures et avant 21 heures, lorsque ces opérations ne concernent pas des locaux d'habitation (art. 706-89, C. pr. pén.). L'autorisation est donnée pour des perquisitions déterminées et font l'objet d'une ordonnance écrite, précisant la qualification de l'infraction dont la preuve est recherchée ainsi que l'adresse des lieux dans lesquels les visites, perquisitions et saisies peuvent être faites. Les opérations sont faites sous le contrôle du magistrat qui les a autorisées. Celui-ci peut se déplacer sur les lieux pour veiller au respect des dispositions légales (art. 706-92, al. 1er, C. pr. pén.) ;

– la perquisition est faite en présence de la personne au domicile de laquelle elle a lieu, en cas d'impossibilité de celle qu'elle a désigné et à défaut de deux témoins choisis par l'officier de police judiciaire et relevant de son autorité administrative (art. 57, C. pr. pén.). En matière de criminalité et de délinquance organisées, lorsque la personne au domicile de laquelle est faite une perquisition est en garde à vue ou détenue en un autre lieu et que son transport sur place paraît devoir être évité en raison des risques graves soit de troubles à l'ordre public ou d'évasion, soit de disparition des preuves pendant le temps nécessaire au transport, la perquisition peut être faite, avec l'accord préalable du procureur de la République ou du juge d'instruction, en présence de deux témoins requis dans les conditions prévues au deuxième alinéa de l'article 57, ou d'un représentant désigné par celui dont le domicile est en cause (art. 706-94, al. 1er, C. pr. pén.) ;

– depuis la loi du 9 mars 2004, les personnes présentes lors de la perquisition peuvent être retenues sur place par l'officier de police judiciaire lorsqu'elles sont susceptibles de fournir des renseignements sur les objets, documents ou données informatiques saisies, ceci pendant le temps strictement nécessaire à l'accomplissement de ces opérations ;

– un procès-verbal des opérations doit être établi (art. 57, al. 3, C. pr. pén.);

– toutes mesures utiles pour que soit assuré le respect du secret professionnel et des droits de la défense doivent être prises préalablement aux perquisitions (art. 56, al. 2, C. pr. pén.) ;

– seul l'officier de police judiciaire, les personnes requises pour y assister en application de l'article 57 ainsi que les experts éventuellement sollicités ont le droit de prendre connaissance des papiers et documents avant de procéder à leur saisie (art. 56, al. 2, C. pr. pén.);

– les perquisitions effectuées dans le cabinet d'un avocat ou à son domicile ne peuvent l'être que par un magistrat et en présence du bâtonnier ou de son délégué (art. 56-1, al. 1er, C. pr. pén.), à la suite d'une décision écrite et motivée prise par ce magistrat, qui indique la nature de l'infraction ou des infractions sur lesquelles portent les investigations, les raisons justifiant la perquisition et l'objet de celle-ci. Le magistrat et le bâtonnier ou son délégué ont seuls le droit de consulter ou de prendre connaissance des documents se trouvant sur les lieux préalablement à leur éventuelle saisie. Aucune saisie ne peut concerner des documents relatifs à d'autres infractions que celles mentionnées dans la décision précitée. Ces dispositions sont édictées à peine de nullité. Le magistrat qui effectue la perquisition veille à ce que les investigations conduites ne portent pas atteinte au libre exercice de la profession d'avocat.

– les perquisitions effectuées dans le cabinet d'un médecin, d'un notaire, d'un avoué ou d'un huissier doivent l'être par un magistrat et en présence de la personne responsable de l'ordre ou de l'organisation professionnelle à laquelle appartient l'intéressé ou de son représentant (art. 56-3, C. pr. pén.);

– les perquisitions effectuées dans les locaux d'une entreprise de presse ou de communication audiovisuelle ne peuvent l'être que par un magistrat (art. 56-2, C. pr. pén.). Celui-ci doit veiller à ce que les opérations ne portent pas atteinte au libre exercice de la profession de journaliste et n'entraînent pas un retard injustifié dans la diffusion de l'information ;

– les objets saisis doivent être présentés pour reconnaissance aux personnes soupçonnées, si elles sont présentes (art. 54, al. 3, C. pr. pén.);

– les objets et documents saisis doivent être immédiatement inventoriés et placés sous scellés (art. 56, al. 4, C. pr. pén.) ;

– l'officier de police judiciaire peut recourir à des experts pour procéder aux constatations ou à des examens techniques ou scientifiques qui ne peuvent être différés (art. 60, al. 1er, C. pr. pén.). Désormais, ces examens peuvent toujours être réalisés au cours de l'enquête et pas uniquement dans le cas où ils ne peuvent être différés. Ces experts doivent être inscrits sur une des listes d'experts judiciaires ou doivent prêter serment par écrit (art. 60, al. 2, C. pr. pén.).

- **Écoutes téléphoniques**

En matière de délinquance et de criminalité organisées, depuis le 1er octobre 2004, lorsque les nécessités de l'enquête l'exigent, le juge des libertés et de la détention peut, à la requête du procureur de la République, autoriser sous son contrôle, l'interception, l'enregistrement et la transcription de correspondances émises par la voie des télécommunications pour une durée maximum de quinze jours, renouvelable une fois dans les mêmes conditions de forme et de durée (art. 706-95, al. 1er, C. pr. pén.). Dans cette hypothèse, les attributions confiées au juge d'instruction ou à l'officier de police judiciaire commis par lui sont exercées par le procureur de la République ou l'officier de police judiciaire requis par ce magistrat (art. 706-95, al. 2, C. pr. pén.).

2) Les actes accomplis par les magistrats

Les magistrats sont seuls compétents pour les perquisitions effectuées chez des avocats (cabinet ou domicile), au cabinet d'un médecin, d'un avoué, d'un notaire ou d'un huissier et dans les locaux d'une entreprise de presse ou de communication audiovisuelle (v. *supra*).

a) Les actes accomplis par le procureur de la République

Lorsqu'il est averti par l'officier de police judiciaire, le procureur de la République peut décider de se transporter sur les lieux de l'infraction (art. 68, C. pr. pén.). Son arrivée sur les lieux dessaisit l'officier de police judiciaire. Il peut alors accomplir lui-même tous les actes de police judiciaire au lieu et place de l'officier de police judiciaire mais peut également lui prescrire de poursuivre les opérations.

Depuis le 1er octobre 2004, les dispositions de l'article 70 du Code de procédure pénale permettent au procureur de la République de délivrer un mandat de recherche. Ainsi, si les nécessités de l'enquête portant sur un crime flagrant ou un délit flagrant puni d'au moins trois ans d'emprisonnement l'exigent, le procureur de la République peut décerner mandat de recherche contre toute personne à l'encontre de laquelle il existe une ou plusieurs raisons plausibles de soupçonner qu'elle a commis ou tenté de commettre l'infraction (art. 70, al. 1er, C. pr. pén.). La personne découverte en vertu de ce mandat est placée en garde à vue par l'officier de police judiciaire du lieu de la découverte, qui peut procéder à son audition. Le procureur de la République ayant délivré le mandat de recherche en est informé dès le début de la mesure. Si la personne ayant fait l'objet du mandat de recherche n'est pas découverte au cours de l'enquête et si le procureur de la République requiert l'ouverture d'une information contre personne non dénommée, le mandat de recherche demeure valable pour le déroulement de l'information, sauf s'il est rapporté par le juge d'instruction.

Le procureur de la République est informé de toute découverte d'un cadavre ou d'une personne grièvement blessée lorsque la cause de ses blessures est inconnue ou suspecte, qu'il s'agisse ou non d'une mort violente. Il se transporte sans délai sur les lieux et procède aux premières constatations (art. 74, al. 1er et 4, C. pr. pén.), s'il le juge nécessaire (art. 74, al. 2, C. pr. pén.), ou peut déléguer aux mêmes fins, un officier de police judiciaire de son choix.

b) Les actes accomplis par le juge d'instruction

Le juge d'instruction a également la possibilité de se transporter sur les lieux (art. 72, C. pr. pén.). Le déplacement du juge d'instruction sur les lieux d'une enquête ne dessaisit plus le procureur de la République et les enquêteurs. En revanche, le procureur de la République a la possibilité d'ouvrir immédiatement une information confiée au juge d'instruction présent sur les lieux.

En pratique, lorsque l'affaire est grave, le procureur de la République et le juge d'instruction sont souvent tous deux présents sur les lieux. Le procureur délivre alors immédiatement un réquisitoire qui ouvre l'instruction. Si ce n'est pas le cas, le juge d'instruction reste dans le cadre de l'enquête de flagrance, il n'agit pas dans le cadre d'une instruction.

Tout au long de la phase policière, les actes de police judiciaire sont relatés dans des procès-verbaux.

BIBLIOGRAPHIE

BLONDET (M.), « La légalité de l'enquête officieuse », *JCP* 1955, I, 1233.

BLONDET (M.-H.), « L'enquête préliminaire dans le nouveau Code de procédure pénale », *JCP* 1959, I, 1513.

GRANIER (J.), « Le juge d'instruction et la nouvelle procédure de flagrance », *JCP* 1959, I, 1521.

HERZOG-EVANS (M.), « Tendances actuelles du droit des fouilles corporelles », *Gaz. Pal.* 2002, n° des 24 au 26 février, p. 3.

LANGLOIS (L.), « L'enquête de flagrant délit », *JCP* 1961, I, 1611.

MATSOPOULOU (H.), *Les enquêtes de police,* LGDJ, coll. « Bibliothèque des sciences criminelles », 1997.

MAYER (D.), « Plaidoyer pour une redéfinition du flagrant délit », *D.* 1980, Chron. p. 99.

MIMIN (P.), « La nouvelle enquête policière », *JCP* 1959, I, 1500.

CHAPITRE 10

Contrôles et vérifications d'identité

Les contrôles et vérifications d'identité ne sont possibles que dans des hypothèses déterminées et sous le contrôle des autorités judiciaires (procureur de la République, procureur général, chambre de l'instruction) (art. 78-1, C. pr. pén.).

Ils peuvent parfois donner lieu à une rétention de la part des forces de police ou de gendarmerie.

La rétention peut être définie comme la détention d'une personne par la police aux fins de rechercher son identité, quelle que soit la nature de cette vérification. Il s'agit d'une mesure de détention policière créée par la loi du 8 juillet 1983.

Lorsqu'il y a lieu à rétention, un certain nombre de garanties sont accordées à l'individu qui en fait l'objet.

1 • LES HYPOTHÈSES DE CONTRÔLES ET VÉRIFICATIONS D'IDENTITÉ

Il peut parfois être indispensable pour les besoins d'une enquête de connaître l'identité d'une ou plusieurs personnes. Toute personne se trouvant sur le territoire national doit accepter de se prêter à un contrôle d'identité effectué dans les conditions fixées par la loi et par les autorités de police (art. 78-1, al. 2, C. pr. pén.).

On distingue les recherches de police administrative des recherches de police judiciaire :

– ***les recherches de police administrative ou préventive*** ont pour but de prévenir une infraction ;

– ***les recherches de police judiciaire*** s'insèrent dans le cadre d'une enquête dont elles permettent le développement.

Dans le premier cas, elles peuvent permettre de détecter une infraction alors que dans le second cas, elles permettent de développer l'enquête sur une infraction déjà détectée.

Cette question sensible a fait l'objet d'interventions successives du législateur.

Depuis la loi du 10 juin 1983 : l'officier ou l'agent de police judiciaire peut inviter une personne à justifier par tout moyen de son identité quand existe à l'encontre de celle-ci un indice laissant penser qu'elle a commis ou vient de commettre ou tenté de commettre une infraction ou se prépare à commettre un crime ou un délit ou est susceptible de fournir des éléments concernant une enquête ou bien fait l'objet de recherches ordonnées par une autorité judiciaire.

Concernant les contrôles préventifs, la formule issue de la loi du 3 septembre 1986 constitue pratiquement le texte actuel des articles 78-1 à 78-5 du Code de procédure pénale : « *L'identité de toute personne peut être également contrôlée, selon les mêmes modalités, pour prévenir une atteinte à l'ordre public, notamment une atteinte à la sécurité des personnes et des biens* ». Cependant, un arrêt de la Cour de cassation subordonne le contrôle « *à la prévention d'une atteinte à l'ordre public qui soit directement rattachable au comportement de la personne dont l'identité est contrôlée* ». La loi du 10 août 1993 ajouta donc que les contrôles pouvaient être effectués « *quel que soit le comportement de la personne* ».

La vérification d'identité est la suite du contrôle d'identité, lorsque la personne n'a pas pu ou n'a pas voulu décliner son identité. Cette distinction entre contrôle et vérification d'identité a été introduite par la loi du 10 juin 1983.

A - Les contrôles d'identité

Ils sont effectués par des officiers de police judiciaire ou, sous leur contrôle, par des agents de police judiciaire (art. 78-2, C. pr. pén.). Ces contrôles sont possibles dans deux cas.

1) Les contrôles de police judiciaire

Selon l'article 78-2 du Code de procédure pénale, les policiers « *peuvent inviter à justifier, par tout moyen, de son identité toute personne à l'égard de laquelle existe une ou plusieurs raisons plausibles de soupçonner* :

– *qu'elle a commis ou tenté de commettre une infraction ;*

– *ou qu'elle se prépare à commettre un crime ou un délit ;*

– *ou qu'elle est susceptible de fournir des renseignements utiles à l'enquête en cas de crime ou délit ;*

– *ou qu'elle fait l'objet de recherches ordonnées par une autorité judiciaire* » (mandat d'amener, d'arrêt ou de recherche). On voit mal quel serait l'indice laissant présumer qu'une personne est recherchée, ou bien celui laissant présumer l'existence d'une acte préparatoire.

2) Les contrôles de police administrative

Il existe deux sortes de contrôles : l'un est ordinaire, l'autre intéresse les titres de séjour des étrangers.

a) Les contrôles « ordinaires »

L'article 78-2, alinéa 3 du Code de procédure pénale prévoit que : « *L'identité de toute personne, quel que soit son comportement, peut être également contrôlée, selon les modalités prévues au premier alinéa, pour prévenir une atteinte à l'ordre public, notamment à la sécurité des personnes et des biens* ». La nécessité d'un comportement particulier disparaît. La loi a prévu trois autres cas de contrôles préventifs :

– contrôles exécutés sur réquisitions du Parquet dans des lieux et pour une personne déterminée par lui (art. 78-2, al. 2, C. pr. pén.);

– contrôles prévus dans une zone comprise entre la frontière terrestre de la France avec les États parties à la convention de Schengen et une ligne tracée à 20 km en deçà, de même dans les zones accessibles au public des ports, aéroports, gares ferroviaires ou routières (art. 78-2, al. 4, C. pr. pén.).

– contrôles effectués dans une zone comprise entre les frontières terrestres ou le littoral du département de la Guyane et une ligne tracée à 20 km en deçà, et sur une ligne tracée à 5 km de part et d'autre, ainsi que sur la route nationale 2 sur le territoire de la commune de Régina, en vue de vérifier le respect des obligations de détention, de port et de présentation des titres et documents prévus par la loi (art. 78-2, al. 5, C. pr. pén.).

Dans ces trois cas, la police n'a pas à justifier d'une atteinte à l'ordre public. Le contrôle peut révéler des infractions autres que celles visées par le Parquet (premier cas) ou autres que celles sur le non-respect des règles relatives aux titres d'identité (deuxième et troisième cas).

b) Les contrôles des titres de séjour des étrangers

La difficulté consiste dans la nécessité pour les policiers de déterminer la qualité d'étranger de la personne avant de l'interpeller. La Cour de cassation a posé certaines conditions : il est nécessaire pour procéder au contrôle que « *des éléments objectifs déduits de circonstances extérieures à la personne même de l'intéressé soient de nature à faire apparaître sa qualité d'étranger* », à défaut de quoi « *le contrôle d'identité doit être préalablement effectué sous les conditions et dans les formes des articles 78-1 et suivants du Code de procédure pénale* ». Cette appréciation semble délicate.

La loi du 3 septembre 1986 (ancien art. 78-2, al. 5) avait ajouté que « *La personne de nationalité étrangère dont l'identité est contrôlée en application des dispositions du présent article doit être en mesure de présenter les pièces ou documents sous le couvert desquels elle est autorisée à séjourner en France* ». Cette disposition a été reprise par l'article L. 611-1 du Code de l'entrée et du séjour des étrangers et du droit d'asile « *En dehors de tout contrôle d'identité, les personnes de nationalité étrangère doivent être en mesure de présenter les pièces ou documents sous le couvert desquels elles sont autorisées à circuler ou à séjourner en France à toute réquisition des officiers de police judiciaire et, sur l'ordre et sous la responsabilité de ceux-ci, des agents de police judiciaire et agents de police judiciaire adjoints mentionnés aux articles 20 et 21 (1°) du Code de procédure pénale.*

À la suite d'un contrôle d'identité effectué en application des articles 78-1, 78-2 et 78-2-1 du Code de procédure pénale, les personnes de nationalité étrangère peuvent être également tenues de présenter les pièces et documents visés à l'alinéa précédent ».

B - La vérification d'identité

Elle intervient si l'intéressé refuse ou se trouve dans l'impossibilité de décliner son identité. C'est une recherche coercitive de l'identité. Elle ne peut être effectuée que par un officier de police judiciaire.

La personne peut être retenue sur place ou dans un local de police pendant le temps strictement nécessaire à l'établissement de son identité (art. 78-3, al. 1er, C. pr. pén.) dans un délai maximum de 4 heures (art. 78-3, al. 3, C. pr. pén.).

Pendant ce délai, le policier procède aux opérations de vérification nécessaires après avoir mis l'intéressé en mesure de fournir par tout moyen les éléments permettant d'établir son identité (art. 78-3, al. 1er, C. pr. pén.). L'intéressé peut prouver son identité par tout moyen : document d'identité, témoignages, indices...

Si la personne refuse toujours de révéler son identité ou fournit des éléments d'identité manifestement inexacts, l'officier de police judiciaire peut alors faire appel aux procédés d'identité judiciaire : empreintes digitales, photographies (art. 73-3, al. 4 et s., C. pr. pén.) à certaines conditions dans la mesure où ils peuvent porter atteinte à la liberté :

– la mesure doit être impérativement nécessaire, « *être l'unique moyen d'établir l'identité de l'intéressé* » (al. 4) ;

– elle suppose l'autorisation d'un magistrat, procureur de la République ou juge d'instruction ;

– elle doit être mentionnée dans un procès-verbal où apparaîtra une motivation spéciale.

Le refus de se prêter à ces mesures judiciaires est puni d'un emprisonnement de 3 mois et d'une amende de 3750 euros (art. 78-5, C. pr. pén.). Ce qui est incriminé, c'est le refus de se soumettre aux mesures d'identité judiciaire et non le refus de décliner son identité : si le citoyen se soumet, il est libéré au bout de 4 heures même si l'identité n'a pas été trouvée.

C - Les contrôles de véhicules et lieux à usage professionnel

1) Contrôle des lieux à usage professionnel (art. 78-2-1, C. pr. pén.)

Les agents de police judiciaire et agents de police judiciaire adjoints, mentionnés aux articles 20 et 21 (1°) peuvent sur réquisitions du procureur de la République entrer dans les lieux à usage professionnel où sont en cours des activités de construction, de production, de transformation, de réparation, de prestation de services ou de commercialisation dans le but de s'assurer que ces activités ont donné lieu à l'immatriculation au répertoire des métiers ou au registre du commerce et des sociétés lorsqu'elle est obligatoire, ainsi qu'aux déclarations exigées par les organismes de protection sociale et l'administration, de se faire présenter le registre unique du personnel et les documents attestant que les déclarations préalables à l'embauche ont été effectuées ou de contrôler l'identité des personnes occupées, dans le seul but de vérifier qu'elles figurent sur le registre ou qu'elles ont fait l'objet des déclarations mentionnées à l'alinéa précédent.

2) Contrôle des véhicules

Ils sont possibles dans trois hypothèses :

– sur réquisitions écrites du procureur de la République aux fins de recherche et de poursuite de certains actes de terrorisme, les officiers de police judiciaire[1] peuvent, dans les lieux et pour la période de temps que ce magistrat détermine et au maximum 24 heures, renouvelables sur décision expresse et motivée selon la même procédure, procéder non seulement aux contrôles d'identité prévus au sixième alinéa de l'article 78-2, alinéa 6 du Code de procédure pénale mais également à la visite des véhicules circulant, arrêtés ou stationnant sur la voie publique ou dans des lieux accessibles au public (art. 78-2-2, al. 1er, C. pr. pén.). Les véhicules en circulation ne peuvent être immobilisés que le temps strictement nécessaire au déroulement de la visite (art. 78-2-2, al. 2, C. pr. pén.). La présence du conducteur est exigée. Si le véhicule est à l'arrêt ou en stationnement, la visite se déroule en présence du conducteur ou du propriétaire du véhicule ou, à défaut, d'une personne requise à cet effet par l'officier ou l'agent de police judiciaire et qui ne relève pas de son autorité administrative. La présence d'une personne extérieure n'est toutefois pas requise si la visite comporte des risques graves pour la sécurité des personnes et des biens ;

– les officiers de police judiciaire[2] peuvent procéder à la visite des véhicules circulant ou arrêtés sur la voie publique ou dans des lieux accessibles au public lorsqu'il existe à l'égard du conducteur ou d'un passager une ou plusieurs raisons plausibles de soupçonner qu'il a commis, comme auteur ou comme complice, un crime ou un délit flagrant ou a tenté de le commettre (art. 78-2-3, al. 1er, C. pr. pén.) ;

– lorsqu'il s'agit de prévenir une atteinte grave à la sécurité des personnes et des biens, les officiers de police judiciaire[3] peuvent procéder non seulement aux contrôles d'identité prévus à l'article 78-2 alinéa 7 du Code de procédure pénale mais aussi, avec l'accord du conducteur ou, à défaut, sur instructions du procureur de la République communiquées par tous moyens, à la visite des véhicules circulant, arrêtés ou stationnant sur la voie publique ou dans des lieux accessibles au public (art. 78-2-4, al. 1er,

---

1. Assistés, le cas échéant, des agents de police judiciaire et des agents de police judiciaire adjoints mentionnés aux 1°, 1° *bis* et 1° *ter* de l'article 21.
2. Assistés, le cas échéant, des agents de police judiciaire et des agents de police judiciaire adjoints mentionnés aux 1°, 1° *bis* et 1° *ter* de l'article 21.
3. Et, sur l'ordre et sous la responsabilité de ceux-ci, les agents de police judiciaire et les agents de police judiciaire adjoints mentionnés aux 1°, 1° *bis* et 1° *ter* de l'article 21.

C. pr. pén.). Dans l'attente des instructions du procureur de la République, le véhicule peut être immobilisé pour une durée de 30 minutes au plus (art. 78-2-4, al. 2, C. pr. pén.).

D - Les relevés d'identité

Les agents de police judiciaire adjoints mentionnés aux 1° *bis*, 1° *ter*, 1° *quater* et 2° de l'article 21 peuvent relever l'identité des contrevenants pour dresser les procès-verbaux concernant des contraventions aux arrêtés de police du maire, des contraventions au Code de la route que la loi et les règlements les autorisent à verbaliser ou des contraventions qu'ils peuvent constater en vertu d'une disposition législative expresse (art. 78-6, al. 1er, C. pr. pén.). En cas de refus, l'agent de police judiciaire adjoint rend compte immédiatement à tout officier de police judiciaire de la police nationale ou de la gendarmerie nationale territorialement compétent, qui peut alors lui ordonner sans délai de lui présenter sur-le-champ le contrevenant.

2 • LES GARANTIES ACCORDÉES AU CITOYEN DANS LE CADRE DE LA RÉTENTION

La rétention porte atteinte à la liberté d'aller et venir, elle doit donc être accompagnée de certaines garanties pour le citoyen. Une nullité de texte est posée à l'encontre de toute violation des dispositions relatives aux contrôles et vérifications d'identité. L'annulation du procès-verbal peut avoir pour conséquence l'annulation de la constatation de l'infraction.

Les garanties accordées au citoyen sont les suivantes (art. 78-3, C. pr. pén.) :

– obligation de présenter la personne retenue à l'officier de police judiciaire qui doit apprécier la légalité de cette rétention (art. 78-3, al. 1er, C. pr. pén.) ;

– le mineur retenu doit obligatoirement être assisté de son représentant légal qui doit être recherché et averti (art. 78-3, al. 2, C. pr. pén.) (v. Chapitre 21). Le procureur de la République doit être avisé de la rétention du mineur dès que celle-ci commence (art. 78-3, al. 2, C. pr. pén.) ;

– la personne retenue doit être avisée immédiatement (art. 78-3, al. 1er, C. pr. pén.) :

• qu'elle peut faire aviser le procureur de la République de sa rétention ;

• qu'elle peut faire prévenir à tout moment sa famille ou toute personne de son choix et « *si des circonstances particulières l'exigent, l'officier de police judiciaire prévient lui-même la famille ou la personne choisie* » (art. 78-3 al. 1er, *in fine*, C. pr. pén.) (risque de contacter un complice) ;

– un procès-verbal de vérification permet de prouver le bon déroulement de la procédure. Ce procès-verbal reprend les étapes de la procédure (heures et jours, motifs de la rétention…) et notamment les informations obligatoires qui ont pu être données à la personne (art. 78-3, al. 6, C. pr. pén.). La personne retenue doit signer le procès-verbal : son refus éventuel et ses motifs doivent également être mentionnés (art. 78-3, al. 7, C. pr. pén.). Ce procès-verbal est transmis au procureur de la République (art. 78-3, al. 8, C. pr. pén.) ;

– le procès-verbal est détruit ainsi que toutes les pièces se rapportant à la vérification dans les 6 mois sous le contrôle du procureur de la République si la personne retenue n'est l'objet d'aucune procédure judiciaire (art. 78-3, al. 9, C. pr. pén.). En cas de suite judiciaire, la durée de la rétention s'impute sur celle de la garde à vue (art. 78-4, C. pr. pén.) ;

– l'intéressé doit être informé de son droit de faire aviser le procureur de la République lorsqu'il est maintenu en garde à vue et fait l'objet d'une procédure d'enquête ou d'exécution adressée à l'autorité judiciaire (art. 78-3, al. 10, C. pr. pén.) ;

– la sanction du non-respect de l'ensemble de ces prescriptions est la nullité de l'ensemble de la procédure (art. 78-3, al. 11, C. pr. pén.).

BIBLIOGRAPHIE

MORANGE (J.), « Les contrôles d'identité », *AJDA* 1983, p. 640.

PRADEL (J.), « Les recherches d'identité et la poursuite des délits flagrants depuis la loi du 10 juin 1983 », *D.* 1984, Chron. p. 75.

PUECH (M.), « Commentaire de la loi n° 83-466 du 10 juin 1983 », *ALD* 1983, p. 105.

SAINTE-ROSE (J.) et MUCCHIELLI (P.), « Le contrôle du juge judiciaire sur la rétention administrative », *Gaz. Pal.* 1996, 2, Doctr. p. 989.

CHAPITRE 11

La garde à vue

La garde à vue consiste à maintenir une personne à disposition de l'officier de police judiciaire pour les nécéssités d'une enquête. Il s'agit d'une privation de liberté individuelle.

La garde à vue reste dangereuse pour les libertés individuelles et sa réglementation est assez étroite. Avant le Code de procédure pénale, le Code d'instruction criminelle ne réglementait pas la garde à vue sauf pour la gendarmerie en cas de flagrance et limitait celle-ci à 24 heures. En 1958, le Code de procédure pénale adoptait une réglementation qui a été maintes fois modifiée.

Cette mesure est utilisée dans plusieurs circonstances : l'enquête de flagrance et l'enquête préliminaire sont les deux cas principaux dans lesquels il peut y avoir lieu à garde à vue, mais cette procédure peut également être envisagée lors de l'instruction préparatoire. Un juge d'instruction ne peut placer une personne en garde à vue lors d'une instruction préparatoire sauf lorsqu'il agit en flagrance (art. 72, C. pr. pén.), mais le recours à cette mesure est possible pour l'exécution d'une commission rogatoire (art. 154, C. pr. pén.).

1 • LE PLACEMENT EN GARDE À VUE

A - Qui peut procéder au placement en garde à vue ?

La garde à vue est une mesure de détention policière. Elle est décidée par l'officier de police judiciaire. Sont donc exclus le procureur de la République et les agents de police judiciaire. Une exception concerne le juge d'instruction lorsqu'il agit en flagrance (art. 72, C. pr. pén.) puisqu'il peut alors accomplir tous actes de police judiciaire, mais cela n'est que théorique, dans la mesure où le juge d'instruction n'agit quasiment jamais en flagrance.

B - Qui peut être placé en garde à vue ?

La loi du 15 juin 2000 a unifié le régime de la garde à vue qui est désormais à tous points de vue identique que l'on se trouve dans le cadre d'une enquête préliminaire (art. 77, C. pr. pén.), dans celui d'une enquête de flagrance (art. 63, C. pr. pén.) ou encore dans le cadre d'une instruction.

La loi du 15 juin 2000 a limité la possibilité d'un placement en garde à vue aux personnes à l'encontre desquelles il existe des indices faisant présumer qu'elles ont commis ou tenté de commettre une infraction. La loi du 4 mars 2002 a modifié ces conditions en ne permettant la garde à vue que pour les personnes à l'encontre desquelles il existe une ou plusieurs raisons plausibles de soupçonner qu'elles ont commis ou tenté de commettre une infraction.

La garde à vue du témoin est exclue : il est désormais prévu que les personnes à l'encontre desquelles il n'existe aucun indice faisant présumer qu'elles ont commis ou tenté de commettre une infraction ne peuvent être retenues que le temps strictement nécessaire à leur audition (art. 62, al. 5, C. pr. pén.).

Cette disposition existait déjà en matière d'enquête préliminaire et a été étendue par la loi du 15 juin 2000 à l'enquête de flagrance et à l'instruction.

Cette suppression de la garde à vue du témoin, qui était effective dès 1993 dans le cadre de l'enquête préliminaire, s'est accompagnée de la possibilité pour le procureur de la République de recourir à la force publique pour contraindre une personne convoquée par un officier de police judiciaire à comparaître devant lui. De plus, la loi du 4 mars 2002 prévoit que le témoin convoqué par le juge d'instruction par le biais d'une commission rogatoire peut être contraint à comparaître par la force publique (art. 153, C. pr. pén.). Le témoin qui ne comparait pas encourt également une amende.

Néanmoins, le témoin ne sera pas tenu de déposer.

C - La durée de la garde à vue

1) Cas général

Elle est de 24 heures, avec une possibilité de prolongation de 24 heures également.

Le début de la garde à vue est fixée au début de la rétention décidée par l'enquêteur[1].

L'autorisation de prolongation est donnée par le procureur de la République sans présentation de l'intéressé, sauf si le procureur en décide autrement.

2) Les cas particuliers de durée de garde à vue

La garde à vue décidée en application d'une ***commission rogatoire*** est d'une durée de 24 heures mais peut être prolongée à nouveau de 24 heures maximum avec l'autorisation écrite du juge d'instruction dans le ressort duquel se poursuit l'exécution de la commission rogatoire (art. 154, C. pr. pén.).

En matière de ***criminalité et de délinquance organisées***, c'est-à-dire pour les infractions prévues à l'article 706-73 du Code de procédure pénale, si les nécessités de l'enquête ou de l'instruction relatives à l'une de ces infractions l'exigent, la garde à vue

1. Crim., 15 février 2000, *Dr. pén.* 2000, n° 88, *Juris-Data* n°001015, *JCP* 2000, I, 235, obs. A. Maron.

d'une personne peut, à titre exceptionnel, faire l'objet de deux prolongations supplémentaires de vingt-quatre heures chacune (art. 706-88, al. 1er, C. pr. pén.). Cependant, lorsque la durée prévisible des investigations restant à réaliser à l'issue des premières quarante-huit heures de garde à vue le justifie, le juge des libertés et de la détention ou le juge d'instruction peuvent décider, par décision écrite et motivée, que la garde à vue fera l'objet d'une seule prolongation supplémentaire de quarante-huit heures (art. 706-88, al. 5, C. pr. pén.).

Les prolongations sont autorisées, par décision écrite et motivée, soit, à la requête du procureur de la République, par le juge des libertés et de la détention, soit par le juge d'instruction (art. 706-88, al. 2, C. pr. pén.) après présentation de la personne gardée à vue au magistrat (art. 706-88, al. 3, C. pr. pén.). Cependant, à titre exceptionnel, il est possible d'obtenir une seconde présentation sans présentation préalable de la personne en raison des nécessités des investigations en cours ou à effectuer (art. 706-88, al. 3, C. pr. pén.).

La loi du 23 janvier 2006 a permis de porter la garde à vue à 144 heures c'est-à-dire d'autoriser « à titre exceptionnel » une nouvelle prolongation de 24 heures renouvelable une fois « *s'il ressort des premiers éléments de l'enquête ou de la garde à vue elle-même qu'il existe un risque impérieux de l'imminence d'une action terroriste en France ou à l'étranger ou que les nécessités de la coopération internationale le requièrent impérativement* » à condition de se fonder sur l'une des infractions visées au 11° de l'article 706-73 du Code de procédure pénale (crimes et délits constituant des actes de terrorisme prévus par les articles 421-1 à 421-5 du Code pénal – art. 706-88, al. 7, C. pr. pén.).

3) L'issue de la garde à vue

La personne à l'encontre de laquelle les éléments recueillis sont de nature à motiver l'exercice de poursuites sont, sur instruction du procureur de la République, remises en liberté ou déférées devant lui (art. 77, al. 4, C. pr. pén.).

2 • LES GARANTIES ACCORDÉES AU CITOYEN LORS DE LA GARDE À VUE

A - Les notifications et le procès-verbal

La personne placée en garde à vue doit recevoir notification du fait qu'elle est placée en garde à vue (art. 63-1, al. 1er, C. pr. pén.). La notification de ses droits à la personne gardée à vue peut être faite verbalement. La rédaction du procès-verbal peut n'intervenir qu'ultérieurement[2]. Néanmoins, la notification doit être immédiate,

---

2. Crim., 13 avril 1999, *JCP* 2000, I, 235, obs. A. Maron ; Crim., 9 février 2000, *Perez, Dr. pén.* 2000, n° 79, *Juris-Data* n° 001009, *JCP* 2000, I, 235, obs. A. Maron.

comme l'affirme l'artile 63-1 du Code avec quelques assouplissements[3]. Une comptabilité précise des heures passées en audition (repos, audition...) doit être enregistrée (art. 64, al. 1er, C. pr. pén.). Un registre spécial émargé par la personne gardée à vue doit comporter les mentions de début, de fin d'interrogatoire et des périodes de repos (art. 65, al. 1er, C. pr. pén.).

Les mentions des demandes possibles en application des articles 63-2, 63-3 et 63-4 du Code de procédure pénale sont obligatoires, mais au seul procès-verbal. Le procès-verbal doit mentionner également les heures auxquelles la personne gardée à vue a pu s'alimenter. La mention de ces éléments doit être émargée par les personnes faisant l'objet de la garde à vue et mention sera faite d'un refus éventuel (art. 64, al. 2, C. pr. pén.). Cette comptabilité est retranscrite au registre des procès-verbaux qui doit être visé par le procureur de la République au moins une fois par an.

La personne placée en garde à vue doit être informée des droits mentionnés aux articles 63-2, 63-3 et 63-4 ainsi que des dispositions relatives à la durée de la garde à vue prévues à l'article 63 (art. 63-1, al. 1er, C. pr. pén.). L'information relative aux droits mentionnées aux articles 63-2 et 63-3 doit avoir lieu dans un délai de 3 heures à compter du moment où la personne a été placée en garde vue sauf en cas de circonstance insurmontable (art. 63-1, al. 6, C. pr. pén.).

L'intéressé doit être informé dans une langue qu'il comprend, le cas échéant au moyen de formulaire écrit[4], ce qui suppose, dans certains cas, le recours à un interprète. La garde à vue de l'individu atteint de surdité impose le recours à une personne connaissant le langage des signes.

La personne gardée à vue doit également être informée de la nature de l'infraction sur laquelle porte l'enquête (art. 63-1, al. 1er, C. pr. pén.). Il s'agit de la qualification juridique de l'infraction et non du détail des faits qu'elle est soupçonnée avoir commis. Une qualification erronée ne peut donner lieu à la nullité de la procédure.

Deux dispositions contenues dans la loi du 15 juin 2000 ont été supprimées respectivement par la loi du 4 mars 2002 et du 18 mars 2003 :

– la possibilité d'être informée immédiatement de ce qu'elle a le choix de faire des déclarations, de répondre aux questions qui lui seront posées ou de se taire (art. 63-1, al. 1er ancien, C. pr. pén.) ;

– le droit pour la personne placée en garde à vue d'être informée des dispositions de l'article 77-2 du Code de procédure pénale lui permettant, à l'expiration d'un délai de 6 mois à compter de la fin de la garde à vue, s'il n'a pas fait l'objet de poursuites,

---

3. Crim., 23 mars 1999, *D.* 1999, Somm. p. 324, obs. J. Pradel : la notification ne pouvant se faire sur la voie publique, elle avait été faite lors de l'arrivée de l'intéressé dans les locaux de la gendarmerie ; Crim., 3 avril 1995, *Bull. crim.* n° 140, *RSC* 1995, p. 605, obs. Dintilhac, *D.* 1996, Somm. p. 261, obs. J. Pradel, *Dr. pén.* 1995, Comm. 187, obs. A. Maron : l'intéressé étant en état d'ivresse, la notification avait été faite après complet dégrisement.
4. Cette dernière possibilité est prévue par la loi du 9 mars 2004.

d'interroger le procureur de la République sur la suite donnée ou susceptible d'être donnée à la procédure. Cependant, elle peut être informée de cette possibilité si elle est remise en liberté à l'issue de la garde à vue sans qu'aucune décision n'ait été prise par le procureur de la République sur l'action publique (art. 63-1, C. pr. pén.). Ces dispositions ne sont pas applicables à la délinquance et à la criminalité organisées (art. 77-2, C. pr. pén., *in fine*).

B - L'avis au procureur de la République

Le procureur de la République doit être avisé de la garde à vue dès le début de l'enquête et non plus « dans les meilleurs délais » (loi du 15 juin 2000). Il contrôle les mesures de garde à vue (art. 41, al. 3, C. pr. pén.). Il peut se rendre sur les lieux de la garde à vue pour voir si celle-ci est convenablement organisée. L'arrivée du procureur de la République sur les lieux dessaisit l'officier de police judiciaire (art. 68, al. 1er, C. pr. pén.). Il accomplit alors tous les actes de police judiciaire ou demande aux officiers de police judiciaire de poursuivre les opérations (art. 68, al. 2 et 3, C. pr. pén.).

Le procureur de la République peut décerner mandat de recherche contre toute personne à l'encontre de laquelle il existe une ou plusieurs raisons plausibles de soupçonner qu'elle a commis ou tenté de commettre l'infraction dès lors que les nécessités de l'enquête portant sur un crime flagrant ou un délit flagrant puni d'au moins trois ans d'emprisonnement l'exigent.

Le procureur de la République visite les locaux de garde à vue chaque fois qu'il l'estime nécessaire et au moins une fois par an. Il doit tenir un registre répertoriant le nombre et la fréquence des contrôles effectués dans ces différents locaux (art. 41, al. 3, C. pr. pén.).

En application de la loi n° 2007-291 du 5 mars 2007, à compter du 1er juillet 2007, il doit également adresser un rapport au procureur général concernant les mesures de garde à vue et l'état des locaux de gade à vue. Ces rapports sont transmis au garde des Sceaux qui en fait une synthèse dans un rapport annuel rendu public.

Le nouvel article 719 du Code de procédure pénale, prévoit que les députés et sénateurs sont également autorisés à visiter à tout moment les locaux de garde à vue. Depuis le 1er janvier 2005, ils sont autorisés à visiter à tout moment les locaux de garde à vue, les centres de rétention, les zones d'attente et les établissements pénitentiaires (loi du 9 mars 2004).

C – L'enregistrement audiovisuel des interrogatoires

L'article 64-1 du Code de procédure pénale (loi du 5 mars 2007, n° 2007-291 ; à compter du 1er juin 2008) prévoit désormais l'enregistrement audiovisuel des interrogatoires des personnes placées en garde à vue pour crime réalisées dans les locaux d'un service ou d'une unité de police ou de gendarmerie exerçant une mission de police judiciaire (sauf crime commis en bande organisée, atteintes aux intérêts fondamentaux de la Nation, terrorisme ou en cas d'impossibilité technique). À certaines conditions, il peut être fait exception à l'enregistrement lorsque le nombre de personnes gardées à vue fait obstacle à l'enregistrement de tous les interrogatoires.

D - L'examen médical

La personne gardée à vue peut demander dès le début de la garde à vue a être examinée par un médecin et peut réitérer sa demande en cas de prolongation de la garde à vue (art. 63-3, C. pr. pén.). Si aucun examen médical n'est demandé par la personne gardée à vue, par le procureur de la République ou l'officier de police judiciaire, le texte prévoit qu'il peut être demandé par un membre de la famille de la personne gardée à vue. La loi du 4 janvier 1993 prévoyait que le médecin n'était plus choisi par l'officier de police judiciaire mais par la personne qui en fait la demande sur une liste établie par le procureur de la République. Cette liste est supprimée par la loi du 24 août 1993. Le procureur et l'officier de police judiciaire peuvent d'office faire procéder à l'examen médical (ils choisissent alors eux-mêmes le médecin).

En matière de criminalité et de délinquance organisées, la personne gardée à vue doit être également examinée par un médecin lorsque la première prolongation est décidée (art. 706-88, al. 4, C. pr. pén.). Ce médecin est désigné par le procureur de la République, le juge d'instruction ou l'officier de police judiciaire. Il délivre un certificat médical qui est versé au dossier par lequel il doit notamment se prononcer sur l'aptitude au maintien en garde à vue. La personne est avisée par l'officier de police judiciaire du droit de demander un nouvel examen médical. Ces examens médicaux sont de droit. Mention de cet avis est portée au procès-verbal et émargée par la personne intéressée ; en cas de refus d'émargement, il en est fait mention. L'article 63-5 du Code de procédure pénale prévoit que « *lorsqu'il est indispensable pour les nécessités de l'enquête de procéder à des investigations corporelles internes sur la personne gardée à vue, celles-ci ne peuvent être réalisées que par un médecin requis à cet effet* ».

En cas de prolongation supplémentaire telle que prévue par la loi du 23 janvier 2006 en matière de terrorisme, un examen médical peut être pratiqué à l'initiative du gardé à vue dès le début de chacune des deux prolongations supplémentaires. En outre, l'intéressé est obligatoirement examiné par un médecin, désigné par le procureur de la République, le juge d'instruction ou l'officier de police judiciaire, qui devra se prononcer sur la compatibilité de la prolongation avec l'état de santé de l'intéressé (art. 706-88, al. 9, C. pr. pén.)

E - L'appel téléphonique

L'article 63-2 du Code de procédure pénale introduit par la loi du 4 janvier 1993, consacre le droit pour la personne gardée à vue de faire ***prévenir dans un délai maximum de trois heures (à compter du moment où elle a été placée en garde vue) par téléphone un membre de sa famille***. Si l'officier de police judiciaire le refuse en raison des nécessités de l'enquête, il doit en référer au procureur de la

République qui décide. La loi du 24 août 1993 a précisé qu'un membre de la famille était « *une personne avec laquelle elle [l'intéressé] vit habituellement ou l'un des parents en ligne directe, l'un de ses frères et sœurs ou son employeur* » (art. 63-2, al. 1er, C. pr. pén.).

L'officier de police judiciaire peut estimer qu'en raison des nécessités de l'enquête, il ne peut faire droit à cette demande. Il en réfère alors sans délai au procureur de la République qui décide, s'il y a lieu, d'y faire droit (art. 63-2, al. 2, C. pr. pén.).

Une circulaire du 4 décembre 2000 a précisé que cet appel téléphonique devra pouvoir être effectué « *autant que possible dans l'heure qui suit la demande de l'intéressé* ».

En cas de prolongation supplémentaire telle que prévue par la loi du 23 janvier 2006 en matière de terrorisme, s'il n'a pas été fait droit à cette demande, celle-ci peut être réitérée par le gardé à vue à compter de la quatre-vingt-seizième heure.

F - L'assistance de l'avocat

La loi du 24 août 1993 a donné à la personne gardée à vue la possibilité de s'entretenir avec un avocat dès le début de la garde à vue.

En cas de prolongation, il sera possible à l'intéressé de s'entretenir avec son avocat dès le début de cette prolongation (art. 63-4, al. 6, C. pr. pén.).

En matière de criminalité et de délinquance organisées, la personne dont la garde à vue est prolongée peut demander à s'entretenir avec un avocat à l'issue de la quarante-huitième heure puis de la soixante-douzième heure de la mesure (art. 706-88, al. 6, C. pr. pén.).

Lorsque la garde à vue est exceptionnellement prolongée au-delà de 96 heures en application de la loi du 23 janvier 2006, l'entretien avec l'avocat est possible à l'issue de la quatre-vingt-seizième heure et de la cent-vingtième heure (art. 706-88, al. 8, C. pr. pén.).

L'entretien est confidentiel et peut durer jusqu'à 30 minutes. L'avocat peut alors faire des observations écrites qui sont obligatoirement jointes au dossier (art. 63-4, al. 3, C. pr. pén.). Depuis le 1er janvier 2001, l'avocat doit être informé non plus de la seule nature de l'infraction recherchée mais de la nature et de la date présumée de l'infraction sur laquelle porte l'enquête.

G - Les nullités de la garde à vue et les sanctions à l'égard de l'officier de police judiciaire

Des sanctions sont prévues à l'égard de l'officier de police judiciaire qui déciderait une garde à vue en dehors ou en violation de la loi ou qui commettrait des exactions : détention arbitraire, blessures... Il y a des sanctions civiles : mise en œuvre de la responsabilité civile de l'officier de police judiciaire, nullité substantielle (qui s'oppose aux nullités de texte pour atteinte aux droits de la défense) (v. Chapitre 8).

La loi du 4 janvier 1993 avait prévu que l'inobservation de certaines des règles de la garde à vue serait sanctionnée par la nullité. Ce n'était pas le cas dans l'état antérieur du droit et la chambre criminelle de la Cour de cassation se refusait à sanctionner la méconnaissance des règles relatives à la garde à vue sauf s'il était démontré que l'établissement de la vérité s'en était trouvé vicié. Les formalités générales de la garde à vue, les conditions de prolongation telles qu'elles étaient prévues par les articles 63, 63-1, 77 et 154 nouveaux du Code de procédure pénale ainsi que l'information de la personne gardée à vue de ses droits avec émargement, constituaient des obligations impératives sanctionnées en cas d'inobservation par une nullité formelle.

La loi du 24 août 1993 a supprimé ces cas de nullités. Cependant, l'article 171 du Code de procédure pénale, découlant de cette loi, prévoit qu'« *il y a nullité lorsque la méconnaissance d'une formalité substantielle prévue par une disposition du présent Code ou toute autre disposition de procédure pénale a porté atteinte aux intérêts de la partie qu'elle concerne* ».

La Cour de cassation a considéré que le fait de ne s'entretenir avec son avocat qu'au bout de 22 heures 05 ne constituait pas la méconnaissance d'une formalité substantielle ayant porté atteinte aux intérêts de la partie qu'elle concerne[5].

Pourtant, la circulaire d'application de la loi du 24 août 1993 prévoyait qu'« *en ce qui concerne les formalités entourant la garde à vue, telles que par exemple la notification du droit a être assisté, il s'agit à l'évidence d'une formalité substantielle dont le non-respect porte atteinte aux droits de la partie qu'elle concerne, ce qui justifie l'annulation de la procédure* ».

Cependant, la loi n'exige pas, comme le faisait la Cour de cassation suite à un arrêt de 1960, que l'intéressé démontre « *que la recherche à l'établissement de la vérité en avait été fondamentalement viciée* ».

5. Crim., 4 janvier 1994, *Bull. crim.* n° 1 ; de même au bout de 73 heures lorsque la durée de la garde à vue est portée à 72 heures (Crim., 3 avril 1996, *Dr. pén.* 1996, comm. n° 205).

BIBLIOGRAPHIE

BUISSON (J.), « La garde à vue dans la loi du 15 juin 2000 », *RSC* 2001, p. 25.

BÜCK (V.), « Vers un contrôle plus étendu de la garde à vue. L'exemple du contentieux relatif à la notification immédiate des droits », *RSC* 2001, p. 325.

GAGNOUD (P.), « Les nullités de la garde à vue : essai d'un bilan », *Gaz. Pal.* 2000, n° des 6 et 7 décembre, p. 2 à 10.

GARAY (A.), « L'avocat et la garde à vue médicalisée », *Gaz. Pal.* 1998, n° des 2 et 6 janvier.

GIUDICELLI (A.), « La garde à vue après la loi n° 2004-204 du 9 mars 2004 », *AJ Pénal* 2004, p. 261.

KARSENTY (D.), « L'article 63-1 du Code de procédure pénale dans la jurisprudence récente de la Cour de cassation », *Dr. pén.* 2000, Chron. n° 21.

LENNON (J.-L.), « Les raisons justifiant le placement en garde à vue du suspect », *D.* 2006, Chron. p. 887.

MARON (A.), « La garde à vue fait une poussée de bourbouille », *Dr. pén.* 1999, Chron. p. 5.

MERLE (R.), « La garde à vue », *Gaz. Pal.* 1969, 2, Doctr. p. 18 ; « Le problème du contrôle juridictionnel de la garde à vue », in *Mélanges Couzinet,* 1974, p. 551.

POUGET (Ph.), « Les délais en matière de rétention, garde à vue et détention provisoire au regard de la Convention européenne », *RSC* 1989, p. 78.

PRADEL (J.), « Les droits de la personne suspecte ou poursuivie depuis la loi du 24 août 1993 modifiant celle du 4 janvier précédent. Un législateur se muant en Pénélope ou se faisant perfectionniste ? », *D.* 1993, Chron. p. 299.

SERRATRICE-COUTTENIER (B.), « Le temps dans la garde à vue : aspects récents », *RSC* 1998, p. 465.

VLAMYNCK (H.), « Le policier et la garde à vue : remarques et interrogations », *AJ Pénal* 2004, p. 269.

PARTIE 4

L'instruction

CHAPITRE 12

Les principes généraux de l'instruction

Les juridictions d'instruction sont celles qui sont chargées de déterminer d'une part l'existence de l'infraction et d'autre part si les charges qui pèsent sur telle ou telle personne nécessitent son jugement par la juridiction compétente.

1 • LE JUGE D'INSTRUCTION

Le juge d'instruction est chargé de procéder aux informations (art. 49, al. 1er, C. pr. pén.). Il est nommé dans les formes prévues pour la nomination des magistrats du siège et choisi parmi les juges du tribunal (art. 50, al. 1er, C. pr. pén.).

A - L'évolution vers la collégialité de l'instruction

Constituant le plus souvent à lui seul la juridiction de premier degré, le juge d'instruction dispose de larges pouvoirs et peut être amené à prendre des décisions graves telle la mise en examen ou en détention provisoire. La « solitude » de celui dont on a souvent dit qu'il était l'homme le plus puissant de France a suscité des critiques et des projets de réformes, adoptés ou non mais jamais véritablement mis en application. L'idée de confier à un collège de magistrats les décisions les plus graves de l'instruction a souvent été avancée. L'élaboration de différents projets n'a cependant pas permis leur mise en application en raison des alternances politiques et de la dimension passionnelle que ce débat a pu prendre.

1) La loi du 10 décembre 1985

Elle prévoyait de créer auprès de chaque tribunal de grande instance « *une ou plusieurs chambres d'instruction composées de trois magistrats du Siège* ». Elle devait veiller au bon déroulement de l'instruction, se prononcer sur l'ouverture et la clôture de celle-ci ainsi que sur les mesures privatives de liberté. Cette loi devait entrer en application au 1er mars 1988 mais a été abrogée par une loi du 30 décembre 1987 et n'est donc jamais entrée en vigueur.

2) La loi du 30 décembre 1987

Elle a restreint le domaine de l'ancienne chambre d'instruction dont elle ne condamne pas l'idée. Cette loi crée au sein de chaque tribunal de grande instance une ou plusieurs « chambres des demandes de mise en détention provisoire » composées de trois magistrats du Siège. Le juge d'instruction chargé de l'affaire et qui désirait mettre en détention provisoire l'inculpé devait en faire la demande à cette chambre spéciale en indiquant ses motivations. Cette chambre statuait alors collégialement après avoir entendu l'inculpé. Cette loi devait entrer en application le 1er mars 1989 mais a été également abrogée après le changement de majorité parlementaire.

3) La loi du 5 janvier 1993

Elle devait rentrer peu à peu en application à compter du 1er mars 1993. Elle instituait à nouveau une « chambre des mises en détention provisoire » composée d'un président et de deux assesseurs. De plus, elle permettait au président du tribunal de désigner, en cas de gravité ou de complexité de l'affaire, un ou plusieurs juges d'instruction qui viendraient s'adjoindre au premier désigné soit dès l'ouverture de l'information, soit sur demande du magistrat initialement désigné à tout moment de la procédure. Le juge d'instruction saisi initialement était chargé de coordonner le déroulement de l'instruction et avait seul qualité pour saisir la chambre d'examen des mises en détention provisoire, elle-même créée par la nouvelle loi du 5 janvier 1993 (art.137-1, C. pr. pén.). Cette réforme a fait l'objet de nombreuses critiques et de manifestations hostiles essentiellement de la part des magistrats instructeurs. De plus, comme les précédentes, elle induisait un alourdissement de la charge des tribunaux et donc corrélativement une nécessaire augmentation des effectifs.

4) La loi du 24 août 1993

Elle est venue « réformer la réforme » notamment en supprimant la chambre des mises en détention provisoire. La disposition permettant une instruction collégiale n'a pas été abrogée (art. 83, al. 2, C. pr. pén.).

5) La loi du 23 juin 1999

Elle contient des dispositions de nature à limiter la durée des instructions sans instituer des contraintes pour le juge d'instruction mais en améliorant leur déroulement.

6) La loi du 15 juin 2000

Il s'agit d'une loi de méfiance envers le juge d'instruction. En premier lieu, elle le dessaisit de ses prérogatives en matière de détention provisoire qui sont confiées au juge des libertés et de la détention. Ensuite, elle modifie les modalités de la mise en examen dont les conditions sont de plus en plus strictes. Le statut du témoin assisté est précisé. Les droits de la défense sont renforcés.

7) La loi du 5 mars 2007 : collèges et pôles de l'instruction

La loi n° 2007-291 du 5 mars 2007 tend à instaurer une collégialité de l'instruction.

À compter du 1er janvier 2010, une collégialité de l'instruction sera instaurée. L'article 83 du Code de procédure pénale prévoira ainsi dans son premier alinéa que « *Le président du tribunal ou, en cas d'empêchement, le magistrat qui le remplace, désigne, pour chaque information, une formation collégiale de trois juges d'instruction, dont un magistrat du premier grade exerçant les fonctions de juge coordonnateur. Il peut établir, à cette fin, un tableau de roulement* ». Ce collège de l'instruction exercera les prérogatives confiées au juge d'instruction par le présent code (art. 83, al. 2). Seront ainsi prises de manière collégiale les décisions de mise en examen, les décisions d'octroi du statut de témoin assisté à une personne mise en examen, les décisions de placement sous contrôle judiciaire, les décisions de saisine du juge des libertés et de la détention et de mise en liberté d'office, les avis de fin d'information ainsi que les ordonnances de règlement et de non-lieu. Les autres actes relevant de la compétence du juge d'instruction pourront être délégués à l'un des juges d'instruction composant le collège.

À compter du 1er janvier 2008, soit pendant une période transitoire (jusqu'à l'instauration effective de la collégialité de l'instruction), le nouvel article 52-1 du Code de procédure pénale prévoit l'institution de « pôles de l'instruction », et facilite la cosaisine des juges d'instruction. La date à laquelle les pôles de l'instruction devront être opérationnels sera fixée par décret. Les nouvelles dispositions concernant la cosaisine entreront en vigueur au plus tard le 1er janvier 2008 mais il est prévu que des pôles de l'instruction pourraient être institués dans certaines juridictions par décret avant l'expiration de ce délai. Les « pôles de l'instruction » ont vocation à regrouper tous les juges d'instruction d'un tribunal de grande instance. Les juges d'instruction seroent compétents pour connaître des informations en matière criminelle et des informations donnant lieu à une cosaisine (art. 52-1, al. 2, C. pr. pén.).

B - Le cadre des fonctions du juge d'instruction

Le juge d'instruction est un juge du tribunal de grande instance. Il doit toujours être assisté d'un greffier.

1) Compétence

Son ressort, c'est-à-dire l'étendue de sa compétence, soit du point de vue géographique, soit en ce qui concerne la valeur du litige, est celui du tribunal de grande instance auquel il appartient. Le ressort d'un tribunal de grande instance ne correspond plus nécessairement à une circonscription administrative ; il y a en principe un tribunal de grande instance par département. Son siège est généralement le chef-lieu de ce département mais ce n'est pas une règle absolue, il peut y avoir plusieurs tribunaux de grande instance dans un même département selon l'importance de l'activité judiciaire.

« *Sont compétents le juge d'instruction [le pôle de l'instruction à partir du 1er janvier 2010] du lieu de l'infraction, celui de la résidence de l'une des personnes soupçonnées d'avoir participé à l'infraction, celui du lieu d'arrestation d'une de ces personnes, même lorsque cette arrestation a été opérée pour une autre cause et celui du lieu de détention d'une de ces personnes, même lorsque cette détention est effectuée pour une autre cause* » (art. 52, C. pr. pén.).

Jusqu'à la loi du 5 janvier 1993 permettant de nommer plusieurs juges d'instruction pour une même affaire (art. 83, al. 2, C. pr. pén.), il constituait toujours à lui seul une juridiction à juge unique. Selon le premier alinéa de l'article 83 du Code de procédure pénale, le principe reste que lorsqu'il existe dans un tribunal plusieurs juges d'instruction, le président du tribunal désigne, pour chaque information, le juge qui en sera chargé. Cependant, lorsque la gravité ou la complexité de l'affaire le justifie, le président du tribunal peut adjoindre au juge d'instruction chargé de l'information un ou plusieurs juges d'instruction qu'il désigne, soit dès l'ouverture de l'information, soit sur la demande ou avec l'accord du juge chargé de l'information, à tout moment de la procédure (art. 83, al. 2, C. pr. pén.). Dans cette hypothèse, le juge initialement chargé de l'information coordonne le déroulement de la procédure (art. 83, al. 3, C. pr. pén.). Ainsi, il a seul qualité pour saisir le juge des libertés et de la détention, pour ordonner une mise en liberté d'office et pour rendre l'ordonnance de règlement. Dans les grands tribunaux, il y a souvent plusieurs juges d'instruction et chacun d'eux se consacre exclusivement à l'instruction des affaires pénales. Au contraire, dans certains petits tribunaux, il n'y a qu'un seul juge d'instruction qui instruit les affaires pénales et siège aux audiences civiles et correctionnelles à l'exception des affaires qu'il a lui-même instruites en vertu du principe de la séparation des fonctions d'instruction et des fonctions de jugement (art. 49, al. 2, C. pr. pén.).

À compter du 1er mars 2008, c'est une formation collégiale de trois juges qui devra être désignée par le président du tribunal. En application de la loi du 5 mars 2007 (n° 2007-291), l'article 80-II du Code de procédure pénale prévoit désormais qu'en matière criminelle et dans les hypothèses où il requiert une cosaisine, le procureur de la République près le tribunal de grande instance au sein duquel il n'y a pas de pôle de l'instruction est compétent pour requérir l'ouverture d'une information devant les magistrats du pôle territorialement compétents.

2) Les hypothèses d'instruction

Toute infraction ne justifie pas systématiquement la saisine du juge d'instruction, la gravité de cette infraction doit être prise en compte. En effet, selon le Code pénal (art. 111-1), il existe trois catégories d'infractions pénales : les contraventions, les délits et les crimes, qui sont définies par rapport à la peine encourue.

L'article 79 du Code de procédure pénale organise le système suivant : pour un crime, le juge d'instruction est nécessairement saisi étant donné la gravité de l'infraction et l'importance de la peine encourue. Pour un délit, l'instruction n'est pas obligatoire, tout dépend de la complexité des faits. Dans certains cas, lorsque les charges sont évidentes, l'affaire est directement portée devant la juridiction de jugement qui instruit elle-même. Pour les contraventions, il y a rarement une instruction préparatoire, la juridiction de jugement est donc saisie directement sauf si le procureur de la République requiert une instruction (art. 79 et 44, C. pr. pén.).

3) La mission du juge d'instruction

La mission essentielle du juge d'instruction est d'instruire l'affaire, c'est-à-dire de constituer un dossier permettant de mieux connaître les faits et charges qui pèsent sur une personne. De plus, si des incidents interviennent au cours de l'instruction, si des demandes sont présentées, le juge d'instruction fait œuvre juridictionnelle, il doit trancher. Le juge d'instruction a donc deux types de pouvoirs : des pouvoirs d'information et des pouvoirs de juridiction.

L'instruction a pour objectif de déterminer d'une part l'existence de l'infraction et d'autre part si les charges qui pèsent sur telle ou telle personne nécessitent son jugement par la juridiction compétente. Selon l'article 176 du Code de procédure pénale, « *Le juge d'instruction examine s'il existe contre la personne mise en examen des charges constitutives d'infraction, dont il détermine la qualification juridique* ». Cette instruction, qualifiée souvent de préparatoire et appelée également information, est nécessaire, voire indispensable et obligatoire dans certaines affaires, notamment les crimes, en raison de leur complexité. Une mise en état préalable de l'affaire est alors préférable.

Le juge d'instruction doit rechercher aussi bien les faits et preuves de nature à inculper l'intéressé que ceux de nature à le disculper. On dit qu'il instruit ***« à charge et à décharge ».*** Cette obligation a été inscrite dans le Code de procédure pénale à l'article 81 du Code de procédure pénale par la loi du 15 juin 2000.

Pour mener à bien sa mission, le juge d'instruction procède à différentes opérations appelées ***actes de l'instruction*** auxquels il peut procéder lui-même ou qu'il peut confier à un officier de police judiciaire par le biais d'un acte appelé ***commission rogatoire.***

Le juge d'instruction peut avoir à trancher des contestations au cours de l'instruction : il le fait par des décisions appelées ***ordonnances.*** Il a des pouvoirs de juridiction.

Exemple : il peut se prononcer sur sa propre compétence ou sur une demande de mise en liberté.

L'article 11 du Code de procédure pénale prévoit que l'instruction est secrète, c'est-à-dire que les personnes qui y concourent sont tenues au secret professionnel. La loi du 15 juin 2000 avait introduit une première restriction en permettant au procureur de la République, à la demande de la juridiction d'instruction ou des parties, de rendre publics certains éléments de la procédure, à condition qu'ils ne comportent aucune appréciation sur le bien-fondé des charges retenues contre les personnes mises en cause « *afin d'éviter la propagation d'informations parcellaires ou inexactes ou pour mettre fin à un trouble à l'ordre public* ». L'article 11-1 du Code de procédure pénale, issu de la loi du 9 mars 2004, introduit une nouvelle restriction : « *Sur autorisation du procureur de la République ou du juge d'instruction selon les cas, peuvent être communiqués à des autorités ou organismes habilités à cette fin par arrêté du ministre de la Justice, pris le cas échéant après avis du ou des ministres intéressés, des éléments des procédures judiciaires en cours permettant de réaliser des recherches ou enquêtes scientifiques ou techniques, destinées notamment à prévenir la commission d'accidents, ou de faciliter l'indemnisation des victimes ou la prise en charge de la réparation de leur préjudice* ».

Le juge d'instruction a le droit de requérir directement à la force publique dans l'exercice de ses fonctions (art. 51, al. 3, C. pr. pén.).

2 • LA SAISINE DU JUGE D'INSTRUCTION

A - Les modalités de la saisine

Le juge d'instruction est saisi (art. 51, al. 1er, et art. 80 et 86, C. pr. pén.) :

– soit par réquisitoire émanant du procureur de la République aux fins d'informer. Dans ce réquisitoire introductif, et pendant toute la durée de l'information par réquisitoire supplétif, le procureur de la République peut requérir du magistrat instructeur l'accomplissement des actes qui lui paraissent utiles à la manifestation de la vérité ainsi que toutes les mesures de sûreté nécessaires (art. 82, al. 1er, C. pr. pén.);

– soit par une plainte avec constitution de partie civile de la victime.

B - L'étendue de la saisine

Le juge d'instruction est saisi *in rem* c'est-à-dire uniquement des faits contenus dans le réquisitoire introductif ou la plainte avec constitution de partie civile. Il ne peut instruire sur d'autres faits qu'il viendrait à découvrir : le juge d'instruction ne peut s'auto-saisir. Les faits qu'il découvre doivent être inscrits dans un procès-verbal, transmis au Parquet qui peut décider ou non de poursuivre ces faits nouveaux[1]. S'il décide d'engager des poursuites, il en saisit le juge par un réquisitoire supplétif ou complémentaire (art. 80, C. pr. pén.). Le fait que le juge d'instruction soit saisi de certains faits précis ne l'empêche pas de requalifier ceux-ci.

Jusqu'à la loi du 23 juin 1999, la pratique du réquisitoire supplétif pour fait nouveau était purement prétorienne. Cette loi a complété l'article 80 du Code de procédure pénale en précisant que lorsque le juge d'instruction découvre des faits nouveaux, le procureur de la République peut délivrer un réquisitoire supplétif, ouvrir une information distincte, saisir la juridiction de jugement, ordonner une enquête, classer sans suite ou procéder à une procédure d'alternative aux poursuites ou enfin transmettre la

---

1. Crim., 1er décembre 1998, *Juris-Data* n° 005086 ; Crim., 30 juin 1999, *D.* 1999, Somm. p. 326, obs. J. Pradel : lorsque le juge d'instruction acquiert la connaissance des faits nouveaux, il a la possibilité, avant toute communication au procureur de la République, d'en consigner la substance par procès-verbal et le cas échéant, d'effectuer d'urgence les vérifications sommaires pour en apprécier la vraisemblance.

procédure au parquet territorialement compétent. Une information distincte peut être confiée au même juge d'instruction. Ces règles sont étendues à l'hypothèse dans laquelle c'est la partie civile qui dénonce des faits dans une plainte additionnelle.

En revanche, le juge d'instruction n'est pas saisi *in personam*. Il peut mettre en examen et instruire sur les personnes visées expressément dans l'acte qui l'a saisi mais également contre n'importe quelle personne contre qui il a réuni des charges suffisantes (art. 80-1, al. 1er, C. pr. pén.). Peu importe que l'information soit ouverte contre X ou contre personne dénommée.

C - Les obligations inhérentes à la saisine

Dès le début de l'instruction, le juge qui en est chargé devra avertir la victime de l'infraction de l'ouverture de la procédure, de son droit de se constituer partie civile, ainsi que des modalités d'exercice de ce droit. Lorsque la victime est mineure, l'avis est donné à ses représentants légaux (art. 80-3, C. pr. pén.). Le juge d'instruction doit indiquer à la victime qui souhaite se constituer partie civile du droit de choisir un avocat ou de demander qui lui en soit désigné un d'office par le bâtonnier (art. 80-3, al. 2, C. pr. pén.). L'avis du juge doit préciser à la victime que les frais d'avocat seront à sa charge sauf lorsqu'elle remplit les conditions d'accès à l'aide juridictionnelle ou si elle bénéficie d'une assurance de protection juridique. Lorsque la victime se constitue partie civile et demande la désignation d'un avocat, le juge doit informer sans délai le bâtonnier, qui doit alors procéder à la désignation d'un avocat.

La loi du 9 mars 2004 a supprimé la disposition de l'article 175-3 du Code de procédure pénale prévoyant l'obligation pour le juge d'instruction d'informer tous les 6 mois la partie civile de l'avancement de l'instruction.

3 • LA CLÔTURE DE L'INSTRUCTION

La décision la plus importante que le juge d'instruction doit prendre est celle de renvoyer ou non l'intéressé devant la juridiction compétente. Cette décision peut également être sollicitée par la mise en examen, les parties ou le témoin assisté, notamment lorsque aucun acte d'instruction n'a été accompli pendant un délai de quatre mois (art. 175-1, al. 1er, C. pr. pén.). Lorsque le juge d'instruction répond qu'il doit poursuivre son instruction, une nouvelle demande peut être formée à l'expiration d'un délai de six mois (art. 175-1, al. 3, C. pr. pén.).

La durée de l'instruction ne peut excéder un délai raisonnable au regard de la gravité des faits reprochés à la personne mise en examen, de la complexité des investigations nécessaires à la manifestation de la vérité et de l'exercice des droits de la défense (art. 175-2, al. 1er, C. pr. pén.). Si l'instruction dure depuis plus de deux ans, le juge d'instruction doit s'en expliquer par une ordonnance motivée et préciser les « perspectives de règlement » (art. 175-2, al. 2, C. pr. pén.). Cette ordonnance doit ensuite être renouvelée tous les six mois (art. 175-2, al. 3, C. pr. pén.).

Lorsque l'information est terminée, le juge d'instruction en avise les parties (art. 175, al. 1er, C. pr. pén.). À l'issue d'un délai de 20 jours, pendant lequel les parties peuvent demander l'accomplissement d'un acte d'instruction, une audition, une expertise ou une nullité et auquel les parties peuvent renoncer, le juge d'instruction communique le dossier au procureur de la République (art. 175, al. 3, C. pr. pén.). Celui-ci adresse ses réquisitions dans un délai d'un mois si une personne mise en examen est détenue et de trois mois dans les autres cas. Ces dispositions sont également applicables au témoin assisté (art. 175, al. 5, C. pr. pén.) mais depuis le 1er octobre 2004, elles ne concernent pour celui-ci que les demandes en nullité.

A - Le non-lieu

Si le juge d'instruction considère que les charges ne sont pas suffisantes ou que les faits ne constituent ni crime, ni délit, ni contravention, ou si l'auteur est resté inconnu, il rend une ordonnance de non-lieu (= non-lieu de poursuivre) (art. 177, al. 1er, C. pr. pén.).

Dans cette hypothèse, lorsqu'une personne a été mise en examen et placée en détention provisoire, elle est remise en liberté (art. 177, al. 3, C. pr. pén.)[2]. L'ordonnance de non-lieu met également fin au contrôle judiciaire (art. 177, al. 3, C. pr. pén.)[3].

Depuis le 1er octobre 2004, le juge d'instruction a l'obligation de préciser s'il existe des charges suffisantes établissant que l'intéressé a commis les faits qui lui sont reprochés lorsqu'il rend une ordonnance de non-lieu motivée par l'existence d'une cause d'irresponsabilité pénale[4] ou par le décès de la personne mise en examen (art. 177, al. 2, C. pr. pén.).

La décision de non-lieu peut donner lieu à publication (art. 177-1, C. pr. pén.).

Lorsque l'information avait été ouverte sur constitution de partie civile, « *le juge d'instruction peut, sur réquisitions du procureur de la République et par décision motivée, s'il considère que la constitution de partie civile a été abusive ou dilatoire, prononcer contre la partie civile une amende civile dont le montant ne peut excéder 15 000 euros* » (art. 177-2, al. 1er, C. pr. pén.). La partie civile peut faire appel de cette décision (art. 177-2, al. 4, C. pr. pén.). Le procureur de la République peut également faire appel lorsque le juge d'instruction n'a pas suivi ses réquisitions (art. 177-2, al. 5, C. pr. pén.).

Au cours de l'information, le juge d'instruction peut également rendre des ordonnances comportant non-lieu partiel (art. 182, al. 1er, C. pr. pén.).

---

2. Art. 177, al. 2, C. pr. pén. avant le 1er octobre 2004.
3. Art. 177, al. 2, C. pr. pén. avant le 1er octobre 2004.
4. Art. 122-1, al. 1er et art. 122-2, 122-3, 122-4, 122-5 et 122-7, C. pén.

B - Le renvoi devant la juridiction compétente

1) En matière de contraventions

Lorsque le juge estime que l'infraction qu'il a instruite constitue une contravention, il rend une ordonnance de renvoi devant le tribunal de police (art. 178, al. 1er, C. pr. pén.). L'ordonnance devenue définitive couvre les éventuels vices de la procédure (art. 178, al. 2, C. pr. pén.).

2) En matière de délits

Lorsque le juge estime que l'infraction qu'il a instruite constitue un délit, il rend une ordonnance de renvoi devant le tribunal correctionnel (art. 179, al. 1er, C. pr. pén.). Cette ordonnance met fin à la détention provisoire et au contrôle judiciaire (art. 179, al. 2, C. pr. pén.) sous réserve d'une décision contraire du juge d'instruction (art. 179, al. 3, C. pr. pén.)[5]. De plus, depuis le 1er octobre 2004, le mandat d'arrêt conserve sa force exécutoire mais les mandats d'amener ou de recherche cessent de pouvoir recevoir exécution. Cependant, le juge d'instruction conserve la possibilité de délivrer un mandat d'arrêt contre le prévenu (art. 179, al. 2, C. pr. pén.). L'ordonnance devenue définitive couvre les éventuels vices de la procédure (art. 179, al. 6, C. pr. pén.).

L'article 186-3 du Code de procédure pénale, issu de la loi du 9 mars 2004, dispose que les personnes mises en examen et la partie civile peuvent interjeter appel des ordonnances de renvoi devant le tribunal correctionnel dans le seul cas où elles estiment que les faits renvoyés constituent un crime qui aurait dû faire l'objet d'une ordonnance de mise en accusation devant la Cour d'assises. Il ne s'agit pas de contester l'existence ou la suffisance de charges retenues contre la personne renvoyée devant le tribunal correctionnel par le juge d'instruction mais de contester l'éventuelle correctionnalisation de faits criminels opérée par le juge, que la qualification criminelle ait ou non été retenue pendant la durée de l'information. En contrepartie de ce droit d'appel, il est interdit aux juridictions correctionnelles de revenir sur de telles correctionnalisations.

3) En matière de crime

Si le juge d'instruction estime que l'infraction sur laquelle il a instruit constitue un crime, il ordonne directement la mise en accusation des personnes mises en examen devant la cour d'assises (art. 181, al. 1er, C. pr. pén.). Il peut également saisir cette juridiction des infractions connexes (art. 181, al. 2, C. pr. pén.).

Depuis le 1er octobre 2004, il peut également ordonner la mise en accusation lorsqu'il est apparu au cours de l'information que les faits reprochés à la personne mise en examen sous une qualification correctionnelle constituent en réalité un crime à condition d'avoir notifié à la personne, après l'avoir informée de son intention et avoir recueilli ses éventuelles observations et celles de son avocat, qu'une qualification criminelle est substituée à la qualification initialement retenue (art. 181, al. 1er, C. pr. pén.).

---

5. Cf. Chapitre 14.

Le contrôle judiciaire dont fait l'objet l'accusé continue à produire ses effets (art. 181, al. 5, C. pr. pén.). La détention provisoire se poursuit sauf celle des personnes renvoyées pour délit connexe, qui prend fin, sauf ordonnance spécialement motivée du juge d'instruction (art. 181, al. 6, C. pr. pén.). L'ordonnance de mise en accusation devenue définitive couvre les éventuels vices de la procédure (art. 181, al. 4, C. pr. pén.). Le délai prévu par le quatrième alinéa de l'article 179 est alors porté à six mois.

Le juge d'instruction peut également rendre des ordonnances de renvoi partiel (art. 182, al. 2, C. pr. pén.).

C - Caractères généraux des ordonnances de règlement

Ces différentes ordonnances sont appelées ordonnances de règlement.

Elles contiennent les nom, prénoms, date, lieu de naissance, domicile et profession de la personne mise en examen. Elles indiquent la qualification légale du fait imputé à celle-ci et, de façon précise, les motifs pour lesquels il existe ou non contre elle des charges suffisantes (art. 184, C. pr. pén.).

Les ordonnances de règlement sont notifiées à la personne mise en examen, à la partie civile et au témoin assisté et à leurs avocats respectifs dans les délais les plus brefs soit verbalement, avec émargement au dossier de la procédure, soit par lettre recommandée (art. 183, al. 1er et 4, C. pr. pén.). Le procureur de la République est avisé lorsque le juge d'instruction prend une décision contraire à ses réquisitions (art. 183, al. 5, C. pr. pén.).

La loi n° 2007-291 du 5 mars 2007 a pour objectif de conférer à la procédure de règlement des informations un caractère contradictoire. L'article 175 du Code de procédure pénale permet désormais en ce sens, dans le délai d'un mois ou de trois mois après l'avis de fin de l'instruction, la communication des réquisitions du parquet aux parties et la communication des observations des parties au parquet. À l'issue de ce délai, le procureur de la République ou les parties peuvent adresser au juge d'instruction des réquisitions ou observations complémentaires au vu des communications effectuées dans la phase précédente.

Ces ordonnances peuvent faire l'objet de recours de la part des parties ou de tiers à la procédure (art. 183, al. 2, C. pr. pén.).

4 • LES NULLITÉS DE L'INSTRUCTION

La nullité de l'instruction ne peut être demandée qu'à certaines conditions et dans des cas très limités.

Il convient de distinguer :

– *les nullités textuelles* : le texte qui prévoit l'acte prévoit également que son non-respect est sanctionné par la nullité. La nullité est subordonnée non seulement à la violation du texte mais également à une atteinte aux intérêts de la partie concernée (art. 171 et 802, C. pr. pén.) ; ex. : articles 56, 57, 78-3 du Code de procédure pénale ;

– ***les nullités substantielles*** : il s'agit de nullités qui ont été considérées comme substantielles par la jurisprudence (ex. : violation de l'article 197 du Code de procédure pénale). La formalité substantielle doit avoir porté atteinte aux intérêts de la partie qu'elle concerne (art. 171, C. pr. pén.) ;

– ***les nullités d'ordre public*** : elles sont également qualifiées comme telles par la jurisprudence. La sanction n'est pas subordonnée à la violation d'un intérêt privé. Ces nullités peuvent être soulevées d'office (ex. : incompétence, absence de serment des experts, absence de signature d'un acte par le juge d'instruction).

La nullité peut être demandée par le juge d'instruction, le procureur de la République et les parties (art. 170, C. pr. pén.), et depuis le 1er octobre 2004, par le témoin assisté (loi du 9 mars 2004).

La Chambre de l'instruction est compétente pour prononcer cette nullité (art. 170, C. pr. pén.).

La confirmation de la nullité par une partie est possible dans certaines conditions restreintes. La partie peut renoncer à se prévaloir de la formalité substantielle de façon expresse, exprimée en présence de son avocat (art. 172, C. pr. pén.).

La nullité doit être demandée avant la fin de l'instruction et dans tous les cas 20 jours après l'avis donné aux parties par le juge d'instruction de ce que l'information est terminée (art. 175, C. pr. pén.). S'il demande la nullité des actes accomplis avant son interrogatoire de première comparution ou de cet interrogatoire lui-même, l'intéressé doit le faire dans un délai de six mois à compter de la notification de sa mise en examen, sauf dans le cas où elle n'aurait pu les connaître. La même règles s'applique pour la demande de nullité des actes accomplis avant chacun de ses interrogatoires ultérieurs (art. 173-1, al. 1er, C. pr. pén.). Il en est de même pour la partie civile (art. 173-1, al. 3, C. pr. pén.)[6] ainsi que, depuis 1er octobre 2004, pour le témoin assisté à compter de sa première audition puis de ses auditions ultérieures (art. 173-1, al. 2, C. pr. pén.).

L'étendue de la nullité est laissée à l'appréciation de la chambre de l'instruction. Elle peut prononcer la nullité de l'acte ou de la procédure toute entière (art. 174, al. 2, C. pr. pén.).

BIBLIOGRAPHIE

BESSON (A.), « Le secret de la procédure pénale et ses incidences », *D.* 1959, Chron. p. 91.

BOULAN (F.), « La réforme de l'instruction », in *Mélanges Vitu,* 1989, p. 51.

BOULOC (B.), « L'instruction par le juge d'instruction, après la loi du 24 août 1993 », *Rev. pénit.* 1994, p. 89.

6. Art. 173-1, al. 2, C. pr. pén. avant le 1er octobre 2004.

CHAMBON (P.), *Le juge d'instruction. Théorie et pratique de la procédure,* Dalloz, 5e éd., 2004.

DALLEST (J.), « L'ouverture d'une information judiciaire, une nécessité résiduelle », *AJ Pénal* 2004, p. 346.

DERIEUX (E.), « Secret de l'instruction et droit à l'information », *LPA* 1997, n° du 11 juin.

DIVIER (J.-F.), « L'instruction pénale française à l'épreuve du « procès équitable » européen », *D.* 2004, Chron. p. 2948.

GRANIER (J.), « L'article 11 du Code de procédure pénale », *JCP* 1958, I, 1453.

GUERRIN (M.), « Les changements opérés par la loi relative à la présomption d'innocence sur les nullités de procédure dans la phase préalable au jugement pénal », *RSC* 2000, p. 753.

GUÉRY (C.), « Le juge d'instruction et le voleur de pommes : pour une réforme de la constitution de partie civile », *D.* 2004, Chron. p. 1575.

JEANDIDIER (W.), « La juridiction collégiale d'instruction du premier degré », in *Mélanges Vitu, 1989,* p. 263.

LARGUIER (J.), « Le secret de l'instruction et l'article 11 du Code de procédure pénale », *RSC* 1959, p. 313.

LEMOULAND, « La réforme de la procédure d'instruction en matière pénale », *ALD* 1987, p. 47.

MAGENDIE (J.-C.), « La responsabilité des magistrats », *D.* 2003, Chron. p. 1177.

MORVAN (P.), « L'ordonnance justifiant la poursuite de l'instruction de l'article 175-2 du Code de procédure pénale : critique d'un arrêt de règlement », *D.* 2003, Chron. p. 2511.

NAUT (P.), « Le juge d'instruction et son secret », *D.* 1977, Chron. p. 161.

PRADEL (J.), « De la réforme de l'instruction préparatoire », *D.* 1989, Chron. p. 1 ; *L'instruction préparatoire,* Cujas, 1990 ; « Observations brèves sur une loi à refaire (à propos de la loi du 4 janvier 1993 sur la procédure pénale », *D.* 1993, Chron. p. 39.

VAN RUYMBEKE (R.), *Le juge d'instruction,* PUF, Que sais-je ?, 1988.

CHAPITRE 13

Les actes de l'instruction

La conduite de l'information nécessite l'accomplissement par le juge d'instruction d'un certain nombre d'actes.

Pour mener à bien sa mission, le juge d'instruction procède à différentes opérations appelées ***actes de l'instruction*** (art. 92, C. pr. pén.) : descente sur les lieux, interrogatoire de la personne mise en examen, perquisitions, saisie de documents, expertise, etc. Il peut requérir directement la force publique dans l'exercice de ses fonctions (art. 51, al. 3, C. pr. pén.). Il peut y procéder lui-même ou confier cette mission à un officier de police judiciaire par le biais d'un acte appelé ***commission rogatoire*** (art. 151 à 155, C. pr. pén.). Ce dernier lui fait alors un rapport[1].

Lorsque des policiers découvrent en dehors de l'exécution de leur commission rogatoire des indices apparents relevant l'existence d'agissements délictueux en cours et étrangers à la saisine du juge d'instruction, ils sont en droit de procéder à des investigations en application des règles prévues pour l'enquête de flagrance[2].

1 • LA MISE EN EXAMEN ET LE TÉMOIN ASSISTÉ

À peine de nullité, la mise en examen n'est possible qu'en cas « *d'indices graves ou concordants rendant vraisemblable* » le fait que l'intéressé ait pu participer, comme auteur ou comme complice, à la commission des infractions dont le juge d'instruction est saisi. Avant la loi du 15 juin 2000, de simples indices suffisaient (art. 80-1, C. pr. pén.).

L'intéressé doit pouvoir, préalablement à sa mise en examen, faire connaître ses observations dans le cadre de l'interrogatoire de première comparution (art. 80-1, al. 2, C. pr. pén.). Il peut faire part de ces observations également s'il a été témoin assisté avant la mise en examen.

---

1. Crim., 26 février 1997, *Foll, JCP* 1997, II, 22865, note H. Matsopoulou, *D.* 1997, Jur. p. 297, note J. Pradel : un fonctionnaire de police responsable d'une mission de police judiciaire engage sa responsabilité personnelle lorsqu'il refuse d'exécuter l'ordre donné par un juge d'instruction sauf à indiquer au magistrat mandant les raisons pour lesquelles cet ordre lui paraît manifestement illégal et de nature à compromettre gravement un intérêt public.
2. Crim., 19 janvier 1999, *JCP* 1999, I, 10156, note D. Rebut.

Depuis le 1er janvier 2001, le juge ne doit procéder à la mise en examen « que s'il estime ne pas pouvoir recourir à la procédure de témoin assisté » (art. 80-1, al. 3, C. pr. pén.).

A - La mise en examen

Cette mise en examen est organisée par une procédure extrêmement précise, récemment modifiée par la loi du 15 juin 2000.

Le nouvel article 116-1 du Code de procédure pénale, issu de la loi n° 2077-297du 5 mars 2007 (qui est entrée en vigueur le 1er juillet 2007), prévoit l'obligation d'enregistrer, en matière criminelle, les interrogatoires des personnes mises en examen réalisés dans le cabinet du juge d'instruction. Les modalités, sous réserve de quelques aménagements, sont les mêmes qu'en matière d'enregistrement des interrogatoires de garde à vue.

1) L'interrogatoire de première comparution

La convocation à l'interrogatoire de première comparution peut être faite par lettre recommandée (art. 802, al. 1er, C. pr. pén.) ou notifiée par officier de police judiciaire (art. 80-2, al. 2, C. pr. pén.).

Le juge d'instruction peut informer la personne de ce qu'elle est convoquée par lettre recommandée (art. 80-2, al. 1er, C. pr. pén.) ou par un officier de police judiciaire (art. 80-2, al. 2, C. pr. pén.)[3]. Elle est informée dans un délai compris entre 10 jours et deux mois (art. 80-2, al. 1er, C. pr. pén.). La lettre indique la date et l'heure de la convocation et donne connaissance à la personne de chacun des faits dont le juge d'instruction est saisi et pour lesquels la mise en examen est envisagée, en précisant leur qualification juridique. L'intéressé doit être informé de ce qu'il a le droit de choisir un avocat ou de demander qu'il lui en soit désigné un d'office. L'avocat choisi ou désigné est convoqué et a accès au dossier de la procédure (art. 80-2, al. 3, C. pr. pén.). La lettre précise enfin que la mise en examen ne pourra intervenir qu'à l'issue de la première comparution de la personne devant le juge d'instruction, art. 80-2, al. 1er, C. pr. pén.).

Lors de la première comparution, le juge d'instruction constate tout d'abord l'identité de la personne poursuivie (art. 116, al. 2, C. pr. pén.). Il l'informe des faits dont il est saisi et de la qualification juridique de ces faits (art. 116, al. 2, C. pr. pén). Ces éléments sont mentionnés au procès-verbal (art. 116, al. 2, C. pr. pén.).

Lorsque l'intéressé a déjà sollicité l'assistance d'un avocat et que celui-ci a été convoqué, le juge d'instruction peut procéder à l'interrogatoire (art. 116, al. 3, C. pr. pén.). Dans le cas contraire, le juge d'instruction doit aviser la personne mise en examen de son droit de choisir un avocat ou de demander qu'il lui en soit désigné un d'office (art. 116, al. 4, C. pr. pén.). Cet avocat est informé sans délai de cette désignation ou

---

3. Dans cette dernière hypothèse, la notification est constatée par un procès-verbal signé par la personne qui en reçoit copie.

de ce choix. Il peut alors immédiatement consulter le dossier et communiquer avec la personne mise en examen (art. 116, al. 4, C. pr. pén.). La renonciation à l'assistance d'un avocat ne sera jamais définitive.

Le juge d'instruction peut faire appel à un interprète lorsque la personne ne comprend et/ou ne parle pas le français et lorsqu'il est atteint de surdité (art. 102 et 121, C. pr. pén.).

Le juge d'instruction informe la personne qui fait l'objet de l'interrogatoire de ce qu'elle a le choix entre trois possibilités (art. 116, al. 4, C. pr. pén.) :

- être interrogée : elle doit alors donner son accord en présence de son avocat ;
- se taire ;
- faire des déclarations.

Le juge doit également entendre les éventuelles observations de l'avocat (art. 116, al. 5, C. pr. pén.)

Après avoir éventuellement procédé à l'interrogatoire, le juge d'instruction doit informer la personne mise en examen de son droit de solliciter une demande d'acte ou de présenter une requête en annulation (art. 116, al. 5, C. pr. pén.).

La personne mise en examen doit déclarer au juge d'instruction son adresse personnelle (art. 116, al. 5, C. pr. pén.). Elle a la possibilité de lui substituer l'adresse d'un tiers qui recevra tous les actes qui lui sont destinés. Elle est également avisée qu'elle doit informer la justice de tous ses changements de résidence.

L'interrogatoire de première comparution peut aboutir aussi bien, à une mise en examen qu'à un statut de témoin assisté (art. 116, al. 5, C. pr. pén.).

La mise en examen par lettre recommandée a été supprimée sauf, en fin de procédure, si la personne est déjà témoin assisté (art. 113-8, C. pr. pén.).

En cas d'annulation de la mise en examen, la personne qu'elle visait devient témoin assisté. Ses précédents interrogatoires comme mis en examen sont conservés au dossier et considérés comme auditions d'un témoin assisté (art. 174-1, C. pr. pén.).

La personne mise en examen peut demander l'annulation de sa mise en examen dans les ***six mois*** de sa première comparution. La loi n° 2007-291 du 5 mars 2007 donne la possibilité à la personne mise en examen, à certaines conditions, de demander au juge d'instruction de revenir sur sa décision et de lui octroyer le statut de témoin assisté (art. 80-1-1, C. pr. pén.). Le juge d'instruction statue sur cette demande après avoir sollicité les réquisitions du Ministère public.

2) Les interrogatoires ultérieurs

Les interrogatoires des parties, et donc de la partie poursuivie, ne peuvent avoir lieu qu'en présence de leurs avocats dûment convoqués. Cette convocation doit avoir lieu au plus tard cinq jours ouvrables avant l'interrogatoire par lettre recommandée avec avis de réception, ou par télécopie avec récépissé ou verbalement avec émargement du dossier de la procédure.

Le dossier complet doit être mis à disposition par l'avocat quatre jours ouvrables au plus tard avant l'interrogatoire (art. 114, al. 3, C. pr. pén.)[4]. Après l'interrogatoire, même s'il s'agit de la première comparution, le dossier est mis à tout moment à la disposition des avocats les jours ouvrables sous réserve des exigences du bon fonctionnement des cabinets d'instruction.

Les avocats des parties peuvent se faire délivrer, à leurs frais, copie de tout ou partie des pièces et actes du dossier (art. 114, al. 4, C. pr. pén.). Les avocats peuvent transmettre une reproduction des copies ainsi obtenues à leur client (art. 114, al. 5, C. pr. pén.) : « *L'avocat doit donner connaissance au juge d'instruction, par déclaration à son greffier ou par lettre ayant ce seul objet et adressée en recommandé avec accusé de réception, de la liste des pièces ou actes dont il souhaite remettre une reproduction à son client* » (art. 114, al. 7, C. pr. pén.). Le juge d'instruction peut s'y opposer. Les avocats et les parties peuvent transmettre à des tiers pour les besoins de la défense uniquement les copies des rapports d'expertise (art. 114, al. 6, C. pr. pén.).

Le procureur de la République peut assister à l'ensemble de ces interrogatoires (art. 119, C. pr. pén.).

Le juge d'instruction peut faire éventuellement appel à un interprète (art. 121, al. 2 et 102, C. pr. pén.).

L'article 120 du Code de procédure pénale tel qu'il découle de la loi du 15 juin 2000 prévoit désormais que le juge d'instruction dirige les interrogatoires, confrontations et auditions mais le procureur de la République et les avocats des parties et depuis le 1er octobre 2004, du témoin assisté, peuvent poser des questions ou présenter de brèves observations. Le juge d'instruction, qui détermine l'ordre des interventions, peut cependant y mettre fin lorsqu'il s'estime suffisamment informé. Il peut également s'opposer aux questions de nature à nuire au bon déroulement de l'information ou à la dignité de la personne. Tout refus sera mentionné au procès-verbal.

3) Les droits de la personne mise en examen

Le mis en examen peut solliciter l'accomplissement de divers actes tels qu'une expertise, une confrontation, un transport sur les lieux, un examen médical ou psychologique... Il peut demander à être entendu ou interrogé. Il peut plus généralement demander l'accomplissement de toute mesure utile.

Il peut faire poser des questions par l'intermédiaire de son avocat lors des interrogatoires ultérieurs.

S'il n'a pas comparu depuis plus de 4 mois devant le juge d'instruction, le mis en examen peut demander à être entendu par une demande écrite et motivée (art. 82-1, C. pr. pén.).

---

4. Dans ce cas, c'est-à-dire pendant les 4 jours précédant l'interrogatoire, les exigences de bon fonctionnement des cabinets d'instruction ne peuvent être opposées à l'avocat : le droit à la communication du dossier est absolu, cf. CA Nancy, 23 mars 1999, *D.* 2000, Jur. p. 179, note V. Auger.

Il peut également contrôler la durée de l'instruction (art. 116, al. 6, C. pr. pén.). En effet, un calendrier prévisionnel de l'instruction a été créé par la loi du 15 juin 2000 en vue de permettre aux parties de contrôler la durée de l'instruction (art. 89-1, 175-2 et 207-1, C. pr. pén.).

B - Le témoin assisté

Le statut du témoin assisté est décrit aux articles 113-1 à 113-8.

1) Personnes bénéficiaires du statut du témoin assisté

Une personne nommément visée par un réquisitoire introductif ou par un réquisitoire supplétif[5] et qui n'est pas mise en examen ne peut être entendue que comme témoin assisté (art. 113-1, C. pr. pén.).

Cette disposition s'applique depuis le 1er octobre 2004 également à la personne visée par un réquisitoire supplétif du procureur de la République.

Une personne nommément visée par une plainte ou mise en cause par la victime peut être entendue comme témoin assisté (art. 113-2, al. 1er, C. pr. pén.). Lorsque cette personne comparaît devant le juge d'instruction, elle doit obligatoirement être entendue en qualité de témoin assisté si elle en fait la demande (art. 113-2, al. 1er, C. pr. pén.). Depuis le 1er octobre 2004, si la personne est nommément visée par une plainte avec constitution de partie civile, elle est avisée de ce droit lorsqu'elle comparaît devant le juge d'instruction (art. 113-2, al. 1er, C. pr. pén., *in fine*).

Peut également être entendue comme témoin assisté, toute personne mise en cause par un témoin ou contre laquelle existent des indices rendant vraisemblable qu'elle ait pu participer, comme auteur ou complice, à la commission des infractions dont le juge d'instruction est saisi (art. 113-2, al. 2, C. pr. pén.).

2) Droits du témoin assisté

L'intéressé peut être informé par le juge d'instruction par l'envoi d'une lettre recommandée qu'il sera entendu en qualité de témoin assisté (art. 113-4, al. 2, C. pr. pén.).

Lors de la première audition du témoin assisté, le juge d'instruction constate l'identité du témoin assisté, lui donne connaissance du réquisitoire introductif, de la plainte ou de la dénonciation, l'informe de ses droits et lui demande de déclarer son adresse personnelle (art. 113-4, al. 1er, C. pr. pén.) et l'avise qu'il doit signaler au juge d'instruction jusqu'au règlement de l'information tout changement de l'adresse déclarée (art. 113-4, al. 1er et 116, C. pr. pén.). Mention de cette information est faite au procès-verbal.

Le témoin assisté bénéficie du droit d'être assisté par un avocat qui est avisé préalablement des auditions et qui a accès au dossier de la procédure. Il peut également

5. Depuis le 1er octobre 2004 pour le réquisitoire supplétif.

demander au juge d'instruction à être confronté avec le ou les personnes qui le mettent en cause (art. 113-3, C. pr. pén.) et même depuis le 1er octobre 2004, formuler des requêtes en annulation sur le fondement de l'article 173. Lors des interrogatoires et confrontations, les avocats des témoins assistés peuvent, depuis le 1er octobre 2004, poser des questions, présenter de brèves observations ou déposer des conclusions afin de demander acte d'un désaccord avec le juge d'instruction (art. 120, C. pr. pén.).

Lors de sa première audition comme témoin assisté, l'intéressé est informé de ses droits par le juge d'instruction (art. 113-3, al. 2, C. pr. pén.) ; il lui est donné connaissance du réquisitoire introductif, de la plainte ou de la dénonciation (art. 113-4, al. 1er, C. pr. pén.). Le témoin assisté peut demander au juge d'instruction à être confronté avec la ou les personnes qui le mettent en cause (art. 113-3, al. 2, C. pr. pén.).

Depuis la loi du 9 mars 2004, le procureur de la République peut assister aux interrogatoires, auditions et confrontations du témoin assisté (art. 119, al. 1er, C. pr. pén.).

Le témoin assisté ne prête pas serment (art. 113-7, C. pr. pén.).

Depuis le 1er octobre 2004, le juge d'instruction a la possibilité, et non l'obligation, de procéder à la notification au témoin assisté des expertises qui le concernent (art. 167, C. pr. pén.). S'il le fait, le juge dit également fixer à l'intéressé un délai pour présenter une demande de complément d'expertise ou de contre-expertise. La demande formée par le témoin assisté n'est qu'indicative, il ne peut exiger la réalisation de l'expertise. Ainsi, si le juge d'instruction juge cette demande injustifiée, il n'est pas tenu de rendre une ordonnance motivée sauf si la personne demande sa mise en examen.

Avant le 1er octobre 2004, le juge d'instruction pouvait procéder à la mise en examen du témoin assisté s'il apparaissait au cours de la procédure que des indices graves et concordants le justifiaient (art. 113-8, C. pr. pén.). Depuis le 1er octobre 2004, cette formulation est modifiée, la mise en examen devient possible si le juge d'instruction estime que sont apparus au cours de la procédure des indices graves ou concordants justifiant la mise en examen du témoin assisté. Le juge d'instruction procède à cette mise en examen en application des règles prévues à l'article 116, alinéas 7 et 8 du Code de procédure pénale, au cours d'un interrogatoire réalisé dans les formes prévues à l'article 114 (art. 113-8, al. 1er, C. pr. pén.). Les formes prévues à l'article 114 du Code de procédure pénale, et notamment la convocation de l'avocat 5 jours avant l'interrogatoire, doivent être respectées. Il peut également être procédé à cette mise en examen par lettre recommandée dans laquelle le juge d'instruction doit préciser chacun des faits qui sont reprochés à l'intéressé, ainsi que leur qualification juridique, et l'informant de son droit de formuler des demandes d'actes ou des requêtes en annulation, ainsi que du délai prévisible d'achèvement de la procédure, conformément aux dispositions des septième et huitième alinéas de l'article 116 (art. 113-8, al. 2, C. pr. pén.). Cette lettre recommandée peut être adressée en même temps que l'avis de fin d'information prévu par l'article 175. Elle informe alors la personne de son droit de formuler des demandes d'actes ou des requêtes en annulation pendant une durée de vingt jours (art. 113-8, al. 3, C. pr. pén.). En cas de mise en examen par lettre recommandée, la personne est également informée que si elle demande à être à nouveau entendue par le juge d'instruction, celui-ci est tenu de procéder à son interrogatoire (art. 113-8, al. 4, C. pr. pén.).

Le témoin assisté peut à tout moment de la procédure demander au juge d'instruction d'être mis en examen (art. 113-6, C. pr. pén.).

Depuis la loi du 9 mars 2004, entrée en vigueur le 1er octobre 2004, les articles 170 et 173 du Code de procédure pénale donnent la possibilité au témoin assisté, comme c'était déjà le cas pour le procureur de la République et les parties, de saisir aux fins d'annulation d'un acte ou d'une pièce de procédure de l'instruction. Ce droit doit lui être notifié (art. 171-3, C. pr. pén.). Il dispose d'un droit de formuler ces requêtes en nullité dans un délai de 20 jours à compter de l'envoi de l'avis de fin d'information (art. 175, C. pr. pén.). Le témoin assisté dit faire état, sous peine d'irrecevabilité, des moyens pris de la nullité des actes accomplis à compter de sa première audition puis de ses auditions ultérieures dans un délai de 6 mois (art. 173-1, C. pr. pén.).

2 • LES AUTRES ACTES DE L'INSTRUCTION

Le juge d'instruction peut accomplir ces actes lui-même mais le plus souvent il donne commission rogatoire aux officiers de police judiciaire afin de leur faire exécuter tous les actes d'information nécessaires (art. 80, al. 4, C. pr. pén.).

La commission rogatoire indique la nature de l'infraction, objet des poursuites (art. 151, al. 2, C. pr. pén.). Le juge d'instruction doit fixer le délai dans lequel la commission rogatoire doit lui être retournée avec les procès-verbaux dressés par l'officier de police judiciaire (art. 151, al. 4, C. pr. pén.). À défaut, la commission rogatoire et les procès-verbaux doivent lui être transmis dans les huit jours de la fin des opérations exécutées en vertu de celle-ci (art. 151, al. 4, C. pr. pén.).

Selon le premier alinéa de l'article 152 du Code de procédure pénale, « *Les magistrats ou officiers de police judiciaire commis pour l'exécution exercent, dans les limites de la commission rogatoire, tous les pouvoirs du juge d'instruction* » à l'exception des interrogatoires et confrontations des personnes mises en examen, et à l'audition des parties civiles ou du témoin assisté sauf si ces deux derniers le demandent (art. 152, al. 2, C. pr. pén.).

Le juge d'instruction peut se transporter sur les lieux pour diriger et contrôler l'exécution de la commission rogatoire mais il ne procède pas alors lui-même à des actes d'instruction. En revanche, il peut dans ce cadre ordonner la prolongation des gardes à vue prononcées dans le cadre de la commission rogatoire (art. 152, al. 3, C. pr. pén.).

Les parties, qu'il s'agisse du Ministère public, de la partie civile, de la personne mise en examen ou du témoin assisté, possèdent pendant l'instruction des droits plus étendus que pendant l'enquête.

Un calendrier prévisionnel de l'instruction a été créé par la loi du 15 juin 2000 en vue de permettre aux parties de contrôler la durée de l'instruction (art. 89-1, 175-2 et 207-1, C. pr. pén.).

Les parties peuvent notamment solliciter des mesures d'instruction.

La personne mise en examen, la partie civile et le témoin assisté ont le droit d'être assistés d'un avocat.

A - Les auditions

Jusqu'à la loi du 15 juin 2000, le procureur de la République et les avocats des parties ne pouvaient prendre la parole lors des interrogatoires et confrontations que pour poser des questions et après y avoir été autorisés par le juge d'instruction.

L'article 120 du Code de procédure pénale tel qu'il découle de la loi du 15 juin 2000 prévoit désormais que le juge d'instruction dirige les interrogatoires, confrontations et auditions mais le procureur de la République et les avocats des parties peuvent poser des questions ou présenter de brèves observations. Le juge d'instruction, qui détermine l'ordre des interventions, peut cependant y mettre fin lorsqu'il s'estime suffisamment informé. Il peut également s'opposer aux questions de nature à nuire au bon déroulement de l'information ou à la dignité de la personne. Tout refus sera mentionné au procès-verbal.

1) L'audition de la partie civile

Cette audition se fait dans les mêmes conditions que les interrogatoires ultérieurs de la personne mise en examen, prévues à l'article 114 du Code de procédure pénale.

Les dispositions concernant la communication des actes et pièces de la procédure sont applicables aux défenseurs de la partie civile.

Dès le début de l'instruction, le juge qui en est chargé devra avertir la victime de l'infraction de l'ouverture de la procédure, de son droit de se constituer partie civile, ainsi que des modalités d'exercice de ce droit. Lorsque la victime est mineure, l'avis est donné à ses représentants légaux (art. 80-3, C. pr. pén.).

Le nouvel article 706-51-1 du Code de procédure pénale rend obligatoire l'assistance par un avocat des mineurs victimes de certaines infractions (infractions d'agression ou d'atteintes sexuelles ou de proxénétisme à l'égard d'un mineur, ou de recours à la prostitution d'un mineur...) dès leur audition par le juge d'instruction (à compter du 1er juillet 2007). Le nouvel article 706-52 de ce code généralise l'enregistrement audiovisuel des auditions des mineurs victimes de ces mêmes infractions.

2) L'audition des témoins simples

Il s'agit des témoins autres que les « témoins assistés ».

Le juge d'instruction peut solliciter l'audition de toute personne dont la déposition lui paraît utile (art. 101, al. 1er, C. pr. pén.). La convocation peut être faite par citation par un huissier de justice ou par un agent de la force publique (art. 101, al. 1er, C. pr. pén.) mais également par lettre simple, par lettre recommandée ou par la voie administrative (art. 101, al. 2, C. pr. pén.). Les témoins peuvent également comparaître volontairement (art. 101, al. 2, C. pr. pén.).

Toute personne citée pour être entendue comme témoin est tenue de comparaître, de prêter serment et de déposer (art. 109, C. pr. pén.) sous réserve des dispositions du Code pénal concernant le secret professionnel (art. 226-13 et 226-14, C. pén.). Lorsqu'un journaliste est entendu comme témoin des informations recueillies dans l'exercice de son activité, il est libre de ne pas en révéler l'origine (art. 109, al. 2, C. pr. pén.). S'il refuse, le juge d'instruction peut l'y contraindre par la force publique sur les réquisitions du procureur de la République (art. 109, al. 3, C. pr. pén.).

Depuis le 1er juin 2001, le témoin est informé dans sa convocation que s'il ne comparaît pas ou s'il refuse sa comparution, il peut y être contraint par la force publique (art. 101, al. 3, et 109, al. 3, C. pr. pén.). Lorsqu'un témoin est dans l'impossibilité de comparaître, le juge d'instruction se transporte pour l'entendre, ou délivre une commission rogatoire à cette fin (art. 112, C. pr. pén.).

Les témoins prêtent serment de dire toute la verité rien que la verité (art. 103, C. pr. pén.) sauf les enfants de moins de 16 ans (art. 108, C. pr. pén.). Selon l'article 105 du Code de procédure pénale, « *Les personnes à l'encontre desquelles il existe des indices graves et concordants d'avoir participé aux faits dont le juge d'instruction est saisi ne peuvent être entendues comme témoins* ».

Les témoins sont entendus séparément et hors de la présence des parties (art. 102, al. 1er, C. pr. pén). Un procès-verbal de leurs déclarations est dressé et signé par le témoin après relecture (art. 102, al. 1er, C. pr. pén.). Un interprète peut éventuellement être sollicité (art. 102, al. 2, C. pr. pén.). Les témoins peuvent ensuite être confrontés avec la personne mise en examen.

Le procureur de la République peut assister aux interrogatoires, auditions et confrontations de la personne mise en examen, de la partie civile et depuis la loi du 9 mars 2004, du témoin assisté.

Chaque page du procès-verbal est signé par le juge, le greffier et le témoin, qui est invité à la relire et par l'interprète s'il y a lieu (art. 106, C. pr. pén.).

B - Les confrontations

Elles consistent dans l'interrogatoire simultané de plusieurs personnes. Chacune d'elles garde alors le statut qui est le sien dans le cadre de l'instruction.

Le nouvel article 120-1 du Code de procédure pénale donne désormais la possibilité au mis en examen ou au témoin assisté, s'il a été mis en cause par plusieurs personnes, de demander à être confronté séparément avec chacune d'entre elles.

Le juge d'instruction doit statuer dans les conditions prévues par l'article 82-1 du code de procédure pénale (délai de réponse d'un mois, ordonnance de refus motivée, recours devant la Chambre de l'instruction). Le refus d'une demande séparée ne pouvait être motivée par la seule raison qu'une confrontation collective avait été déjà organisée.

C - Le transport sur les lieux

Il a pour but, comme dans l'enquête, de procéder aux constatations utiles et aux perquisitions (art. 92, al. 1er, C. pr. pén.). Le procureur de la République en est avisé et peut y accompagner le juge d'instruction (art. 92, al. 1er, C. pr. pén.). Le juge d'instruction est assisté d'un greffier qui dresse un procès-verbal des opérations (art. 92, al. 2, C. pr. pén.).

Exceptionnellement, il peut se transporter avec son greffier dans toute l'étendue du territoire national (art. 93, C. pr. pén.).

D - Les perquisitions et saisies

Elles peuvent être effectuées par le juge ou par un officier de police judiciaire après établissement d'une ***commission rogatoire***. Dans tous les cas, elles obéissent aux mêmes règles que celles qui sont effectuées dans le cadre de l'enquête de flagrance.

Ainsi, les dispositions prévues en matière de perquisition pendant l'enquête de flagrance quant aux heures de perquisitions sont applicables (art. 95, C. pr. pén.).

Les perquisitions sont effectuées dans tous les lieux où peuvent se trouver des objets dont la découverte peut être utile à la manifestation de la vérité (art. 94, C. pr. pén.).

Lorsque la perquisition a lieu au domicile de la personne mise en examen, les dispositions prévues en matière de perquisition pendant l'enquête de flagrance quant à la présence de cette personne (art. 95, C. pr. pén.).

Lorsque la perquisition a lieu au domicile d'une autre personne que celle qui est mise en examen, celle-ci est invitée à y assister (art. 96, al. 1er, C. pr. pén.). Si elle est absente ou refuse, la perquisition a lieu en présence de deux de ses parents ou alliés présents sur les lieux, à défaut de deux témoins (art. 96, al. 1er, C. pr. pén.). Les heures de perquisitions sont là encore comprises entre 6 et 21 heures (art. 96, al. 2, C. pr. pén.). Le juge d'instruction doit faire en sorte que soient respectés droits de la défense et secret professionnel (art. 96, al. 3, C. pr. pén. renvoyant à l'article 59, C. pr. pén.)

Le juge d'instruction et l'officier de police judiciaire commis par lui sont les seuls à pouvoir prendre connaissance des documents qui font l'objet d'une saisie (art. 97, al. 1er, C. pr. pén.). Les objets saisis sont inventoriés et placés sous scellés (art. 97, al. 2, C. pr. pén.). Le juge peut effectuer un tri entre les documents et objets saisis pour ne conserver que ceux qui sont utiles à la manifestation de la vérité. Les personnes intéressées peuvent obtenir à leurs frais une copie ou photocopie des documents saisis. Les espèces, lingots, effets ou valeurs saisis dont la conservation en nature n'est pas nécessaire à la manifestation de la vérité ou à la sauvegarde des droits des parties peuvent être déposés à la Caisse des dépôts et consignation ou à la Banque de France (art. 97, al. 6, C. pr. pén.).

Les objets ou documents saisis peuvent être restitués (art. 99, C. pr. pén.). La demande est faite soit sur réquisitions par le procureur de la République, soit sur requête des intéressés, au juge d'instruction. Il statue par ordonnance motivée susceptible d'appel devant la chambre de l'instruction. Il peut également restituer les objets ou documents d'office avec l'accord du procureur de la République. La restitution est impossible si elle est de nature à faire obstacle à la manifestation de la vérité ou à la sauvegarde des droits des parties ou lorsqu'elle présente un danger pour les personnes ou les biens. La restitution peut également être refusée lorsque la confiscation est prévue par la loi.

Un article 99-2 du Code de procédure pénale, issu de la loi du 23 juin 1999, permet dans certaines hypothèses au juge d'instruction de remettre au service des domaines, aux fins d'aliénation ou en ordonnant leur destruction, les objets placés sous scellés dont la conservation n'est plus nécessaire à la manifestation de la vérité.

La loi du 9 mars 2004 permet désormais également au juge d'instruction ou à l'officier de police judiciaire qu'il a commis, de requérir de toute personne, de tout établissement ou organisme privé ou public ou de toute administration publique qui sont susceptibles de détenir des documents intéressant l'instruction, y compris ceux issus d'un système informatique ou d'un traitement de données nominatives, de lui remettre ces documents, sans que puisse lui être opposée, sans motif légitime, l'obligation au secret professionnel. Lorsque les réquisitions concernent des avocats, des locaux de presse ou de communication audiovisuelle, le cabinet d'un médecin, d'un notaire, d'un avoué ou d'un huissier de justice, la remise des documents ne peut intervenir qu'avec leur accord.

L'officier de police judiciaire peut, pour les nécessités de l'exécution de la commission rogatoire, procéder aux opérations prévues par l'article 57-1, c'est-à-dire accéder par un système informatique implanté sur les lieux où se déroule la perquisition à des données intéressant l'enquête en cours et stockées dans ledit système ou dans un autre système informatique (art. 97-1, C. pr. pén.).

L'article 706-24-1 prévoit des dispositions particulières en matière de terrorisme (loi du 30 décembre 1996).

En matière de délinquance et de criminalité organisées, le juge d'instruction peut autoriser les officiers de police judiciaire agissant sur commission rogatoire à procéder à des perquisitions, visites domiciliaires et saisies de pièces à conviction en dehors des heures prévues à l'article 59, c'est-à-dire avant 9 heures et après 21 heures, lorsque ces opérations ne concernent pas des locaux d'habitation (art. 706-91, C. pr. pén.).

En cas d'urgence, le juge d'instruction peut également autoriser les officiers de police judiciaire à procéder à ces opérations dans les locaux d'habitation dans les hypothèses suivantes (art. 706-91, C. pr. pén.) :

– lorsqu'il s'agit d'un crime ou d'un délit flagrant ;

– lorsqu'il existe un risque immédiat de disparition des preuves ou des indices matériels ;

– lorsqu'il existe une ou plusieurs raisons plausibles de soupçonner qu'une ou plusieurs personnes se trouvant dans les locaux où la perquisition doit avoir lieu sont en train de commettre des crimes ou des délits entrant dans le champ d'application de l'article 706-73.

L'autorisation est donnée pour des perquisitions déterminées et fait l'objet d'une ordonnance écrite, précisant la qualification de l'infraction dont la preuve est recherchée ainsi que l'adresse des lieux dans lesquels les visites, perquisitions et saisies peuvent être faites. Les opérations sont faites sous le contrôle du magistrat qui les a autorisées. Celui-ci peut se déplacer sur les lieux pour veiller au respect des dispositions légales. (art. 706-92, al. 1er, C. pr. pén.). L'ordonnance doit également comporter l'énoncé des considérations de droit et de fait qui constituent le fondement de cette décision par référence aux seules conditions prévues dans les trois hypothèses décrites par l'article 706-91 du Code de procédure pénale (art. 706-92, al. 2, C. pr. pén.).

En matière de criminalité et de délinquance organisées, lorsque la personne au domicile de laquelle est faite une perquisition est en garde à vue ou détenue en un autre lieu et que son transport sur place paraît devoir être évité en raison des risques graves soit de troubles à l'ordre public ou d'évasion, soit de disparition des preuves pendant le temps nécessaire au transport, la perquisition peut être faite, avec l'accord préalable du procureur de la République ou du juge d'instruction, en présence de deux témoins ou d'un représentant désigné par celui dont le domicile est en cause (art. 706-94, al. 1er, C. pr. pén.).

E - Les écoutes téléphoniques

Une loi du 10 juillet 1991 a réglementé les écoutes téléphoniques, désormais prévues aux articles 100 à 100-7 du Code de procédure pénale. Cette loi était devenue indispensable après que la Commission européenne des droits de l'Homme eut estimé que le droit français était insuffisant au regard de l'article 8 de la Convention européenne des droits de l'Homme[6].

Les conditions dans lesquelles une écoute téléphonique peut être ordonnée sont très strictes[7]. Tout d'abord, il s'agit d'une mesure qui ne peut être prise qu'au cours d'une instruction et par le seul juge d'instruction. Les écoutes sont effectuées sous son autorité et son contrôle (art. 100, al. 1er C. pr. pén. *in fine*). Cette possibilité est limitée : l'écoute n'est possible qu'en matière criminelle ou correctionnelle et si la peine encourue est égale ou supérieure à deux ans d'emprisonnement (art. 100, al. 1er, C. pr. pén.). De plus, il faut que les nécessités de l'information l'exigent (art. 100, al. 1er, C. pr. pén.). La décision d'interception est écrite (art. 100, al. 2, C. pr. pén.) : elle doit comporter tous les éléments d'identification à intercepter ainsi que l'infraction qui motive le recours à cette mesure (art. 100-1, C. pr. pén.). La durée (art. 100-2, C. pr. pén.), qui est d'un maximum de 4 mois, renouvelable dans les mêmes conditions de forme et de durée (art. 100-1, C. pr. pén.), doit également être consignée par écrit. Un procès-verbal de l'interception doit ensuite être dressé par le juge d'instruction ou bien par l'officier de police judiciaire commis par lui (art. 100-4, C. pr. pén.). La décision d'interception n'a pas un caractère juridictionnel et n'est susceptible d'aucun recours (art. 100, al. 2, C. pr. pén.).

---

6. Commission européenne des droits de l'Homme, 24 avril 1990, *Huvig c/ France, Kruslin c/ France*, *D.* 1990, Jur. p. 353, note Pradel ; *Rev. int. dr. Homme* 1990, p. 185, obs. G. Cohen-Jonathan.

7. La lecture et la transcription par les policiers, sans artifice ni stratagème, de messages transmis sur la bande d'un récepteur de messagerie unilatérale de marque « Tatoo » ne constitue pas une interception de correspondance au sens de l'article 100 du Code de procédure pénale, cf. Crim., 14 avril 1999, *JCP* 2000, II, n° 10312, note V. Peltier, *D.* 1999, Somm., p. 324, obs. J. Pradel.

Certaines personnes ne peuvent faire l'objet d'une interception qu'à certaines conditions, à peine de nullité (art. 100-7, C. pr. pén.) :

– les députés ou sénateurs après information du président de l'assemblée à laquelle il appartient ;

– les avocats ou de son domicile après information du bâtonnier. À peine de nullité, les correspondances avec un avocat relevant de l'exercice des droits de la défense ne peuvent être transcrites (art. 100-5, al. 3, C. pr. pén. ; loi du 12 décembre 2005) ;

– les magistrat après information du premier président ou du procureur général de la juridiction où il réside en soit informé.

L'article 100-6 du Code de procédure pénale prévoit que « *Les enregistrements sont détruits, à la diligence du procureur de la République ou du procureur général, à l'expiration du délai de prescription de l'action publique* ».

La Cour européenne des droits de l'Homme s'est prononcée à plusieurs reprises sur le problème des écoutes téléphoniques et a défini les conditions de leur conformité à l'article 8 de la Convention européenne des droits de l'Homme protégeant le droit au respect de la vie privée et familiale, du domicile et de la correspondance[8]. La Cour a considéré que l'interception d'une conversation téléphonique n'était possible que si elle est prévue par la loi, si elle est nécessaire à la poursuite d'un intérêt légitime et si elle est entourée de garanties adéquates et suffisantes.

F - La sonorisation et la fixation d'images

En matière de délinquance et de criminalité organisés, depuis le 1er octobre 2004, lorsque les nécessités de l'information l'exigent, le juge d'instruction peut, après avis du procureur de la République, autoriser par ordonnance motivée les officiers et agents de police judiciaire commis sur commission rogatoire à mettre en place un dispositif technique ayant pour objet, sans le consentement des intéressés, la captation, la fixation, la transmission et l'enregistrement de paroles prononcées par une ou plusieurs personnes à titre privé ou confidentiel, dans des lieux ou véhicules privés ou publics, ou de l'image d'une ou plusieurs personnes se trouvant dans un lieu privé (art. 706-96, al. 1er, C. pr. pén.). Ces opérations sont effectuées sous l'autorité et le contrôle du juge d'instruction. Ces décisions sont prises pour une durée maximale de quatre mois, renouvelable dans les mêmes conditions de forme et de durée (art. 706-98, C. pr. pén.). Les enregistrements sont placés sous scellés fermés (art. 706-100, al. 2, C. pr. pén.).

---

8. CEDH, Req. n° 5029/71, *G. Kalsse et autres c/ RFA*, arrêt du 6 septembre 1978, série A, vol. 28 ; Req. n° 86-91/79, *J. Malone c/ Royaume-Uni,* rapport du 17 décembre 1982, arrêt du 2 août 1984, série A, vol. 82 ; Req. n° 11801/85, J. *Kruslin c/ France*, rapport du 14 décembre 1988 ; Req. n° 11105/84, *Huvig c/ France*, rapport du 14 décembre 1988 ayant fait l'objet des arrêts du 24 avril 1990, série A, vol. 176A et 176B. Ces arrêts sont également commentés par Vincent Berger, *Jurisprudence de la Cour européenne des droits de l'Homme*, Sirey, 7e éd. 2000, 1004 à 1032.

G – Les expertises

Leur réglementation est organisée aux articles 156 à 169 du Code de procédure pénale. Ses domaines peuvent être très divers : médecine, biologie, toxicologie...

L'expertise peut être sollicitée par le juge d'instruction, par le Ministère public ou par les parties (art. 156, al. 1er, C. pr. pén.). La demande peut être refusée par le juge d'instruction par une ordonnance motivée susceptible d'appel (art. 156, al. 2, C. pr. pén.).

À compter du 1er juillet 2007 (loi n° 2007-291 du 5 mars 2007), le juge d'instruction peut, en cours de procédure, ordonner à la partie civile qui demande la réalisation d'une expertise de verser préalablement un complément de la consignation (art. 88-2, C. pr. pén.)

Le Ministère public ou la partie qui demande une expertise peut préciser dans sa demande les questions qu'il voudrait voir poser à l'expert (loi du 15 juin 2000) (art. 156, al. 1er, C. pr. pén).

Pendant l'expertise, les parties peuvent solliciter l'accomplissement de certaines recherches ou l'audition de personnes nommément désignées qui seraient susceptible de leur fournir des renseignements d'ordre technique (art. 165, C. pr. pén.).

Le juge d'instruction désigne un ou plusieurs experts (art. 159, C. pr. pén.).

Les experts sont choisis sur une liste nationale ou régionale (pour chaque Cour d'appel) (art. 157, al. 1er, C. pr. pén.). Le juge d'instruction peut cependant choisir un expert ne se trouvant pas sur une liste ; il doit alors prêter serment.

Les experts agissent sous le contrôle du juge d'instruction (art. 156, al. 3, C. pr. pén.) et pendant le délai qui leur est imparti (art. 161, al. 1er, C. pr. pén.). La mission des experts est précisée dans la décision ordonnant l'expertise (art. 158, C. pr. pén.). Elle ne peut avoir pour objet que des questions d'ordre technique.

Les experts établissent un rapport décrivant leurs opérations de façon précise et énonçant leurs conclusions qui sont portées à la connaissance des parties (art. 166, C. pr. pén.).

Le juge d'instruction donne connaissance des conclusions des experts aux parties et à leurs avocats après les avoir convoqués (art. 167, al. 1er, C. pr. pén.).

Depuis le 1er octobre 2004 (art. 167, al. 5, C. pr. pén.), le juge d'instruction peut également notifier au témoin assisté les conclusions des expertises qui le concernent en lui fixant un délai pour présenter une demande de complément d'expertise ou de contre-expertise. Lorsqu'il juge la demande injustifiée, le juge n'est pas tenu de rendre une ordonnance motivée sauf si le témoin assisté demande à être mis en examen en application de l'article 113-6.

La loi du 15 juin 2000 a créé un article 81-1 du Code de procédure pénale permettant au juge d'instruction, d'office ou sur réquisition du Parquet ou à la demande de la partie civile, de procéder à tout acte lui permettant d'apprécier la nature et l'importance des préjudices subis par la victime ou de recueillir des renseignements sur la personnalité de celle-ci.

L'un des objectifs de la loi n° 2007-291du 5 mars 2007 est de reconnaître aux parties des droits plus importants pendant la phase d'expertise :

– la copie de la décision du juge d'instruction ordonnant l'expertise est adressée sans délai au procureur de la République et aux avocats des parties (art. 161-1, C. pr. pén.) ; le parquet et les avocats disposent alors d'un délai de dix jours, notamment pour demander, sauf exceptions, au juge d'instruction de modifier ou compléter les questions posées à l'expert ;

– les parties ont désormais la possibilité de discuter des conclusions de l'expert avant l'élaboration par ce dernier de son rapport définitif (art. 167-2, C. pr. pén.).

La loi du 5 mars 2007 prévoit également diverses dispositions destinées à conforter les droits des parties vis-à-vis des experts (art. 166, 186 et 186-1, C. pr. pén.).

Le juge d'instruction peut demander la production de rapport d'étapes lorsque le délai imparti à l'expert pour accomplir sa mission est supérieure à un an (art. 161-2, C. pr. pén. ; loi 5 mars 2007 applicable au 1er juillet 2007).

H - Les mesures destinées à empêcher que l'infraction continue ou se renouvelle

Le juge d'instruction peut ordonner la fermeture de certains établissements où des infractions ont été commises. La durée de la fermeture est fixée à 3 mois renouvelables.

Exemple : en matière de proxénétisme (art. 706-36, C. pr. pén.).

I - L'enquête de personnalité

Le juge d'instruction a deux possibilités :

– il procède ou fait procéder soit par un officier de police judiciaire dans le cadre d'une commission rogatoire, soit par une personne habilitée, à une enquête de personnalité sur les personnes mises en examen ainsi que sur leur situation matérielle, familiale ou sociale (art. 81, al. 6, C. pr. pén.). Obligatoire en matière criminelle, cette enquête de personnalité est facultative en matière de délit (art. 81, al. 6, C. pr. pén., *in fine*);

– il fait procéder à une enquête rapide (art. 81, al. 7, C. pr. pén.) : pour cela, il peut commettre le service pénitentiaire d'insertion et de probation, le service de la protection judiciaire de la jeunesse ou toute personne habilitée (au sein de chaque tribunal de grande instance, il existe une permanence d'orientation pénale (POP) regroupant les moyens pour faire les enquêtes rapides : association de contrôle judiciaire ou d'enquête rapide, service éducatif auprès du tribunal...) pour procéder à cette enquête de personnalité afin de vérifier la situation matérielle, familiale et sociale de la personne mise en examen et de l'informer sur les mesures propres à favoriser son insertion sociale. Cette enquête est obligatoire chaque fois que le magistrat envisage la mise en détention provisoire d'un majeur âgé de moins de 21 ans lors des faits lorsqu'il n'encourt pas une peine supérieure à 5 ans d'emprisonnement (art. 81, al. 7, C. pr. pén., *in fine*).

Le juge d'instruction peut également prescrire un examen médical, un examen médico-psychologique ou ordonner toutes mesures utiles (art. 81, al. 8, C. pr. pén.). Une telle demande peut également être faite par les parties. Le juge d'instruction qui refuse l'examen doit alors rendre une ordonnance motivée dans un délai d'un mois à compter de la réception de la demande (art. 81, al. 9, C. pr. pén.). Si le juge d'instruction n'a pas statué dans le délai d'un mois, la partie peut saisir directement le président de la Chambre de l'instruction (art. 81, al. 10, C. pr. pén.).

BIBLIOGRAPHIE

ALLÉHAUT (M.), « Les droits de la défense », in *Mélanges Patin*, 1965, p. 453.

BOULOC (B.), *L'acte d'instruction*, LGDJ, 1965.

BOULOC (B.), « Le rôle du juge d'instruction dans le recherche de la vérité », *LPA*, 19 octobre 1986, p. 4.

BRISSAUD (J.) et MICOUD (R.), « La réforme de l'expertise mentale en matière criminelle », *RSC* 1939, p. 486.

CHAMBON (P.), *L'instruction contradictoire et la jurisprudence*, Éd. Techniques, 1953.

CLÉMENT (G.), VINCENTINI (J.-P.), « L'écoute incidente, genèse d'une poursuite », *RSC* 1997, p. 597.

FAGET (J.), « La POP Justice, permanences d'orientation pénale et rationalité judiciaire », *RSC* 1990, p. 844.

FAGET (J.), « Les enquêtes sociales rapides (évaluation nationale). La gestion humaine de l'urgence judiciaire », *RSC* 1997, p. 789.

GIUDICELLI (A.), « Le témoin assisté et la personne mise en examen : vers un nouvel équilibre ? », *RSC* 2001, p. 43.

GUERRIER (C.), *Les écoutes téléphoniques*, CNRS éditions, 2001.

GUÉRY (C.), « Les paliers de la vraisemblance pendant l'instruction préparatoire », *JCP* 1998.I.140 ; « Du témoin assisté à la partie virtuelle », *Dr. pén.* 1997, Nov., p. 4-6, « La mise en examen par le juge d'instruction après l'entrée en vigueur de la loi du 15 juin 2000 », *JCP* 2001, I, 359.

JONQUÈRES (J.), « Inculpation et mise en cause », *Gaz. Pal.* 1973, 2, Doctr. p. 461.

KAYSER (P.), « La loi n° 91-646 du 10 juillet 1991 et les écoutes téléphoniques », *JCP* 1991, I, 3559.

LE CALVEZ (J.), « L'article 80-1, alinéa 1er du Code de procédure pénale et la nullité de la mise en examen », *D.* 2002, Chron. p. 2277.

LAROSIÈRE DE CHAMPFEU (H. de), « L'instruction préparatoire à l'épreuve des lois des 4 janvier et 24 août 1993 : égalité des parties et responsabilités nouvelles », *Gaz. Pal.* 1996, 2, Doctr. p. 965.

LEMONDE (M.), « La protection des témoins devant les tribunaux répressifs français », *RSC* 1996, p. 815.

MERLE (R.), « L'inculpation », in *Mélanges Hugueney*, 1964, Sirey, p. 111.

PRADEL (J.), « Écoutes téléphoniques et Convention européenne des droits de l'homme », *D.* 1990, Chron. p. 15 ; « Les personnes suspectes ou poursuivies après la loi du 15 juin 2000. Évolution ou révolution », *D.* 2001, Chron. p. 1039 ; « Les écoutes téléphoniques : un régime sous surveillance », *RFDA* 1991, p. 83 ; « Un exemple de restauration de la légalité criminelle : le régime des interceptions de correspondances émises par la voie des télécommunications », *D.* 1992, Chron. p. 49 ;

« Centenaire de la loi du 8 décembre 1897 sur la défense avant jugement pénal : essai d'un bilan », *D.* 1997, Chron. p. 375.

RENUCCI (J.-F.), « Expertise pénale et Convention européenne des droits de l'Homme » *JCP* 2000, I, 227.

STÉFANI (G.), « L'acte d'instruction », in *Mélanges Hugueney*, 1964, p. 135.

VOUIN (R.), « L'enquête de personnalité, l'instruction préparatoire et les droits de la défense », *JCP* 1961, I, 1633 *bis*.

CHAPITRE 14

Mandats, contrôle judiciaire et détention provisoire

Il s'agit des mesures portant atteintes à la liberté. Elles sont ordonnées par le juge d'instruction ou le juge des libertés et de la détention.

La loi du 15 juin 2000 donne le plus souvent compétence à ce dernier pour décider des mesures privatives de liberté. Il s'agit d'un magistrat ayant rang de président, de premier vice-président ou de vice-président désigné par le président du tribunal de grande instance (art. 137, al. 2, C. pr. pén.). Il prend les décisions de placement et de prolongation de détention provisoire. Il statue également sur les demandes de mise en liberté qui lui sont soumises. Le juge des libertés et de la détention ne peut, à peine de nullité, participer au jugement des affaires pénales dont il a connu (art. 137-1, al. 3, C. pr. pén.).

En revanche, le juge d'instruction conserve sa compétence pour décider du maintien en détention provisoire au moment du renvoi.

Le juge des libertés et de la détention statue également sur les demandes de mise en liberté, sauf si le juge d'instruction y a déjà fait droit dans la mesure où la détention nécessite l'accord des deux magistrats alors que la liberté peut être décidée par un seul d'entre eux.

La loi du 15 juin 2000 a introduit un nouvel article 137 dans le Code de procédure pénale, entre en vigueur immédiatement. Il pose le principe selon lequel « *La personne mise en examen, présumée innocente, reste libre. Toutefois, en raison des nécessités de l'instruction ou à titre de mesure de sûreté, elle peut être astreinte à une ou plusieurs obligations du contrôle judiciaire. Lorsque celles-ci se révèlent insuffisantes au regard de ces objectifs, elle peut, à titre exceptionnel, être placée en détention* ».

La loi du 15 juin 2000 a prévu la création, en juin 2003, d'une commission de suivi de la détention provisoire, placée auprès du ministre de la Justice.

1 • LES MANDATS

Les mandats peuvent être le moyen pour le juge d'instruction d'obtenir la comparution d'une personne ou son incarcération.

Ainsi, la loi donne au juge d'instruction le pouvoir d'obliger certaines personnes à se mettre à la disposition de la justice. Ce pouvoir important s'exerce par le moyen de décisions appelées ***mandats*** (art. 122, C. pr. pén.). Le juge d'instruction peut délivrer quatre types de mandats (art. 122, C. pr. pén.).

Ces dispositions sont applicables aussi bien aux majeurs qu'aux mineurs, dès lors que ces derniers peuvent, en considération de leur âge et /ou de la nature des faits, être placés en garde à vue et pour les dispositions relatives au mandat d'arrêt, en détention provisoire.

A - Les différents types de mandat

Le ***mandat de recherche*** « *est l'ordre donné à la force publique de rechercher la personne à l'encontre de laquelle il est décerné et de la placer en garde à vue* » (art. 122, C. pr. pén.). Son objectif est de permettre l'arrestation et le placement en garde à vue d'une personne dont l'audition permettra au juge soit de mettre la personne en examen, soit de la mettre hors de cause.

Le ***mandat de comparution*** permet au juge d'instruction de convoquer les intéressés. Il a pour objet de mettre en demeure la personne à l'encontre de laquelle il est décerné de se présenter devant le juge à la date et à l'heure indiquées par ce mandat (art. 122, al. 3, C. pr. pén.).

Le ***mandat d'amener***, plus énergique, permet de recourir à la force publique pour contraindre l'intéressé à se présenter devant le juge d'instruction.

Le ***mandat de dépôt*** consiste en un ordre donné à la force publique de faire incarcérer une personne mise en examen : il faut donc soit que la personne soit déjà détenue pour une autre cause, soit qu'elle ait déféré à un mandat de comparution ou fait l'objet d'un mandat d'amener, soit qu'elle soit présentée au juge par des policiers ayant agi en enquête préliminaire ou de flagrance lorsque le procureur a décidé d'ouvrir une information. Depuis le 1er janvier 2001, seul le juge des libertés et de la détention peut décerner mandat de dépôt (art. 122, al. 1er, C. pr. pén.). L'article 122 alinéa 4 du même code définit désormais le mandat de dépôt comme « *l'ordre donné par le juge des libertés et de la détention au chef d'établissement pénitentiaire de recevoir et de détenir la personne mise en examen à l'encontre de laquelle il a rendu une ordonnance aux fins de placement en détention provisoire* » ;

Le ***mandat d'arrêt*** est l'ordre donné à la force publique de rechercher une personne et de la conduire, le cas échéant, à la maison d'arrêt indiquée sur le mandat, où elle sera reçue et détenue (art. 122, al. 6, C. pr. pén.).

B - Le régime applicable aux mandats

Les dispositions de l'article 123 du Code de procédure pénale relatives à la forme des mandats sont applicables à l'ensemble de ceux-ci. Le mandat doit préciser l'identité de la personne à l'encontre de laquelle il est décerné, être daté et signé par le juge d'instruction, le procureur ou le juge des libertés et de la détention, et revêtu de son sceau.

Il doit mentionner la nature des faits imputés à la personne, leur qualification juridique et les articles de loi applicables. Il est notifié et exécuté par un officier de police judiciaire. En cas d'urgence, il peut être diffusé par tous moyens.

1) Le mandat de recherche

Le mandat de recherche se substitue au mandat d'amener délivré par le procureur de la République en enquête de flagrance. Selon l'article 122 du Code de procédure pénale, le mandat de recherche peut être décerné à l'égard d'une personne à l'encontre de laquelle il existe une ou plusieurs raisons plausibles de soupçonner qu'elle a commis ou tenté de commettre une infraction. Il ne peut être décerné à l'égard d'une personne ayant fait l'objet d'un réquisitoire nominatif, d'un témoin assisté ou d'une personne mise en examen. Contrairement au mandat d'amener, le mandat de recherche ne peut être délivré que pour des infractions présentant une gravité suffisante. Le seuil de 3 années d'emprisonnement est le même permettant le placement en détention provisoire. Le mandat de recherche ne peut être délivré à l'encontre de simples témoins, il vise un suspect. L'article 77-4 reprend les mêmes limitations en cas d'enquête préliminaire.

Les dispositions de l'article 134 sont applicables pour l'exécution du mandat de recherche c'est-à-dire notamment l'interdiction de pénétrer au domicile de la personne en dehors des heures ouvrables (art. 70, C. pr. pén.).

La personne découverte en vertu d'un mandat de recherche est placée en garde à vue par l'officier de police judiciaire du lieu de sa découverte (art. 70, C. pr. pén.). Celui-ci peut procéder à son audition, sans préjudice de l'application de l'article 43 du Code de procédure pénale et de la possibilité pour les enquêteurs déjà saisis des faits de se transporter sur place afin d'y procéder eux-mêmes, après si nécessaire avoir bénéficié d'une extension de compétence en application de l'article 18 de ce même code. Le procureur de la République qui a délivré le mandat de recherche en est informé dès le début de la mesure et peut ordonner que, pendant la durée de la garde à vue, la personne soit conduite dans les locaux du service d'enquête saisi des faits.

Ce mandat peut être décerné à l'égard d'une personne à l'encontre de laquelle il existe une ou plusieurs raisons plausibles de soupçonner qu'elle a commis ou tenté de commettre une infraction. Ce mandat ne peut être délivré à l'égard d'une personne ayant fait l'objet d'un réquisitoire nominatif, d'un témoin assisté ou d'une personne mise en examen (art. 122, C. pr. pén.). Les effets de ce mandat sont les mêmes que ceux prévus à l'article 70 du Code de procédure pénale relatif à l'enquête mais les attributions du procureur sont ici transférées au juge d'instruction (art. 135-1, C. pr. pén.). La personne qui est découverte en vertu d'un mandat de recherche est placée en garde à vue par l'officier de police judiciaire du lieu de la découverte, suivant les modalités prévues à l'article 4 du Code de procédure pénale relatif au placement en garde à vue sur commission rogatoire (art. 135-1, C. pr. pén.). Le juge d'instruction saisi des faits en est informé dès le début de la garde à vue (art. 135-1, C. pr. pén.). Le juge d'instruction du lieu de la garde à vue, qui doit être avisé, n'est compétent que pour prolonger éventuellement la garde à vue, comme en cas de garde à vue sur commission rogatoire en l'absence de mandat de recherche. Le juge d'instruction saisi des faits peut, sans délivrer de commission rogatoire, demander aux enquêteurs du lieu de l'arrestation de procéder à l'audition de la personne. Il peut également demander à ces enquêteurs de procéder à la perquisition des lieux dans lesquels se trouvait l'intéressé. Pendant la garde à vue, la personne peut également être conduite dans les locaux du service d'enquête saisi des faits.

2) Les autres mandats

Depuis le 1er janvier 2001, seul le juge des libertés et de la détention peut décerner un mandat de dépôt (art. 122, al. 1er, C. pr. pén.). Il s'agit de l'ordre donné au chef de l'établissement pénitentiaire de recevoir et de détenir une personne (art. 122, al. 8, C. pr. pén.). Ce mandat permet également de rechercher ou de transférer cette personne. Le mandat de dépôt peut être décerné à l'encontre d'une personne mise en examen et ayant fait l'objet d'une ordonnance de placement en détention provisoire (art. 122, al. 8, C. pr. pén., *in fine*).

Les mandats de comparution, d'amener ou d'arrêt ne peuvent être décernés qu'à l'égard de personnes pour lesquelles il existe des indices graves ou concordants rendant vraisemblable qu'elles aient pu participer, comme auteur ou complice, à la commission d'une infraction, y compris si cette personne est témoin assisté ou mise en examen (art. 122, al. 3, C. pr. pén.). Le juge d'instruction doit entendre comme témoins assistés les personnes contre lesquelles il a été décerné un mandat de comparution, d'amener ou d'arrêt ou bien les mettre en examen (art. 122, al. 7, C. pr. pén.). Ces personnes ne peuvent pas être placées en garde à vue pour les faits ayant donné lieu à la délivrance du mandat (art. 122, al. 7, C. pr. pén., *in fine*).

En cas de mandat d'arrêt ou d'amener, la loi du 9 mars 2004 a généralisé la rétention de 24 heures par les forces de l'ordre précédant la présentation au magistrat. Cette disposition évite les incarcérations susceptibles d'intervenir au milieu de la nuit. En matière de mandat d'amener, l'article 125 du Code de procédure pénale prévoit le principe de l'interrogatoire immédiat par le juge d'instruction et la possibilité de cette rétention de 24 heures si l'interrogatoire ne peut être immédiat ou si la personne est arrêtée sur mandat d'amener à plus de 200 km du lieu du juge mandant (art. 127, C. pr. pén.). Lorsqu'une personne recherchée en vertu d'un mandat d'amener est trouvée à plus de 200 km du siège du juge d'instruction qui a délivré le mandat et qu'il n'est pas possible de la conduire devant ce magistrat dans un délai de 24 heures, la personne doit être conduite devant le procureur de la République du lieu d'arrestation. En matière de mandat d'arrêt, l'article 133 du Code de procédure pénale prévoit que la personne doit être présentée dans les 24 heures de sa rétention par les forces de l'ordre devant le juge d'instruction ou à défaut le président du tribunal ou le juge désigné par celui-ci pour qu'il soit procédé à son interrogatoire. À défaut, la personne est remise en liberté. Si la personne est arrêtée à plus de 200 km du tribunal où siège le juge d'instruction qui a délivré le mandat, elle devrait être conduite dans les 24 heures suivant son arrestation devant le procureur de la République du lieu de l'arrestation qui recevra ses déclarations. Toute personne arrêtée en vertu d'un mandat d'amener qui a été retenue pendant plus de 24 heures sans avoir été interrogée doit être considérée comme détenue arbitrairement (art. 126, C. pr. pén.). Le procureur de la République du lieu de l'arrestation doit être informé dès le début de cette rétention. La personne a le droit de faire prévenir un proche et d'être examinée par un médecin (art. 63-2, 63-3 et 133-1, C. pr. pén.). Ne s'agissant pas d'une garde à vue, la personne ne peut être interrogée par les enquêteurs et ne bénéficie pas du droit à s'entretenir avec un avocat[1]. Ces dispositions sont applicables au mineur mais il est souhaitable que les responsables légaux soient avisés et qu'un examen médical soit effectué pour les moins de 16 ans[2].

2 • LE CONTRÔLE JUDICIAIRE

A - La décision de mise sous contrôle judiciaire

Le juge d'instruction et le juge des libertés et de la détention sont compétents pour placer sous contrôle judiciaire la personne mise en examen. Cependant, les juridictions de jugement peuvent également recourir à cette mesure lorsque l'information est close. Le juge d'instruction ne peut désormais ordonner le contrôle judiciaire qu'après avoir recueilli les réquisitions du procureur de la République (art. 137-2, C. pr. pén.). Cette mesure n'est possible que lorsque la peine encourue est l'emprisonnement correctionnel ou une peine plus forte.

Le juge d'instruction peut décider de placer la personne sous contrôle judiciaire aussi bien au début de l'instruction qu'au cours de celle-ci. Elle peut intervenir soit au début de l'information, soit au cours de celle-ci (art. 139, al. 1er, C. pr. pén.).

Le juge des libertés et de la détention n'est compétent en matière de placement sous contrôle judiciaire que lorsqu'il a été saisi par le juge d'instruction aux fins de placement en détention provisoire, de prolongation de la détention provisoire, de maintien en détention provisoire après requalification ou de rejet d'une demande de mise en liberté (art. 137-2, al. 2, C. pr. pén.).

Le juge d'instruction peut décider de placer la personne sous contrôle judiciaire aussi bien au début de l'instruction qu'au cours de celle-ci. La mise en examen peut également intervenir au début de l'information, soit au cours de celle-ci (art. 139, al. 1er, C. pr. pén.).

1. Circulaire du 21 septembre 2004, préc., § 2.1.2.
2. Circulaire du 21 septembre 2004, préc., § 2.1.2.

B - Les effets du contrôle judiciaire

1) Contenu des obligations du contrôle judiciaire

Le contrôle judiciaire astreint la personne mise en examen à se soumettre à certaines obligations qui sont déterminées par le juge d'instruction ou le juge des libertés et de la détention et choisies dans une liste établie à l'article 138, alinéa 2 du Code de procédure pénale. Ces obligations peuvent être modifiées ou faire l'objet en tout ou en partie d'une dispense occasionnelle ou temporaire (art. 139, al. 2, C. pr. pén.).

Ces obligations peuvent être les suivantes (art. 138, C. pr. pén.) : ne pas sortir des limites territoriales déterminées par le juge d'instruction ou le juge des libertés et de la détention, ne s'absenter de son domicile ou de la résidence qu'aux conditions et pour des motifs déterminés, ne pas se rendre en certains lieux ou ne se rendre que dans certains lieux, s'abstenir de recevoir ou de rencontrer certaines personnes et d'entrer en relation avec elles ou justifier qu'elle contribue aux charges familiales ou acquitte régulièrement les aliments qu'elle a été condamnée à payer...

Lorsqu'un contrôle judiciaire est ordonné par le juge d'instruction ou le juge des libertés et de la détention avec interdiction de recevoir ou de rencontrer la victime en application du 9e de l'alinéa 2 de l'article 138, celle-ci doit être informée de cette mesure et des conséquences qui peuvent résulter pour la personne mise en examen du non-respect de cette interdiction. Cet avis est également adressé à l'avocat de la victime lorsqu'elle s'est constituée partie civile. Lorsqu'une mise en liberté est ordonnée en raison des dispositions des articles 143-1, 144, 144-1, 145-1, 146-3 ou 706-24-3 du Code de procédure pénale mais qu'elle est susceptible de faire courir un risque à la victime, la juridiction doit placer l'intéressé sous contrôle judiciaire en le soumettant à l'interdiction de recevoir ou rencontrer la victime ou d'entrer en relation de quelque façon que ce soit avec elle en application du 9e, al. 2 de l'article 138 du Code de procédure pénale (art. 144-2, C. pr. pén.).

La personne placée sous contrôle judiciaire peut également être astreinte à fournir un cautionnement (art. 142, C. pr. pén.) garantissant sa présentation à tous les actes de la procédure et pour l'exécution du jugement ainsi que le respect des obligations imposées par le contrôle judiciaire. Ce cautionnement permet également d'assurer la réparation de la victime et le paiement des amendes. Le juge d'instruction ou le juge des libertés et de la détention détermine le montant de ce cautionnement (art. 142, al. 2, C. pr. pén.).

La somme versée est répartie en deux parties correspondant aux deux objectifs de la mesure (art. 142 à 142-3, C. pr. pén.) :

– une partie est restituée à l'intéressé s'il a satisfait aux obligations qui lui étaient imposées, s'est présenté à tous les actes de la procédure et s'est soumis à l'exécution du jugement ;

– une provision peut être allouée à la victime avant jugement sur l'autre partie.

2) Non-respect des obligations du contrôle judiciaire

Le non-respect des obligations du contrôle judiciaire permet au juge de décerner à son encontre mandat d'arrêt ou d'amener ou de placer l'intéressé en détention provisoire quelle que soit la peine encourue. Le juge d'instruction doit à cette fin saisir le juge des libertés et de la détention (art. 141-2, al. 1er, C. pr. pén.). Le même droit appartient à la juridiction compétente jusqu'au 31 septembre 2004 et depuis le 1er octobre 2004 au procureur de la République lorsque la personne est renvoyée devant la juridiction de jugement (art. 141-2, al. 2, C. pr. pén.).

C - La durée du contrôle judiciaire

Lorsque les faits constituent un délit, l'ordonnance de clôture met normalement fin au contrôle judiciaire (art. 179, al. 2, C. pr. pén.). Cependant, le juge d'instruction peut, par une ordonnance distincte spécialement motivée, prolonger cette mesure jusqu'à la comparution de l'intéressé devant la juridiction compétente (art. 179, al. 3, C. pr. pén.). Si le juge d'instruction estime que les faits constituent un crime, le contrôle judiciaire continue à produire ses effets (art. 181, al. 5, C. pr. pén.).

Le contrôle judiciaire peut également prendre fin par une mainlevée (art. 140, C. pr. pén.). Elle peut être ordonnée d'office uniquement par le juge d'instruction, soit d'office, soit sur réquisitions du procureur de la République, soit sur demande de l'intéressé après avis du procureur de la République (art. 140, C. pr. pén.). Le juge d'instruction statue par ordonnance motivée sur la demande de la personne dans un délai de 5 jours (art. 140, al. 2, C. pr. pén.). Si le juge d'instruction n'a pas statué dans ce délai, la personne peut saisir directement de sa demande la chambre de l'instruction. À défaut, la mainlevée du contrôle judiciaire est acquise de plein droit, sauf si des vérifications concernant la demande de la personne ont été ordonnées (art. 140, al. 3, C. pr. pén.).

3 • LA DÉTENTION PROVISOIRE

La détention provisoire est une mesure grave qui existe depuis le Code de 1801. La volonté du législateur est d'en faire une exception (selon l'article 137 du Code de procédure pénale, « *La personne mise en examen, présumée innocente, reste libre* ») mais dans la pratique, elle reste le principe. Ainsi, l'article 137 du Code de procédure pénale prévoit également que « *toutefois, en raison des nécessités de l'instruction ou à titre de mesure de sûreté, elle peut être astreinte à une ou plusieurs obligations du contrôle judiciaire. Lorsque celles-ci se révèlent insuffisantes au regard de ces objectifs, elle peut, à titre exceptionnel, être placée en détention provisoire* ».

La détention provisoire s'oppose à certains textes relatifs aux droits de l'Homme, mais il existe un certain nombre de garde-fous.

Les principes :

– Article 9 de la Déclaration des droits de l'Homme et du citoyen de 1789 : « *Tout homme étant présumé innocent jusqu'à ce qu'il ait été déclaré coupable, s'il est jugé indispensable de l'arrêter, toute rigueur qui ne serait pas nécessaire pour s'assurer de sa personne doit être sévèrement réprimée par la loi* ».

– Article 7 de la Déclaration des droits de l'Homme et du citoyen de 1789 : « *Nul ne peut être accusé, arrêté ni détenu que dans les cas déterminés par la loi et selon les formes qu'elle a prescrites* ».

– Article 66 de la Constitution du 4 octobre 1958 : « *Nul ne peut être arbitrairement détenu. L'autorité judiciaire, gardienne des libertés individuelles, assure le respect de ce principe dans les conditions prévues par la loi* ».

Les garde-fous :

– présence de l'avocat pendant l'instruction ;

– seul un magistrat peut ordonner la mise en détention provisoire ;

– conditions restrictives du placement en détention provisoire ;

– durée limitée de la détention provisoire ;

– voies de recours ;

– absence de nécessité de motiver la décision de ne pas placer en détention provisoire en opposition avec les réquisitions du procureur de la République ;

– possibilité de placer la personne mise en examen sous contrôle judiciaire ;

– notion de « témoin assisté » : personne visée par le réquisitoire du procureur sans être mise en examen, possibilité d'accès au dossier et d'assistance de l'avocat.

La création du juge des libertés et de la détention constitue un garde-fou supplémentaire.

A - Les conditions de la mise en détention provisoire

1) Les conditions de fond

a) Les conditions tenant à la peine encourue

La détention provisoire est exclue en matière contraventionnelle. Elle est facultative en matière correctionnelle et criminelle.

– en matière criminelle

En matière criminelle, elle est toujours possible, quelle que soit la peine encourue (art. 143-1-1°, C. pr. pén.).

– en matière correctionnelle

En revanche, en matière correctionnelle, elle n'est autorisée que lorsque la peine encourue est égale ou supérieure à 3 ans (art. 143-1-2°, C. pr. pén.).

– *en cas de méconnaissance des obligations du contrôle judiciaire*

Si la détention provisoire résulte de ce que l'intéressé a méconnu les modalités du contrôle judiciaire, ces conditions tenant à la peine encourue ne sont pas prises en compte (art. 143-1, al. 2, C. pr. pén.).

b) Les conditions tenant aux motifs

L'article 144 du Code civil prévoit trois types de motifs :

– lorsque la détention provisoire est l'unique moyen de conserver les preuves ou les indices matériels ou d'empêcher soit une pression sur les témoins ou les victimes et leur famille soit une concertation frauduleuse entre personnes mises en examen et complices ;

– lorsque la détention est l'unique moyen de protéger la personne mise en examen, de garantir son maintien à la disposition de la justice, de mettre fin à l'infraction ou de prévenir son renouvellement ;

– afin de « *mettre fin à un trouble exceptionnel et persistant de l'ordre public provoqué par la gravité de l'infraction, les circonstances de sa commission ou l'importance du préjudice qu'elle a causé* ».

La loi du 30 janvier 1996 a précisé que la détention provisoire ne pouvait être ordonnée ou prolongée qu'« à titre exceptionnel ».

À compter du 1er juillet 2007, le nouvel article 144 du Code de procédure pénale oblige le juge à justifier d'éléments précis et circonstanciés résultant de la procédure pour recourir à la détention provisoire et à condition que celle-ci constitue l'unique moyen de parvenir à l'un ou plusieurs des objectifs suivants, et que ceux-ci ne sauraient être atteints en cas de placement sous contrôle judiciaire :

– conserver les preuves ou les indices matériels qui sont nécessaires à la manifestation de la vérité ;

– empêcher une pression sur les témoins ou les victimes ainsi que sur leur famille ;

– empêcher une concertation frauduleuse entre la personne mise en examen et ses coauteurs ou complices ;

– protéger la personne mise en examen ;

– garantir le maintien de la personne mise en examen à la disposition de la justice ;

– mettre fin à l'infraction ou prévenir son renouvellement ;

– mettre fin au trouble exceptionnel et persistant à l'ordre public provoqué par la gravité de l'infraction, les circonstances de sa commission ou l'importance du préjudice qu'elle a causé. Ce trouble ne peut résulter du seul retentissement médiatique de l'affaire. Toutefois, ce dernier cas n'est pas applicable en matière correctionnelle.

2) Les conditions de forme

Depuis le 1er janvier 2001, seul le juge des libertés et de la détention est compétent en matière de placement en détention provisoire.

Lorsqu'il envisage le placement d'un individu en détention provioire, le juge d'instruction saisit le juge des libertés et de la détention par une ordonnance tendant au placement en détention provisoire d'une personne mise en examen. Cette ordonnance est motivée conformément à l'article 144 du Code de procédure pénale.

S'il n'envisage pas de placer le prévenu en détention provisoire, le juge des libertés et de la détention statue par ordonnance motivée disant qu'il n'y a pas lieu à placer la personne en détention provisoire ou il peut ordonner une mesure de contrôle judiciaire dont il fixe les obligations dans une ordonnance motivée (art. 145, al. 3, C. pr. pén.).

Lorsque le juge d'instruction estime qu'il n'y a pas lieu de placer la personne mise en examen en détention provisoire alors que les réquisitions du procureur de la République tendaient au placement en détention provisoire, le juge d'instruction est tenu de statuer sans délai par ordonnance motivée, qui est immédiatement portée à la connaissance du procureur de la République (art. 137-4, al. 1er, C. pr. pén.).

Depuis la loi du 9 mars 2004, le juge des libertés et de la détention peut être saisi aux fins de placement en détention provisoire par le procureur de la République dans des cas précis (art. 137-4, al. 2, C. pr. pén.) :

– uniquement en matière criminelle ou pour les délits punis de dix ans d'emprisonnement ;

– seulement si les réquisitions sont motivées, en tout ou partie, par les motifs prévus aux 2° et 3° de l'article 144.

Dans cette hypothèse, le procureur de la République peut saisir directement le juge des libertés et de la détention en déférant sans délai devant lui la personne mise en examen. L'ordonnance rendue par le juge des libertés et de la détention entraîne le cas échéant la caducité de l'ordonnance du juge d'instruction ayant placé la personne sous contrôle judiciaire. S'il renonce à saisir directement le juge des libertés et de la détention, le procureur de la République en avise le juge d'instruction et la personne peut être laissée en liberté.

Si l'intéressé n'avait pas d'avocat pendant l'interrogatoire de première comparution devant le juge d'instruction, le juge des libertés et de la détention doit l'informer qu'il peut solliciter l'assistance d'un défenseur choisi ou commis d'office (art. 145, al. 5, C. pr. pén.).

Le juge des libertés et de la détention doit également aviser l'intéressé de ce qu'il a droit à disposer d'un délai pour préparer sa défense (art. 145, al. 7, C. pr. pén.). Dans ce cas, le juge des libertés et de la détention peut demander l'incarcération provisoire (qui doit être distinguée de la détention provisoire) : celle-ci est décidée par une ordonnance motivée par la nécessité de permettre à l'intéressé d'organiser sa défense. Cette ordonnace est insusceptible d'appel (simplicité). La durée de cette incarcération est déterminée par le juge d'instruction et ne peut dépasser 4 jours (5 jours avant la loi du 4 janvier 1993) (art. 145, al. 8, C. pr. pén.).

Le juge d'instruction peut profiter du délai de 4 jours pour ordonner une enquête sociale (sauf si elle a déjà été ordonnée auparavant par le Parquet) ce qui lui permettra de prendre sa décision avec un maximum d'éclairage sur la situation du détenu.

Pour cela, le juge d'instruction peut commettre le comité de probation, les services de la protection judiciaire de la jeunesse ou toute personne habilitée (art. 81, al. 6, C. pr. pén.). Dans tous les cas, c'est-à-dire même si un délai n'est pas sollicité, le magistrat peut commencer par ordonner une enquête sociale rapide mais celle-ci s'intègre souvent dans le débat contradictoire. L'enquête sociale rapide est désormais obligatoire avant toute réquisition de placement en détention provisoire en cas de poursuites contre un majeur de moins de vingt et un ans au moment de la commission de l'infraction, lorsque la peine n'excède pas 5 ans d'emprisonnement (art. 41, al. 6 et 7, C. pr. pén.)[3].

La durée de l'incarcération provisoire sera imputée sur la durée de la détention provisoire (art. 145, al. 9, C. pr. pén.).

S'il n'envisage pas de placer le prévenu en détention provisoire, le juge des libertés et de la détention statue par ordonnance motivée disant qu'il n'y a pas lieu à placer la personne en détention provisoire ou il peut ordonner une mesure de contrôle judiciaire dont il fixe les obligations dans une ordonnance motivée (art. 145, al. 3, C. pr. pén.).

S'il envisage de placer l'intéressé en détention provisoire, le juge des libertés et de la détention procède au débat contradictoire et prend sa décision (art. 145, al. 4, C. pr. pén.).

a) Le débat contradictoire

Un débat contradictoire se trouve au centre de cette procédure (art. 145, al. 6, C. pr. pén.). Il permet au magistrat de recueillir des informations lui permettant de juger de l'opportunité de la mise en détention provisoire de l'intéressé. Le débat contradictoire se déroule devant le juge des libertés et de la détention en présence de l'intéressé, de son conseil et du Ministère public (art. 145, al. 6, C. pr. pén.).

Il se déroule en principe en audience de cabinet mais il peut également avoir lieu en audience publique à la demande de la personne mise en examen mais sous certaines conditions (art. 145, al. 6, C. pr. pén.).

À compter du 1er juillet 2007, l'assistance du mis en examen par un avocat est obligatoire devant le juge des libertés et de la détention. De plus, le sixième alinéa de l'article 145 du Code de procédure pénale dans sa formulation issue de la loi du 5 mars 2007 fait de la publicité la règle lors de l'audience devant le juge des libertés et de la détention, et, de l'audience de cabinet l'exception. Ainsi, si la personne est majeure, le débat contradictoire aurait lieu en audience publique. Toutefois, le Ministère public, la personne mise en examen ou son avocat pourraient s'opposer à la publicité dans certains cas précis. Enfin, le juge des libertés et de la détention pourra décider d'office l'incarcération provisoire de l'intéressé afin de permettre au juge d'instruction de procéder aux vérifications susceptibles de permettre un placement sous contrôle judiciaire. Cette décision du juge pourrait faire l'objet d'un appel ainsi que du référé-

3. Circulaire du 21 septembre 2004, préc, §4.2.1.

liberté. Le juge d'instruction peut également demander que la publicité des débats soit écartée (art. 137-1, al. 4, C. pr. pén.).

Le débat peut avoir lieu immédiatement après que l'intéressé a été avisé de ce que le juge envisage de le placer en détention provisoire. Il peut également être différé lorsque l'intéressé ou son avocat demande un délai pour préparer la défense. Dans cette hypothèse, le juge des libertés et de la détention peut, au moyen d'une ordonnance motivée et non susceptible d'appel, prescrire l'incarcération de la personne pour une durée déterminée qui ne peut en aucun cas excéder quatre jours ouvrables (art. 145, al. 7 et 8, C. pr. pén.). Le débat a lieu immédiatement dans les autres cas, y compris lorsque l'intéressé ne veut pas d'avocat ou lorsque l'avocat ne se présente pas et que l'intéressé ne demande pas de délai.

La procédure est orale et contradictoire.

Au cours du débat contradictoire, le juge des libertés et de la détention entend le Ministère public qui développe ses réquisitions écrites et motivées par référence aux dispositions de l'article 144. Il entend ensuite les observations des intéressés et, le cas échéant, celles de son conseil.

b) La décision du juge des libertés et de la détention

Le juge rend sa décision à l'issue du débat :

– s'il décide de ***ne pas placer l'intéressé en détention provisoire,*** il procède comme dans le cas où il avait décidé d'exclure la détention provisoire avant même tout débat contradictoire ;

– s'il décide de ***placer l'intéressé en détention provisoire***, le juge rend une ordonnance qui doit comporter l'énoncé des considérations de fait et de droit sur le caractère insuffisant des obligations du contrôle judiciaire et le motif de la détention par référence aux dispositions de l'article 144 du Code de procédure pénale (art. 145, al. 1er, C. pr. pén.). Le respect des conditions énumérées par l'article 144 ne suffit pas, le juge doit se baser sur les éléments de fait du dossier permettant de rentrer dans telle ou telle hypothèse de l'article 144.

Le juge établit également un mandat de dépôt qui est le titre de détention obligeant le chef de l'établissement pénitentiaire à recevoir l'intéressé. Une notice individuelle comportant des renseignements relatifs aux faits ayant motivé la poursuite de l'intéressé, à ses antécédents judiciaires et à sa personnalité doit être transmise au chef de l'établissement pénitentiaire. Sur cette notice, le juge des libertés et de la détention indique les mesures qu'il prescrit le cas échéant comme l'interdiction temporaire de communiquer ou attire l'attention du chef d'établissement sur certaines particularités comme le risque de suicide.

Une disposition originale est également introduite par la loi du 15 juin 2000 à l'article 145-5 du Code de procédure pénale : hormis en cas de crime, ou de délit commis contre un mineur ou en cas de non respect des obligations du contrôle judiciaire, le placement en détention provisoire ou la prolongation de la détention provisoire d'une personne faisant connaître qu'elle exerce l'autorité parentale sur un enfant de 16 ans au plus ayant chez elle sa résidence habituelle ne peut être ordonné sans que le service socio-éducatif ait été au préalable chargé de rechercher et de proposer toutes mesures propres à éviter que la santé, la sécurité et la moralité du mineur ne soient en danger ou que les conditions de son éducation ne soient gravement compromises.

c) Le recours contre la décision de mise en détention provisoire et le « référé-liberté »

L'intéressé et le Parquet peuvent faire appel mais pas la partie civile. Les voies de recours sont prévues aux articles 185 et 186 du Code de procédure pénale. L'appel doit être formé dans les 5 jours pour le Parquet et les 10 jours pour la personne mise en examen, qui suivent la notification ou la signification de la décision (dans les conditions fixées aux articles 502 et 503, C. pr. pén.).

Cet appel n'est pas suspensif. Cependant, lors de l'élaboration d'une ordonnance de placement en détention provisoire, la personne mise en examen ou le procureur de la République peuvent, s'ils en interjettent appel le jour même ou le jour suivant, présenter en même temps que l'appel une demande adressée au président de la Chambre de l'instruction en vue de déclarer l'appel suspensif. Il s'agit du « référé-liberté ». Il est organisé à l'article 187-1 du Code de procédure pénale. Il a été introduit par la loi du 24 août 1993.

Le président de la Chambre de l'instruction doit statuer au plus tard le troisième jour ouvrable suivant le dépôt de cette requête (art. 187-1, al. 2, C. pr. pén.). La décision n'est pas motivée et insusceptible de recours. S'il estime que les conditions prévues par l'article 144 ne sont pas réunies, le président de la chambre de l'instruction infirme l'ordonnance du juge des libertés et de la détention et ordonne la remise en liberté de la personne (art. 187-1, al. 3, C. pr. pén.). S'il infirme l'ordonnance du juge des libertés et de la détention, le président de la Chambre de l'instruction ou le magistrat qui le remplace peut ordonner le placement sous contrôle judiciaire de la personne mise en examen (art. 187-1, al. 5, C. pr. pén.).

L'article 187-2 du Code de procédure pénale prévoit que la personne qui forme un recours contre une ordonnance de placement en détention provisoire peut demander à ce qu'il soit directement examiné par la chambre de l'instruction qui doit statuer au plus tard le cinquième jour ouvrable suivant la demande.

Si la requête est rejetée, la personne placée en détention provisoire peut se désister de son appel et se réserver la possibilité de présenter ultérieurement une demande de mise en liberté lorsqu'elle le jugera favorable.

Depuis le 1er octobre 2004, lorsqu'une mise en liberté est ordonnée mais qu'elle est susceptible de faire courir un risque à la victime, la juridiction place la personne mise en examen sous contrôle judiciaire en la soumettant à l'interdiction de recevoir ou rencontrer la victime ou d'entrer en relation de quelque façon que ce soit avec elle. Cette dernière en est avisée (art. 144-2, C. pr. pén.).

B - Les effets de la mise en détention provisoire

1) La durée de la détention provisoire

L'article 144-1 du Code de procédure pénale, introduit par la loi du 30 janvier 1996, précise que la détention provisoire ne peut excéder une durée raisonnable. Ce délai doit être apprécié au regard des faits reprochés à la personne mise en examen et de la complexité des investigations nécessaires à la manifestation de la vérité. Dans tous les cas, la remise en liberté doit être ordonnée dès que les conditions contenues dans l'article 144 ne sont plus remplies (art. 144-1, al. 2, C. pr. pén.).

La loi du 4 mars 2001 empêche la mise en détention provisoire ou la prolongation de celle-ci, sauf en cas de crime à l'égard d'une personne faisant connaître, lors de son interrogatoire par le juge d'instruction préalable à la saisine du juge des libertés et de la détention, qu'elle exerce à titre exclusif l'autorité parentale sur un mineur de 16 ans au plus ayant chez elle sa résidence, tant qu'il n'a pas été recherché de mesures propres à éviter que la santé, la sécurité et la moralité du mineur ne soient en danger ou que les conditions de son éducation ne soient gravement compromises (art. 145-5, C. pr. pén.).

a) En matière criminelle (art. 145-2, C. pr. pén.)

La détention provisoire est limitée à un an (art. 145-2, al. 1er, C. pr. pén.). À l'expiration de ce délai, le juge d'instruction peut procéder à une prolongation de 6 mois (un an avant la loi du 30 janvier 1996) par une ordonnance motivée rendue après un débat contradictoire.

Lorsque la durée de la détention excède un an, les décisions qui ordonnent la prolongation ou refusent la remise en liberté doivent également comporter les indications particulières qui justifient en l'espèce la poursuite de l'information et le délai prévisible d'achèvement de la procédure[4], sans toutefois préciser les investigations auxquelles le juge désire procéder lorsque cette indication risque d'entraver l'accomplissement de ces investigations (art. 145-3, C. pr. pén.).

Une nouvelle prolongation est possible tous les 6 mois jusqu'à l'ordonnance de règlement (art. 145-2, al. 1er, C. pr. pén.).

La loi du 15 juin 2000 prévoit qu'en matière criminelle, la personne mise en examen ne peut être maintenue en détention provisoire au-delà de deux ans lorsque la peine encourue est inférieure à 20 ans de réclusion ou détention criminelle et au-delà de 3 ans dans les autres cas (art. 145-2, al. 2, C. pr. pén.). Ces délais sont portés respectivement à 3 et 4 ans lorsque l'infraction a été commise en dehors du territoire national ou lorsque la personne est poursuivie pour plusieurs crimes contre les personnes, ou contre la nation, l'État et la paix publique ou pour trafic de stupéfiants, terrorisme,

---

4. Crim., 22 septembre 1999, *D.* 1999, IR, p. 265 ; Crim., 6 août 1997, *D.* 1998, Somm. p. 171, obs. J. Pradel.

proxénétisme, extorsion de fonds ou pour un crime commis en bande organisée (art. 145-2, al. 2, C. pr. pén.).

La loi du 9 septembre 2002 a apporté une exception à ces principes, contenue dans le troisième alinéa de l'article 145-2 du Code de procédure pénale : désormais, à titre exceptionnel, lorsque les investigations du juge d'instruction doivent être poursuivies et que la mise en liberté de la personne mise en examen causerait pour la sécurité des personnes et des biens un risque d'une particulière gravité, la chambre de l'instruction peut prolonger pour une durée de quatre mois la durée maximale de deux ans. La Chambre de l'instruction est saisie par ordonnance motivée du juge des libertés et de la détention. La comparution personnelle du mis en examen est de droit.

Le juge d'instruction peut également saisir le juge des libertés et de la détention aux fins de maintien en détention provisoire de la personne mise en examen lorsqu'il apparaît, au cours de l'instruction, que la qualification criminelle (art. 146, C. pr. pén.). Le juge des libertés et de la détention statue dans le délai de trois jours à compter de la date de sa saisine par le juge d'instruction.

b) En matière correctionnelle (art. 145-1, C. pr. pén.)

Depuis le 1er janvier 2001, la détention provisoire ne peut excéder 4 mois lorsque la personne mise en examen n'a pas déjà été condamnée pour crime ou délit de droit commun soit à une peine criminelle, soit à une peine d'emprisonnement sans sursis d'une durée supérieure à un an et lorsqu'elle encourt une peine inférieure ou égale à 5 ans.

Dans les autres cas et à titre exceptionnel, la détention provisoire peut être prolongée pour une durée maximum de 4 mois. Exceptionnellement, la décision peut être renouvelée sans que la détention provisoire puisse excéder un an au total. Cette durée peut être portée à deux ans lorsque l'un des faits constitutifs de l'infraction a été commis hors du territoire national ou lorsque la personne est poursuivie pour trafic de stupéfiants, terrorisme, association de malfaiteurs, proxénétisme, extorsion de fonds ou pour une infraction commise en bande organisée et qu'elle encourt une peine égale à 10 ans d'emprisonnement (art. 145-1, al. 2, C. pr. pén.). Elle peut être portée à 3 ans pour le délit d'association de malfaiteurs terroristes (art. 706-24-3, C. pr. pén.).

La loi du 9 septembre 2002 a apporté une exception à ces principes, contenue dans le troisième alinéa de l'article 145-1 du Code de procédure pénale : désormais, à titre exceptionnel, lorsque les investigations du juge d'instruction doivent être poursuivies et que la mise en liberté de la personne mise en examen causerait pour la sécurité des personnes et des biens un risque d'une particulière gravité, la chambre de l'instruction peut prolonger pour une durée de quatre mois les durées maximales prévues théoriquement en matière correctionnelle. La Chambre de l'instruction est saisie par ordonnance motivée du juge des libertés et de la détention. La comparution personnelle du mis en examen est de droit.

Les prolongations ne peuvent avoir lieu qu'après l'organisation d'un débat contradictoire (art. 145-1, al. 2, C. pr. pén.).

L'avocat du mis en examen est prévenu au moins 5 jours ouvrables à l'avance (art. 145-1, al. 2, C. pr. pén.).

Le juge d'instruction doit préalablement recueillir les réquisitions du Ministère public et les transmettre au juge des libertés et de la détention accompagnées de l'ordonnance de saisine motivée conformément aux dispositions de l'article 144 du Code de procédure pénale (art. 137-4, C. pr. pén.).

À l'issue du débat contradictoire, le juge des libertés et de la détention prolonge la détention provisoire ou remet le mis en examen en liberté, le cas échéant sous contrôle judiciaire.

En cas de condamnation à une peine privative de liberté, il y a une imputation obligatoire du temps passé en détention provisoire sur la durée totale de la peine prononcée (art. 716-4, al. 1er, C. pr. pén.) y compris pour l'incarcération provisoire.

S'il apparaît au cours de l'information que les faits reprochés à la personne mise en examen sous une qualification correctionnelle constituent en réalité un crime, le juge d'instruction notifie à la personne, après l'avoir informée de son intention et avoir recueilli ses éventuelles observations et celles de son avocat, qu'une qualification criminelle est substituée à la qualification initialement retenue (art. 118, al. 1er, C. pr. pén.). À défaut de cette notification, la personne ne pourra être renvoyée devant la Cour d'assises. Si la personne était placée en détention provisoire, le mandat de dépôt initialement délivré demeure valable et est considéré comme un mandat de dépôt criminel (art. 118, al. 2, C. pr. pén.). La détention provisoire se trouve alors soumise aux règles applicables en matière criminelle, les délais prévus pour la prolongation de la mesure étant calculés à compter de la délivrance du mandat. Il n'est donc pas utile de délivrer un nouveau mandat criminel qui se substituerait au mandat de dépôt correctionnel, ni de saisir le juge des libertés et de la détention. La saisine du juge des libertés et de la détention pour une éventuelle prolongation de la détention provisoire doit intervenir dans les mêmes délais que si la personne avait été soumise au régime de la détention criminelle depuis son incarcération initiale.

c) En cas de révocation du contrôle judiciaire (art. 141-3, C. pr. pén.)

Selon l'article 141-3 du Code de procédure pénale, « *Lorsque la détention provisoire est ordonnée à la suite d'une révocation du contrôle judiciaire à l'encontre d'une personne antérieurement placée en détention provisoire pour les mêmes faits, la durée cumulée des détentions ne peut excéder de plus de quatre mois la durée maximale de la détention prévue respectivement aux articles 145-1 et 145-2. Lorsque la peine encourue est inférieure à celle mentionnée à l'article 143-1, la durée totale des détentions ne peut excéder quatre mois* ».

2) L'exécution de la détention provisoire

Les modalités de la détention provisoire sont fixées par le Code de procédure pénale :

– détention dans une maison d'arrêt, dans un quartier spécial de celle-ci ;

– emprisonnement individuel de jour et de nuit, considéré comme un régime favorable avec des exceptions (art. 716, C. pr. pén.) qui sont en pratique la règle ;

– possibilité d'écrire et de recevoir du courrier qui est lu par l'administration et éventuellement par le juge d'instruction ;

– possibilité de recevoir des visites sur permis délivré par le juge d'instruction ;

– le juge d'instruction peut décider la mise au secret de l'individu : absence de communication avec quiconque sauf avec son avocat. Cet isolement doit se justifier par les nécessités de l'instruction et ne peut durer plus de 10 jours avec renouvellement éventuel une seule fois.

3) La fin de la détention provisoire

a) Au cours de l'instruction : la mainlevée

– mainlevée décidée d'office soit par le juge d'instruction, soit par le juge des libertés et de la détention après réquisition du Parquet (art. 147, al. 1er, C. pr. pén.);

– mainlevée demandée par le procureur : le juge doit dans ce cas statuer dans les 5 jours (art. 147, al. 2, C. pr. pén.);

– mainlevée demandée par l'intéressé lui-même ou son conseil ; deux modalités :

- cette demande est faite au juge d'instruction qui communique immédiatement le dossier ainsi que la demande de mise en liberté au procureur de la République (art. 148, al. 2, C. pr. pén.). S'il s'oppose à la mise en liberté, le juge d'instruction transmet la demande de mise en liberté avec son avis motivé au juge des libertés et de la détention dans les 5 jours suivant la communication au procureur de la République (art. 148, al. 3, C. pr. pén.). Lorsqu'il a été adressé plusieurs demandes de mise en liberté, il peut être répondu à ces différentes demandes dans les délais précités par une décision unique (art. 148-1, al. 3, C. pr. pén. *in fine*). Le juge des libertés et de la détention doit alors statuer dans les 3 jours ouvrables par une ordonnance comportant l'énoncé des considérations de droit et de fait que constituent le fondement de cette décision par référence aux dispositions de l'article 144. L'intéressé comme le Parquet peuvent faire appel de cette décision devant la chambre de l'instruction. L'intéressé peut également saisir directement la Chambre de l'instruction lorsque le juge des libertés et de la détention ne statue pas dans le délai de 3 jours ouvrables (art. 148, al. 3, C. pr. pén.).
- l'intéressé qui n'a pas été interrogé par le juge d'instruction depuis plus de 4 mois peut réclamer sa mise en liberté à la Chambre de l'instruction (art. 148-4, C. pr. pén.). La Chambre de l'instruction statue conformément à l'article 148, alinéa 5 du Code de procédure pénale.

Dans les deux cas, l'intéressé doit faire une déclaration au greffier de la juridiction d'instruction ou au gardien-chef de la maison d'arrêt. La mise en liberté est subordonnée à l'engagement de l'intéressé de se présenter à tous les actes de la procédure et à celui de tenir le juge informé de tous ses déplacements (art. 147, al. 1er, C. pr. pén.). La mise en liberté peut être assortie du contrôle judiciaire (art. 148, al. 4, C. pr. pén.). Un cautionnement peut être demandé et la sortie ne peut avoir lieu avant son versement.

La Chambre de l'instruction peut, dans tous les cas, dans tous les cas, le Ministère public entendu, prononcer d'office la mise en liberté de la personne mise en examen (art. 201, al. 2, C. pr. pén.).

Après sa libération, l'intéressé peut être à nouveau incarcéré par le juge à raison des mêmes faits et dans la même information si les conditions de l'article 144 sont à nouveau réunies.

b) Le recours contre la décision de mise en liberté

La loi du 9 septembre 2002 a réorganisé totalement la procédure de recours du procureur de la République contre une ordonnance de mise en liberté notamment en créant un référé-détention, entré en vigueur le 1er novembre 2002.

Lorsqu'une ordonnance de mise en liberté d'une personne placée en détention provisoire est rendue par le juge des libertés et de la détention ou le juge d'instruction contrairement aux réquisitions du procureur de la République, celui-ci peut en interjeter appel (art. 148-1-1, al. 1er, C. civ.). Il doit saisir en même temps le premier président de la cour d'appel d'un référé-détention, conformément aux dispositions de l'article 187-3 (art. 148-1-1, al. 2, C. pr. pén.).

– L'appel

L'appel doit être formé devant le greffier du juge des libertés et de la détention ou du juge d'instruction. La personne mise en examen et son avocat sont avisés de cet appel lorsque l'ordonnance leur est notifiée. Cette ordonnance ne peut être mise à exécution : la personne restant détenue jusqu'à la décision statuant sur l'appel (art. 148-1-1, al. 2, C. pr. pén.). De plus, auparavant, pendant un délai de quatre heures à compter de la notification de l'ordonnance au procureur de la République, la personne mise en examen ne peut être remise en liberté (art. 148-1-1, al. 1er, C. pr. pén.).

– Le référé-détention

Selon l'article 187-3, alinéa 1er du Code de procédure pénale, le procureur de la République qui interjette l'appel d'une ordonnance de mise en liberté contraire à ses réquisitions dans un délai de quatre heures à compter de la notification de l'ordonnance au procureur de la République doit, à peine d'irrecevabilité, saisir dans le même temps le premier président de la cour d'appel d'un référé-détention afin de déclarer cet appel suspensif. Le procureur de la République joint à sa demande les observations écrites justifiant le maintien en détention de la personne. La personne mise en examen et son avocat peuvent également présenter les observations écrites qu'ils jugent utiles.

Le premier président de la cour d'appel ou le magistrat qui le remplace statue au plus tard le deuxième jour ouvrable suivant la demande. Pendant cette durée, les effets de l'ordonnance de mise en liberté sont suspendus et la personne reste détenue. À défaut de décision dans ce délai, la personne est remise en liberté, sauf si elle est détenue pour une autre cause (art. 187-3, al. 2, C. pr. pén.).

Le premier président de la cour d'appel statue, au vu des éléments du dossier de la procédure, par une ordonnance motivée qui n'est pas susceptible de recours. À sa demande, l'avocat de la personne mise en examen peut présenter des observations orales (art. 187-3, al. 3, C. pr. pén.). Le procureur de la République est avisé et peut prendre ses réquisitions (art. 187-3, al. 3, C. pr. pén.).

Le premier président de la cour d'appel a alors deux solutions :

– s'il estime que le maintien en détention de la personne est manifestement nécessaire au vu d'au moins deux des critères prévus par les dispositions de l'article 144 jusqu'à ce que la Chambre d'instruction statue sur l'appel du ministère public, il ordonne la suspension des effets de l'ordonnance de mise en liberté jusqu'à cette date. La personne mise en examen ne peut alors être mise en liberté jusqu'à l'audience de la Chambre de l'instruction devant laquelle sa comparution personnelle est de droit ; la Chambre de l'instruction doit se prononcer dans les plus brefs délais et au plus tard dans les dix jours de l'appel, faute de quoi la personne est mise d'office en liberté si elle n'est pas détenue pour une autre cause (art. 187-3, al. 4, C. pr. pén.) ;

– s'il estime que le maintien en détention n'est pas nécessaire, il ordonne que la personne soit mise en liberté si elle n'est pas détenue pour une autre cause (art. 187-3, al. 5, C. pr. pén.).

c) À la clôture de l'instruction

En cas d'ordonnance de non-lieu, les personnes mises en examen qui auraient été placés en détention provisoire sont mises en liberté (art. 177, al. 2, C. pr. pén.). Dans les autres cas, il convient de distinguer les délits des crimes.

• *En matière correctionnelle*

Elle prend fin de droit, sauf possibilité pour le juge d'en décider le maintien, par une ordonnance distincte de l'ordonnance de règlement et spécialement motivée au regard des dispositions de l'article 144, alinéa 2 du Code de procédure pénale : en effet, la détention provisoire ne peut se justifier que par son caractère de mesure de sûreté et non par les besoins de l'instruction qui est terminée (art. 179, al. 2 et 3, C. pr. pén.).

L'ordonnance cesse de produire effet :

– lors de la comparution de l'individu devant la juridiction de jugement (art. 179, al. 3, C. pr. pén.) sauf décision spéciale du tribunal (art. 464-1, C. pr. pén.);

– en tous cas à l'expiration d'un délai de 2 mois si le tribunal correctionnel n'a pas commencé à examiner au fond (art. 179, al. 4, C. pr. pén.).

Depuis le 1er janvier 2001 (art. 179, al. 4 et 5, C. pr. pén.), la détention provisoire prend fin si le tribunal correctionnel n'a pas commencé à examiner l'affaire au fond à l'expiration d'un délai de deux mois à compter de la date de l'ordonnance de renvoi. Exceptionnellement, une prolongation peut être ordonnée pour une nouvelle durée de deux mois si l'audience sur le fond ne peut se tenir avant l'expiration de ce délai. Cette décision peut être renouvelée une fois dans les mêmes formes. À l'issue de ce délai, le prévenu est remis en liberté s'il n'a toujours pas été jugé.

• *En matière criminelle*

Elle subsiste de droit.

L'article 5-3 de la Convention européenne de sauvegarde des droits de l'Homme prévoit que « *toute personne arrêtée ou détenue dans les conditions prévues au paragraphe 1c du présent article... a le droit d'être jugée dans un délai raisonnable ou libérée pendant la procédure...* ». La Cour de cassation refuse de prendre en compte un moyen fondé sur cet article, considérant qu'il est mélangé de fait et de droit[5].

Lorsque l'accusé se trouve sous contrôle judiciaire, celui-ci subsiste (art. 181, al. 5, C. pr. pén.). Depuis le 1er octobre 2004, « *si l'accusé est placé en détention provisoire, le mandat de dépôt décerné contre lui conserve sa force exécutoire et l'intéressé reste détenu jusqu'à son jugement par la cour d'assises, sous réserve des dispositions des deux alinéas suivants et de l'article 148-1. S'il a été décerné, le mandat d'arrêt conserve sa force exécutoire ; s'ils ont été décernés, les mandats d'amener ou de recherche cessent de pouvoir recevoir exécution, sans préjudice de la possibilité pour le juge d'instruction de délivrer mandat d'arrêt contre l'accusé* » (art. 181, al. 7, C. pr. pén.).

Lorsqu'une juridiction de jugement est saisie, il lui appartient de statuer sur la mise en liberté provisoire. Depuis le 1er janvier 2001, la Cour d'assises n'est compétente que lorsque la demande est formée pendant la session au cours de laquelle elle doit juger l'accusé. Dans les autres cas, la demande est examinée par la Chambre de l'instruction (ancienne chambre d'accusation).

Depuis juin 2001, est entré en vigueur l'article 215-2 du Code de procédure pénale, issu de la loi du 15 juin 2000. Ce texte prévoit que l'accusé est immédiatement remis en liberté s'il n'a pas comparu devant la Cour d'assises à l'expiration d'un délai d'un an à compter, depuis la loi du 9 mars 2004, soit de la date à laquelle la décision de mise en accusation est devenue définitive s'il était alors déjà détenu, soit de la date à laquelle il a été ultérieurement placé en détention provisoire. Une prolongation de six mois peut être exceptionnellement ordonnée. Le renouvellement est également possible une fois dans les mêmes formes. Le prévenu sera remis en liberté si l'affaire n'est pas jugée à l'issue de ce délai (art. 215-2, al. 2, C. pr. pén.).

• ***La demande de mise en liberté adressée à la juridiction de jugement***

Lorsqu'une demande de mise en liberté est adressée à la juridiction de jugement, celle-ci doit statuer après audition du Ministère public, du prévenu ou de son avocat (art. 148-2, al. 1er, C. pr. pén.).

La juridiction doit statuer dans des délais qui peuvent varier selon les situations (art. 148-2, al. 2, C. pr. pén.).

Si la demande est présentée par une personne qui n'a pas encore été jugée en premier ressort, la juridiction doit statuer dans les dix jours ou les vingt jours de la réception de la demande, selon qu'elle est du premier ou du second degré.

– si la personne a déjà été jugée en premier ressort et qu'elle est en instance d'appel, la juridiction saisie statue dans les deux mois de la demande ;

5. CA Poitiers, ch. acc., 13 octobre 1998 ; Crim., 18 novembre 1998, *D.* 1999, Jur. p. 97, note J. Pradel.

– si la personne a déjà été jugée en second ressort et qu'elle a formé un pourvoi en cassation, la juridiction saisie statue dans les quatre mois de la demande.

La décision du tribunal est immédiatement exécutoire nonobstant appel (art. 148-2, al. 4, C. pr. pén.).

d) La relaxe ou l'acquittement

La loi du 15 juin 2000 a largement modifié les dispositions relatives à l'indemnisation des détentions provisoires.

L'article 149 du Code de procédure pénale s'applique aux personnes ayant fait l'objet d'une détention provisoire au cours d'une procédure terminée à leur égard par une décision de non-lieu, de relaxe ou d'acquittement devenue définitive.

L'octroi de cette indemnisation est subordonné à la demande de l'intéressé. L'article 149 prévoit que l'indemnité sera accordée à la personne qui a fait l'objet d'une détention provisoire afin de réparer le préjudice moral et matériel qu'elle a subi à cette occasion. La loi du 30 janvier 1996 avait supprimé l'exigence d'un « *préjudice manifestement anormal et d'une particulière gravité* ».

L'article 149 du Code de procédure pénale précise qu'« *aucune indemnisation n'est due lorsque cette décision a pour seul fondement la reconnaissance de son irresponsabilité au sens de l'article 122-1 du Code pénal, une amnistie postérieure à la mise en détention provisoire, ou lorsque la personne a fait l'objet d'une détention provisoire pour s'être librement et volontairement accusée ou laissée accuser à tort en vue de faire échapper l'auteur des faits aux poursuites* ». La loi du 9 mars 2004 a ajouté à l'hypothèse de l'amnistie celle de la prescription de l'action publique intervenue après libération de la personne, lorsque que celle-ci était détenue dans le même temps pour un autre cause.

À la demande de l'intéressé, le préjudice est évalué par expertise contradictoire.

Le nouveau texte prévoit que la personne doit être avisée de son droit de demander une indemnisation ainsi que des dispositions de l'article 149-1 lorsque la décision de non-lieu, de relaxe ou d'acquittement lui est notifiée.

La compétence est également modifiée. La demande n'est plus portée devant une commission de trois magistrats au siège de la Cour de cassation mais devant le premier président de la Cour d'appel dans le ressort de laquelle a été prononcée la décision de non-lieu, de relaxe ou d'acquittement.

La procédure prévue aux articles 149-2 et R. 26 et suivants du Code de procédure pénale subit également des modifications. Le juge est saisi par voie de requête dans le délai de 6 mois à partir de la décision. Celle-ci doit désormais être motivée et, depuis le 1er janvier 2001, elle peut faire l'objet d'un recours devant la commission nationale de la détention provisoire dans les 10 jours de sa notification. Cette commission nationale est composée du premier président de la Cour de cassation ou de son représentant et de deux magistrats du siège de la Cour ayant grade de président de chambre, de conseiller ou de conseiller référendaire, désignés annuellement par le bureau de la commission. Les décisions de cette commission ne sont susceptibles d'aucun recours.

La procédure devant le premier président de la Cour d'appel et devant la commission nationale est fixée par un décret en Conseil d'État.

Alors que les débats avaient lieu et la décision était rendue en chambre du conseil, les débats ont lieu désormais en audience publique, sauf opposition du requérant. À sa demande, le requérant peut être entendu personnellement ou par l'intermédiaire de son conseil.

BIBLIOGRAPHIE

AYDALOT (M.), « La liberté et la détention provisoire dans la jurisprudence de la Cour de cassation », in *Mélanges Ancel*, 1975, II, p. 271

AZIBERT (G.), « La commission nationale d'indemnisation en matière de détention provisoire », *RSC* 1985, p. 517.

BLOCH (Ch), « Le contrôle judiciaire », *Gaz. Pal.* 1970, 2, Doctr. p. 231.

BONIS-GARÇON (E.), « La détention provisoire pour manquement au contrôle judiciaire », *JCP* 2002.I.159.

BOULOC (B.), DE BECO (R.), LEGROS (P.), *Le droit au silence et la détention provisoire*, Bruylant, coll. « Droit et Justice », 1997.

BRAULT-JAMIN (V.), « La réforme de la procédure dite du "référé-liberté" », *Rev. pénit.* 1997, p. 159.

CALLÉ (B.), *La détention provisoire*, PUF, Que sais-je ?, 1992.

CARDET (Ch.), « L'incontrôlable contrôle judiciaire "socio-éducatif" », *D.* 2002, Chron. p. 1221.

GIUDICELLI (A.), « L'indemnisation des personnes injustement détenues ou condamnées », *RSC* 1998, p. 11.

GUÉRY (Ch.), *Détention provisoire,* Dalloz, coll. « Dalloz-Référence », 2001.

GUÉRY (Ch.), « Mandats et suspects », *AJ Pénal* 2004, p. 356 ; « Le juge des libertés et de la détention : un juge qui cherche à mériter son nom... », *D.* 2004, Chron. p. 583.

JEANDIDIER (W.), « Détention provisoire, Convention européenne des droits de l'Homme et Code de procédure pénale », *RSC* 1989, p. 711.

KOERING-JOULIN (R.), « Indemnisation des victimes d'erreurs judiciaires : la réforme nécessaire de l'article 626, alinéa 3 du Code de procédure pénale », *in Le juge entre deux millénaires*, in *Mélanges Pierre Drai*, Dalloz, 2000, p. 65 à 74.

LE GUNEHEC (F.), « Aperçu rapide de la loi du 30 décembre 1996 relative à la détention provisoire et aux perquisitions de nuit en matière de terrorisme », *JCP* 1997, n° 4, Actualités.

LAVIELLE (B.) et LEBUR (F.), « Le juge des libertés et de la détention : béni-oui-oui ou terminator ? », *Gaz. Pal.* 2001, n° des 27 et 28 07, p. 3.

LEMONDE (M.), « Le juge des libertés et de la détention : une réelle avancée ? », *RSC* 2001, p. 51.

MICHAT, « Le contrôle judiciaire et ses applications pratiques », *RSC* 1975, p. 163.

POUGET (Ph.), « Les délais en matière de rétention, garde à vue et détention provisoire au regard de la convention européenne », *RSC* 1989, p. 78.

PRADEL (J.), « La réforme de la détention préventive », *Gaz. Pal.* 1972, 1, Doctr. p. 1.

PRADEL (J.), « La détention provisoire selon le droit français contemporain », *RD pén. comp.* 1987, p. 271.

RASSAT (M.-L.), « Détention provisoire, 17 et la suite », in *Mélanges Vitu*, 1989, p. 419.

ROBERT (J.), « Premières réflexions sur la détention provisoire », *JCP* 1971, I, 2370.

VOUIN (R.), « La détention provisoire », *D.* 1970, Chron. p. 191.

ZUCHOWICZ (L.), « Quel suivi pour les personnes placées en détention provisoire », *D.* 4 juin 2000, n° 18, Point de vue p. V.

CHAPITRE 15

La Chambre de l'instruction

Selon l'article 83 de la loi du 15 juin 2000, dans toutes les dispositions de nature législative, les mots « Chambre d'accusation » doivent être remplacés par les mots « Chambre de l'instruction », ceci depuis le 1er janvier 2001.

1 • COMPOSITION DE LA CHAMBRE DE L'INSTRUCTION

La Chambre de l'instruction est une chambre spéciale de la Cour d'appel composée de trois magistrats appelés conseillers et dont l'un d'eux a rang de président de chambre (art. 191, al. 1er, C. pr. pén.). Les fonctions du Ministère public auprès de la Chambre de l'instruction sont exercées par le procureur général ou par ses substituts ; celles du greffe par un greffier de la cour d'appel (art. 192, C. pr. pén.).

Le président de la Chambre de l'instruction est désigné par décret après avis du Conseil supérieur de la magistrature (art. 191, al. 2, C. pr. pén.). Il exerce des fonctions essentiellement administratives qui sont multiples :

– surveiller le bon fonctionnement des cabinets d'instruction du ressort de la Cour (art. 220, C. pr. pén.). Pour cela, les juges d'instruction doivent lui adresser périodiquement un état des affaires en cours (art. 221, C. pr. pén.). Lorsqu'un délai de quatre mois s'est écoulé depuis la date du dernier acte d'instruction nécessaire à la manifestation de la vérité, le président de la Chambre de l'instruction peut, par requête, saisir cette juridiction (art. 221-1, C. pr. pén.). La Chambre de l'instruction peut alors notamment ordonner des actes complémentaires d'information ou renvoyer le dossier au juge d'instruction ou à tel autre afin de poursuivre l'information ;

– surveiller les détentions provisoires afin de déceler celles qui pourraient être abusives. À cette fin, il procède régulièrement à des visites dans les maisons d'arrêt du ressort de la Cour d'appel (art. 222, C. pr. pén.) et peut saisir la Chambre de l'instruction lorsqu'un délai de plus de 4 mois s'est écoulé depuis le dernier acte d'instruction (art. 221-1, C. pr. pén.). Le juge peut être dessaisi en cas d'inaction prolongée ;

– il peut saisir la Chambre de l'instruction afin qu'elle statue sur le maintien en détention d'une personne mise en examen en état de détention provisoire (art. 223, C. pr. pén.);

– constater l'irrecevabilité d'un appel passé hors délai ou devenu sans objet contre une ordonnance rendu par le juge d'instruction (art. 186, C. pr. pén.).

2 • FONCTIONS ET ATTRIBUTIONS DE LA CHAMBRE DE L'INSTRUCTION

Les pouvoirs de la Chambre de l'instruction sont de deux ordres.

A - Les fonctions collégiales de la Chambre de l'instruction

La Chambre de l'instruction exerce un contrôle sur les officiers de police judiciaire (art. 24 à 230, C. pr. pén.).

Selon l'article 658 du Code de procédure pénale, lorsque deux tribunaux correctionnels, deux juges d'instruction, deux tribunaux de police ou deux juridictions de proximité appartenant au même ressort de cour d'appel se trouvent saisis simultanément de la même infraction, la Chambre de l'instruction désigne le tribunal compétent par requête présentée par le Ministère public ou les parties. Cette décision est susceptible d'un recours en cassation.

Depuis la loi du 9 mars 2004, la Chambre de l'instruction n'est plus compétente pour l'examen des demandes d'extradition (loi du 10 mars 1927, art. 4 ; *abrogé*).

La Chambre de l'instruction peut accorder une réhabilitation judiciaire lorsque celle-ci n'est pas acquise de plein droit dans les conditions prévues par les articles 133-13 et suivants du Code pénal (art. 783, C. pr. pén.).

La Chambre de l'instruction est compétente en matière de rectification et de règlement des incidents d'exécution auxquels peuvent donner lieu les arrêts de Cour d'assises (art. 710, al. 2, C. pr. pén.). Elle est également compétente pour opérer les rectifications du casier judiciaire suite à un arrêt de la Cour d'assises (art. 778, al. 2, C. pr. pén.).

La Chambre de l'instruction est compétente pour ce qui concerne le contentieux de l'amnistie. Cette fonction lui est attribuée par le législateur pour certaines lois d'amnistie.

B - Les fonctions principales de la Chambre de l'instruction

La Chambre de l'instruction contrôle à la fois les actes d'instruction et les actes de juridiction du juge d'instruction.

1) Le contrôle des actes de l'instruction

Elle contrôle la régularité en droit des actes accomplis et leur opportunité en fait (art. 206, C. pr. pén.). Il s'agit de requêtes en nullité des actes de la procédure (art. 170 à 174, C. pr. pén.).

Exemples :

– *Régularité en droit* : la Chambre de l'instruction vérifie si l'interrogatoire de l'inculpé a été effectué conformément aux règles légales ;

– *Opportunité* : la Chambre de l'instruction vérifie si telle perquisition aurait dû avoir lieu.

La Chambre de l'instruction exerce donc un double contrôle sur les actes de l'instruction : elle peut sanctionner les actes d'instruction et provoquer ainsi leur nullité ou contrôler l'opportunité des actes de l'instruction et exercer ainsi un pouvoir de révision.

a) Le contrôle de la régularité de l'instruction

La nullité de l'instruction ou de certains actes de l'instruction ne peut être demandée qu'à certaines conditions et dans des cas très limités.

Il convient de distinguer :

– ***les nullités textuelles :*** le texte qui prévoit l'acte prévoit également que son non-respect est sanctionné par la nullité. La nullité est subordonnée non seulement à la violation du texte mais également à une atteinte aux intérêts de la partie concernée (art. 171 et 802, C. pr. pén.).

Exemples : articles 56, 57, 78-3 du Code de procédure pénale ;

– ***les nullités substantielles :*** il s'agit de nullités qui ont été considérées comme substantielles par la jurisprudence.

Exemple : violation de l'article 197 du Code de procédure pénale.

La formalité substantielle doit avoir porté atteinte aux intérêts de la partie qu'elle concerne (art. 171, C. pr. pén.) ;

– ***les nullités d'ordre public :*** elles sont également qualifiées comme telles par la jurisprudence. La sanction n'est pas subordonnée à la violation d'un intérêt privé. Ces nullités peuvent être soulevées d'office.

Exemples : incompétence, absence de serment des experts, absence de signature d'un acte par le juge d'instruction.

La nullité peut être demandée par le juge d'instruction, le procureur de la République et les parties (art. 170, C. pr. pén.), et depuis le 1er octobre 2004, par le témoin assisté (loi du 9 mars 2004).

La Chambre de l'instruction est compétente pour prononcer cette nullité (art. 170, C. pr. pén.).

La confirmation de la nullité par une partie est possible dans certaines conditions restreintes. La partie peut renoncer à se prévaloir de la formalité substantielle de façon expresse, donnée en présence de son avocat (art. 172, C. pr. pén.).

La nullité doit être demandée avant la fin de l'instruction et dans tous les cas 20 jours après l'avis donné aux parties par le juge d'instruction de ce que l'information est terminée (art. 175, C. pr. pén.). S'il demande la nullité des actes accomplis avant son interrogatoire de première comparution ou de cet interrogatoire lui-même, l'intéressé doit le faire dans un délai de six mois à compter de la notification de sa mise en examen, sauf dans le cas où elle n'aurait pu les connaître. La même règle s'applique pour la demande de nullité des actes accomplis avant chacun de ses interrogatoires ultérieurs (art. 173-1, al. 1er, C. pr. pén.). Il en est de même pour la partie civile (art. 173-1, al. 3, C. pr. pén.) ainsi que, depuis le 1er octobre 2004, pour le témoin assisté à compter de sa première audition puis de ses auditions ultérieures (art. 173-1, al. 2, C. pr. pén.).

L'étendue de la nullité est laissée à l'appréciation de la Chambre de l'instruction. Elle peut prononcer la nullité de l'acte ou de la procédure tout entière (art. 174, al. 2, C. pr. pén.).

Les actes de l'instruction peuvent également avoir de graves conséquences sur la découverte de la vérité s'ils ont été accomplis au mépris des règles posées par le Code de procédure pénale.

La Chambre de l'instruction est saisie par la voie de l'appel.

Si elle découvre une cause de nullité, la Chambre de l'instruction prononce la nullité de l'acte qui en est entaché ou de tout ou partie de la procédure ultérieure (art. 206, al. 2, C. pr. pén.).

L'article 173-1 du Code de procédure pénale prévoit désormais que « *sous peine d'irrecevabilité, la personne mise en examen doit faire état des moyens pris de la nullité des actes accomplis avant son interrogatoire de première comparution ou de cet interrogatoire lui-même dans un délai de 6 mois à compter de la notification de sa mise en œuvre sauf dans les cas où elle n'aurait pu les connaître. Il en est de même pour la partie civile à compter de sa première audition* ».

L'article 174-1 du Code de procédure pénale prévoit que l'annulation d'une mise en examen par la Chambre de l'instruction a pour conséquence de faire de la personne mise en examen un témoin assisté à compter de son interrogatoire de première comparution et pour l'ensemble de ses interrogatoires ultérieurs jusqu'à l'issue de l'information.

b) Le contrôle de l'opportunité des actes de l'instruction

Ce contrôle peut ainsi conduire cette juridiction du second degré à refaire ou à compléter l'instruction (art. 206, C. pr. pén.).

Jusqu'au 1er janvier 2001, la Chambre de l'instruction, dénommée alors « chambre d'accusation », jouait un rôle particulier en matière criminelle dans la mesure où sa saisine était alors non plus seulement facultative mais obligatoire. En effet, jusque-là, la saisine était facultative et laissée à l'appréciation du Ministère public, de l'inculpé ou de la partie civile.

Pour ce qui est du crime, infraction particulièrement grave, l'instruction était obligatoirement soumise aux deux degrés de juridiction. Lorsqu'un juge d'instruction qualifiait de crime les faits reprochés, il ne pouvait renvoyer directement l'affaire devant la Cour d'assises, il devait d'abord rendre une ordonnance de transmission de pièces au procureur général lequel saisissait la chambre d'accusation pour qu'elle procède à une nouvelle instruction (art. 181, C. pr. pén.). Depuis le 1er janvier 2001, cette deuxième instruction est supprimée mais l'accusé peut faire appel de l'ordonnance de mise en accusation devant la Chambre de l'instruction (art. 186, C. pr. pén.).

Dans tous les cas où elle est saisie, la Chambre de l'instruction peut, à la demande du procureur général, d'une des parties ou même d'office, ordonner tout acte d'information complémentaire qu'elle juge utile, prononcer d'office la mise en liberté de la personne mise en examen et peut ordonner le placement en détention provisoire ou sous contrôle judiciaire de la personne mise en examen (art. 201, C. pr. pén.). Elle peut également « *d'office ou sur réquisitions du procureur général, ordonner qu'il soit informé à l'égard des personnes mises en examen ou prévenus renvoyés devant elle sur tous les chefs de crimes, de délits, de contraventions, principaux ou connexes, résultant du dossier de la procédure, qui n'auraient pas été visés par l'ordonnance du juge d'instruction ou qui auraient été distraits par une ordonnance comportant non-lieu partiel, disjonction ou renvoi devant la juridiction correctionnelle ou de police* » (art. 202, C. pr. pén.). Elle peut également ordonner la mise en examen de personnes qui n'ont pas été renvoyées devant elle, à moins qu'elles n'aient fait l'objet d'une ordonnance de non-lieu devenue définitive ; cette décision ne pourra pas faire l'objet d'un pourvoi en cassation (art. 204, C. pr. pén.).

La Chambre de l'instruction peut également être saisie par les parties lorsqu'un délai de quatre mois s'est écoulé depuis la date du dernier acte d'instruction, ou deux mois au profit de la personne mise en examen lorsque celle-ci est placée en détention provisoire (art. 221-2, al. 1er, C. pr. pén.). La Chambre de l'instruction, lorsqu'elle juge la demande recevable, peut renvoyer le dossier au juge d'instruction, à un autre juge d'instruction ou ordonner elle-même l'accomplissement de certains actes (art. 221-2, al. 2, C. pr. pén.).

Le nouvel article 221-3 du Code de procédure pénale (loi du 5 mars 2007, n° 2007-291) institue une audience spécifique destinée à examiner tous les aspects de la procédure en cours. Cette nouvelle procédure ne se substituerait pas à l'exercice des voies de recours actuellement ouvertes aux parties mais viendrait les compléter. La tenue de cette audience est subordonnée à trois conditions cumulatives :

– un délai de trois mois s'est écoulé depuis le placement en détention provisoire du mis en examen ;

– la détention de l'intéressé ou « *celle d'une autre personne mise en examen* » est toujours en cours ;

– l'avis de fin d'information prévu par l'article 175 du Code de procédure pénale n'a pas été délivré.

Le président de la Chambre de l'instruction peut alors d'office, ou à la demande du Ministère public ou de la personne mise en examen, décider de saisir la Chambre de l'instruction afin que celle-ci examine l'ensemble de la procédure.

2) La fonction juridictionnelle de second degré de la Chambre de l'instruction

La Chambre de l'instruction exerce un contrôle juridictionnel au second degré sur les actes de juridiction du juge d'instruction ou du juge des libertés et de la détention (art. 206, C. pr. pén.).

Ordonnance(s)...	PR/PG	PME	PC
relative à la recevabilité de la constitution de partie civile	*	*	*
relative à la compétence	*	*	*
relative à la liberté de la PME (contrôle judiciaire, détention provisoire)	*	*	
faisant grief à des intérêts civils	*		*
de non-lieu	*		*
de renvoi (a)	*	*	
de transmission de pièces	*		
statuant sur la demande d'une partie de procéder à une enquête de personnalité	*	*(1)	*(1)
statuant sur la demande d'une partie de procéder à une mesure d'instruction	*	*(1)	*(1)
statuant sur la demande d'une partie de procéder à une expertise	*	*(1)	*(1)
statuant sur une demande des parties visant à constater la prescription de l'action publique	*	*	*
de non-informer	*		*

PR = procureur de la République
PG = procureur général
PME = personne mise en examen
PC = partie civile

(a) Après une ordonnance conforme du président de la Chambre de l'instruction (art. 186-1, C. pr. pén.).
(1) Depuis le 1er octobre 2004, la personne mise en examen et la partie civile ne peuvent interjeter appel des ordonnances de renvoi devant le tribunal correctionnel seulement lorsqu'elles estiment que les faits renvoyés devant le tribunal correctionnel constituent un crime qui aurait dû faire l'objet d'une ordonnance de mise en accusation devant la Cour d'assises (art. 186-3, C. pr. pén.).

Le procureur de la République et le procureur général peuvent faire appel de toute ordonnance du juge d'instruction ou du juge des libertés et de la détention (art. 185, al. 1er et 4, C. pr. pén.). Cet appel doit être interjeté dans les cinq jours qui suivent la notification de la décision (art. 185, al. 2, C. pr. pén.). Lorsque la personne mise en examen fait appel de l'ordonnance de mise en accusation, le procureur de la République dispose d'un délai d'appel incident de cinq jours supplémentaires à compter de l'appel de la personne mise en examen (art. 185, al. 3, C. pr. pén.). Le procureur général doit signifier son appel aux parties dans les dix jours qui suivent l'ordonnance du juge d'instruction ou du juge des libertés et de la détention (art. 185, al. 4, C. pr. pén.).

Depuis le 1er janvier 2001, la Chambre de l'instruction, en cas d'appel contre une ordonnance prévue par l'article 181 du Code de procédure pénale (refus du juge d'instruction de faire droit à une demande des parties tendant à ce qu'il soit procédé à toute mesure d'instruction utile), doit statuer dans les 4 mois de l'ordonnance, faute de quoi la personne, si elle se trouve détenue, sera remise d'office en liberté (art. 186-2, C. pr. pén.).

Devant la Chambre de l'instruction, les débats se déroulent et l'arrêt est rendu en Chambre du conseil sauf si la personne majeure mise en examen ou son avocat demande dès l'ouverture des débats que ceux-ci se déroulent en séance publique et que l'arrêt soit rendu de même (art. 199, al. 1er, C. pr. pén.). Cette demande ne peut être acceptée lorsque la publicité est de nature à entraver les investigations spécifiques nécessitées par l'instruction ou à nuire à la dignité de la personne ou aux intérêts d'un tiers.

BIBLIOGRAPHIE

ANGEVIN (H.), *La pratique de la chambre d'accusation*, Litec, 1994.

ARRIGHI (C.), « Les pouvoirs du président de la chambre d'accusation », *RSC* 1998, p. 687.

BROUCHOT (J.), « La chambre d'accusation », *JCP* 1959, I, 1485 et *RSC* 1959, p. 328.

CHAMBON (P.), *La chambre d'accusation,* Dalloz, 1978.

GAGNE, « La chambre d'accusation », in *Mélanges Patin,* 1966.

GUÉRY (Ch.), « Les pouvoirs de la chambre de l'instruction et du magistrat instructeur », *D.* 2007, Chron. p. 603.

JEANDIDIER (W.), *La juridiction d'instruction du second degré*, Cujas, 1983.

JEANDIDIER (W.), « Requiem pour la chambre d'accusation », *JCP* 2000, I, 270.

LEVY (R.), « La chambre d'accusation existe-t-elle ? », *Gaz. Pal.* 1993, I, Doctr. p. 511.

PRADEL (J.), « Le contrôle de la Chambre d'accusation sur l'activité des officiers de police judiciaire. Précisions sur une question encore mal défrichée », note sous Cass. crim., 26 février 1997, *D.* 1997, Jur. p. 297.

PARTIE 5

Le jugement

CHAPITRE 16

Les juridictions de jugement de droit commun

Les juridictions de jugement sont celles qui sont appelées à se prononcer sur la culpabilité ou l'innocence de la personne poursuivie : elles acquittent, relaxent ou infligent une peine.

Ces juridictions sont en matière pénale la juridiction de proximité, le tribunal de police, le tribunal correctionnel et la Cour d'assises. Il s'agit des juridictions du premier degré : ce sont celles qui connaissent les premières de l'affaire (on dit aussi en premier ressort). On doit y ajouter la Cour d'appel (Chambre des appels correctionnels) qui juge en appel les délits et les contraventions. Un deuxième degré de juridiction est également instauré depuis peu en matière criminelle (loi du 15 juin 2000). Enfin, la Cour de cassation peut éventuellement examiner l'affaire sur le plan du droit sans réexaminer les faits.

1 • LE JUGE DE PROXIMITÉ

La loi du 9septembre 2002 a créé dans le ressort de chaque cour d'appel des juridictions de première instance, dénommées juridictions de proximité.

La loi n° 2005-47 du 26 janvier 2005 relative aux compétences du tribunal d'instance, de la juridiction de proximité et du tribunal de grande instance a étendu la compétence de la juridiction de proximité.

La juridiction de proximité connaît des contraventions des quatre premières classes (art. 521, al. 2, C. pr. pén.). Sa compétence territoriale est identique à celle des tribunaux de police, y compris la compétence exclusive en matière pénale en application des dispositions de l'article L. 623-2 du Code de l'organisation judiciaire (art. 522-1, C. pr. pén.).

Le siège et le ressort des juridictions de proximité sont fixés par décret en Conseil d'État (art. L. 331-4, C. org. jud.). La juridiction de proximité statue à juge unique (art. L. 232-1, C. org. jud.). En cas d'absence ou d'empêchement du juge de proximité ou lorsque le nombre de juges de proximité se révèle insuffisant, les fonctions de ce juge sont exercées par un juge du tribunal d'instance, désigné à cet effet par ordonnance prise par le président du tribunal de grande instance (art. L. 232-2, C. org. jud.).

Selon l'article L. 231-6 du Code de l'organisation judiciaire, en matière pénale, les règles concernant la compétence et le fonctionnement de la juridiction de proximité ainsi que celles relatives au Ministère public près cette juridiction sont fixées par le Code de procédure pénale et, en ce qui concerne les mineurs, par l'article 21 de l'ordonnance n° 45-174 du 2 février 1945 relative à l'enfance délinquante.

Selon l'article 521 du Code de procédure pénale tel qu'issu de la loi n° 2005-47 du 26 janvier 2005 relative aux compétences du tribunal d'instance, de la juridiction de proximité et du tribunal de grande instance, « *Le tribunal de police connaît des contraventions de la cinquième classe. La juridiction de proximité connaît des contraventions des quatre premières classes* ». Selon l'article 131-13 du Code pénal, « *constituent des contraventions les infractions que la loi punit d'une amende n'excédant pas 3 000 euros.*

Le montant de l'amende est le suivant :

1°) 38 euros au plus pour les contraventions de la 1re classe ;

2°) 150 euros au plus pour les contraventions de la 2e classe ;

3°) 450 euros au plus pour les contraventions de la 3e classe ;

4°). 750 euros au plus pour les contraventions de la 4e classe ;

5°) 1 500 euros au plus pour les contraventions de la 5e classe, montant qui peut être porté à 3 000 euros en cas de récidive lorsque le règlement le prévoit, hors les cas où la loi prévoit que la récidive de la contravention constitue un délit ».

Selon le dernier alinéa de l'article 21 de l'ordonnance du 2 février 1945 relative à l'enfance délinquante, « *pour les contraventions de police des quatre premières classes relevant du deuxième alinéa de l'article 521 du Code de procédure pénale, le juge de proximité exerce les attributions du tribunal de police dans les conditions prévues au présent article* ». Le juge de proximité est donc compétent pour juger des contraventions des 4 premières classes commises par des mineurs.

Pour le jugement des contraventions mentionnées au premier alinéa et relevant des quatre premières classes, les fonctions du ministère public sont exercées par un officier du Ministère public, conformément aux dispositions des articles 45 à 48 (art. L.232-3, C. org. jud.).

2 • LE TRIBUNAL DE POLICE

A - Compétence du tribunal de police

Il s'agit en réalité du tribunal d'instance statuant en matière contraventionnelle qui prend alors le nom de tribunal de police (art. L. 623-1, C. org. jud.). « *Le tribunal de police connaît des contraventions de 5e classe* » (art. 521, C. pr. pén.).

Peut être compétent le tribunal de police du lieu (art. 522, C. pr. pén.) :

– de commission ou de constatation de la contravention ;

– de résidence du prévenu ;

– du siège de l'entreprise détentrice du véhicule en cas de contravention, soit aux règles relatives au chargement ou à l'équipement de ce véhicule, soit aux réglementations relatives aux transports terrestres.

Les articles 383 à 387 sont applicables au jugement des infractions de la compétence du tribunal de police.

Il s'agit d'une juridiction à juge unique (art. 523 et 45, C. pr. pén.) dont le ressort est le même que celui du tribunal d'instance : il ne correspond pas forcément à une circonscription administrative déterminée. Le ressort de chaque tribunal d'instance est fixé par décret (art. L. 321-3, C. org. jud.). Souvent, il s'agit de plusieurs cantons dont le nombre varie selon le volume des affaires et la configuration géographique. Dans les très grandes villes (Paris, Lyon et Marseille), le tribunal de police constitue une juridiction à part dont le ressort territorial s'étend à toute la ville. À Paris, il existe un tribunal d'instance par arrondissement mais la compétence territoriale de chacun s'étend à l'ensemble des vingt arrondissements parisiens. Dans les petites villes, c'est parfois le même juge qui tient les audiences civiles (tribunal d'instance) et les audiences pénales (tribunal de police) mais depuis la réforme de 1958, la plupart des tribunaux d'instance comportent plusieurs juges, chacun d'eux se spécialisant.

Le tribunal de police comprend également un officier du Ministère public (voir Chapitre 2) et un greffier (art. 523, C. pr. pén.).

B - Procédure devant le tribunal de police

1) Saisine du tribunal de police

« Le tribunal de police est saisi des infractions de sa compétence soit par le renvoi qui lui en est fait par la juridiction d'instruction, soit par la comparution volontaire des parties, soit par la citation délivrée directement au prévenu et à la personne civilement responsable de l'infraction » (art. 531, C. pr. pén.). Un avertissement peut être délivré par le Ministère public, indiquant l'infraction poursuivie ainsi que le texte qui la réprime. Lorsque cet avertissement est suivi de la comparution volontaire de la personne, il dispense de citation (art. 532, C. pr. pén.). Le prévenu peut également être convoqué selon la procédure prévue à l'article 391 du Code de procédure pénale c'est-à-dire que la convocation en justice notifiée au prévenu, sur instructions du procureur de la République soit par un greffier ou un officier ou agent de police judiciaire, soit, si le prévenu est détenu, par le chef de l'établissement pénitentiaire, vaut citation à personne (art. 533 et 391, C. pr. pén.).

2) Procédure simplifiée

Elle peut être utilisée pour toutes les contraventions sauf si celle-ci est prévue par le Code du travail ou si le prévenu auteur d'une contravention de 5e classe est mineur et lorsque la victime du dommage causé par la contravention a fait citer directement le prévenu (art. 524, C. pr. pén.).

La procédure consiste pour le Ministère public à communiquer le dossier de la poursuite, accompagné de ses réquisitions, au juge du tribunal de police qui statue sans débat préalable par une ordonnance pénale portant soit relaxe, soit condamnation à une amende et éventuellement à une ou plusieurs des peines complémentaires encourues (art. 525, al. 2 et 3, C. pr. pén.). L'ordonnance pénale n'est pas motivée (art. 526, al. 2, C. pr. pén.). S'il estime qu'un débat contradictoire est utile, le juge renvoie le dossier au Ministère public qui aura recours à la procédure ordinaire (art. 525, al. 3, C. pr. pén.).

Le Ministère public et le prévenu peuvent former opposition à cette ordonnance pénale dans les dixjours de l'ordonnance pour le Ministère public et dans un délai de trente jours à compter de la date d'envoi de la lettre pour le prévenu (art. 527, C. pr. pén.). Dans ce cas, l'affaire est portée à l'audience du tribunal de police dans les formes de la procédure ordinaire (art. 528, C. pr. pén.). L'ordonnance pénale à laquelle il n'a pas été formé opposition a les effets d'un jugement passé en force de chose jugée (art. 528-1, al. 1er, C. pr. pén.).

3) Procédure de l'amende forfaitaire

L'action publique est éteinte par le paiement d'une amende forfaitaire pour certaines contraventions de la 1re à la 4e classe (art. 529, al. 1er, C. pr. pén.). Cette procédure n'est pas applicable lorsque plusieurs infractions, dont l'une au moins ne peut donner lieu à une amende forfaitaire, ont été constatées simultanément (art. 529, al. 2, C. pr. pén.).

À défaut de paiement ou d'une requête présentée dans le délai de quarante-cinq jours, l'amende forfaitaire est majorée de plein droit (art. 529-2, al. 2, C. pr. pén.).

Pour certaines contraventions au code de la route des deuxième, troisième et quatrième, à l'exception de celles relatives au stationnement, l'amende forfaitaire est minorée si le contrevenant en règle le montant soit entre les mains de l'agent verbalisateur au moment de la constatation de l'infraction, soit dans un délai de trois jours à compter de la constatation de l'infraction ou, si l'avis de contravention est ultérieurement envoyé à l'intéressé, dans le délai de quinze jours à compter de cet envoi (art. 529-7 et 529-8, C. pr. pén.).

4) Procédure ordinaire

Les articles 400 à 405, 406 à 408 relatifs à la publicité et à la police de l'audience devant le tribunal correctionnel sont applicables à la procédure devant le tribunal de police (art. 535, al. 1er, C. pr. pén.) ansi que les articles 418 à 426 concernant la constitution de partie civile, les articles 427 à 457 relatifs à l'administration de la preuve (sous réserve de l'article 537), les articles 458 à 461 concernant la discussion par les parties et l'article 462 relatif au jugement (art. 536, C. pr. pén.).

Le juge du tribunal de police peut demander un supplément d'information (art. 538, al. 1er, C. pr. pén.).

Si le tribunal de police estime que le fait constitue une contravention, il prononce la peine et statue s'il y a lieu sur l'action civile (art. 539, C. pr. pén.). S'il estime que le fait constitue un crime ou un délit, il se déclare incompétent (art. 540, C. pr. pén.). S'il estime que le fait ne constitue pas une infraction ou que le fait n'est pas établi, ou qu'il n'est pas imputable au prévenu, il renvoie celui-ci des fins de la poursuite (art. 541, C. pr. pén.).

5) Jugement par défaut et opposition

Les dispositions des articles 410 à 415 relatives à la comparution et à la représentation du prévenu et de la personne civilement responsable devant le tribunal correctionnel sont applicables devant le tribunal de police les dispositions des articles 410 à 415 relatives à la comparution et à la représentation du prévenu et de la personne civilement responsable (art. 544, al. 1er, C. pr. pén.) ainsi que les articles 487 et 488 relatives aux jugements par défaut, et 489 à 495 relatives à l'opposition (art. 545, C. pr. pén.). « *Toutefois, lorsque la contravention poursuivie n'est passible que d'une peine d'amende, le prévenu peut se faire représenter par un avocat ou par un fondé de procuration spéciale* » (art. 544, al. 2, C. pr. pén.).

3 • LE TRIBUNAL CORRECTIONNEL

A - Compétence du tribunal correctionnel

C'est en réalité le tribunal de grande instance qui prend le nom de tribunal correctionnel lorsqu'il statue en matière pénale. Il connaît les délits (art. 381, al. 1er, C. pr. pén.). Les délits sont des infractions que la loi punit d'une peine d'emprisonnement ou d'une peine d'amende supérieure ou égale à 3 750 € (art. 381, al. 2, C. pr. pén.).

Peut être compétent le tribunal correctionnel du lieu de (art. 532, al. 1er, C. pr. pén.) :

– de l'infraction ;

– de la résidence du prévenu ;

– d'arrestation ou de détention du prévenu, même lorsque cette arrestation ou cette détention a été opérée ou est effectuée pour une autre cause.

Pour le délit d'abandon de famille, est également compétent le tribunal du domicile ou de la résidence de la personne qui doit recevoir la pension, la contribution, les subsides ou l'une des autres prestations (art. 382, al. 2, C. pr. pén.).

Selon l'article 383 du Code de procédure pénale, « *La compétence à l'égard d'un prévenu s'étend à tous coauteurs et complices* ».

B - Composition du tribunal correctionnel

Le tribunal correctionnel, présidé par le président du tribunal de grande instance, est une juridiction collégiale formée de trois magistrats (art. 398, al. 1er, C. pr. pén.) sauf dans certains cas où le tribunal correctionnel statue à juge unique (art. 398, al. 3, C. pr. pén.). Ces cas étaient exceptionnels jusqu'à la loi du 8 février 1995 (art. 398-1, C. pr. pén.). Quelques cas ont étés ajoutés par la loi du 9 mars 2004. Désormais le juge unique est compétent pour :

– les délits en matière de chèques et relatifs aux cartes de paiement (art. 66 et 69 du décret-loi du 30 octobre 1935) ;

– les délits prévus par le Code de la route, les atteintes involontaires à l'intégrité de la personne (art. 222-19 et 222-20, C. pén.), les risques causés à autrui (223-1, C. pén.) et les délits de fuite commis à l'occasion de la conduite d'un véhicule (434-10, C. pén.) ;

– les délits en matière de coordination des transports ;

– certains délits concernant le régime du matériel de guerre, les armes et munitions (art. 32-2° du décret-loi du 18 avril 1939) ;

– certaines violences (art. 222-11, 222-12-1° à 222-12-13°, 222-13-1° à 222-13-13° et 222-16, C. pén.), certaines menaces (art. 222-17 et 222-18, C. pén.), l'exhibition sexuelle (art. 222-32, C. pén.), le racolage (art. 225-10-1, C. pén.), l'abandon de famille (art. 227-3 et 227-4, C. pén.) et les atteintes à l'exercice de l'autorité parentale (art. 227-5 à 227-11, C. pén.), le vol (art. 311-3, C. pén. et 311-4-1° à 311-4-8°, C. pén.), les filouteries (art. 313-5, C. pén.), les détournements de gage (art. 314-5, C. pén.) et d'objets saisis (art. 314-6, C. pén.), le recel (art. 321-1, C. pén.), les destructions, dégradations et détériorations ne présentant pas de danger pour les personnes (art. 322-1 à 322-4-1, C. pén.), les menaces de destruction, de dégradations ou de détérioration et fausses alertes (art. 322-12 à 322-14, C. pén.), les outrages (art. 433-5, C. pén.), la rébellion (art. 433-6 à 433-8, al. 1er) et la provocation à la rébellion (433-10, al. 1er et 2e, C. pén.), l'usage de stupéfiants (art. L. 628, C. santé publ.) ;

– les délits prévus par le Code de l'environnement en matière de chasse, pêche et protection de la faune et de la flore (art. 398-1-7°, C. pr. pén.) ;

– les voies de fait ou la menace de commettre des violences contre une personne ou l'entrave apportée, de manière délibérée, à l'accès et à la libre circulation des personnes ou au bon fonctionnement des dispositifs de sécurité et de sûreté, lorsqu'elles sont commises en réunion de plusieurs auteurs ou complices, dans les entrées, cages d'escalier ou autres parties communes d'immeubles collectifs d'habitation ainsi que les voies de fait ou la menace de commettre des violences contre une personne, ou l'entrave apportée, de manière délibérée, au bon fonctionnement des dispositifs de sécurité et de sûreté commises sur les toits des immeubles collectifs d'habitation (art. 398-1-7° *bis*, C. pr. pén. renvoyant à l'article L. 126-3 du Code de la construction et de l'habitation) ;

– les délits pour lesquels une peine d'emprisonnement n'est pas encourue, à l'exception des délits de presse (art. 398-1-8°, C. pr. pén.).

Cependant le tribunal statue en formation collégiale lorsque le prévenu est en détention provisoire lors de sa comparution ou lorsqu'il s'agit d'une procédure de comparution immédiate, de même lorsque les délits cités sont connexes à d'autres délits non prévus ici (art. 398-1, al. 2, C. pr. pén.). Jusqu'à la loi du 12 décembre 2005, la compétence du juge unique était également exclue pour les délits commis en état de récidive lorsque la peine encourue était, du fait de cette récidive, supérieure à cinq ans d'emprisonnement (loi du 23 juin 1999) (art. 398-1, al. 3, C. pr. pén.). Désormais, le tribunal correctionnel statuant à juge unique ne peut prononcer une peine d'emprisonnement ferme d'une durée supérieure à cinq ans (art. 398-2, al. 5, C. pr. pén.).

Le juge unique peut renvoyer une affaire à une audience collégiale, d'office ou à la demande des parties ou du Parquet si ce renvoi lui paraît justifié en raison de la complexité des faits ou, notamment en raison de l'importance de la peine susceptible d'être prononcée (supérieure à 5 ans). Sa décision n'est pas susceptible de recours (art. 398 et 398-2, C. pr. pén.).

Dans les petites villes, comme pour le tribunal de police, ce sont souvent les mêmes juges qui assurent le service des audiences civiles et celui des audiences pénales. Cependant, dans les grandes villes, il existe une ou plusieurs chambres spécialisées appelées chambres correctionnelles. Chacune d'elle est présidée par un magistrat ayant rang de vice-président. Depuis une loi du 6 août 1975, il existe dans le ressort de chaque Cour d'appel un tribunal correctionnel ayant spécialement compétence pour juger des affaires en matière économique et financière (art. 704, C. pr. pén.). Le tribunal correctionnel a le même siège et le même ressort que le tribunal de grande instance. Il y en a en principe un par département et deux ou plus pour les départements fortement peuplés, soit 181 tribunaux de grande instance au total.

Les fonctions du Ministère sont exercées par le procureur de la République ou l'un de ses substituts (art. 398-3, C. pr. pén.). Les fonctions du greffe par un greffier du tribunal de grande instance.

C - Procédure devant le tribunal correctionnel

1) Saisine du tribunal correctionnel

Selon l'article 388 du Code de procédure pénale, « *Le tribunal correctionnel est saisi des infractions de sa compétence soit par la comparution volontaire des parties, soit par la citation, soit par la convocation par procès-verbal, soit par la comparution immédiate, soit enfin par le renvoi ordonné par la juridiction d'instruction* »[1].

1. Cf. Chapitres 4 et 12.

2) Caractères généraux de la procédure à l'audience

La procédure est publique, orale et contradictoire.

a) Publicité des débats (art. 400, C. pr. pén.)

Cette disposition permet d'éviter que la justice ne soit soupçonnée d'arbitraire. Les audiences sont publiques sauf si la publicité des débats présente un danger pour l'ordre, la sérénité des débats, la dignité de la personne ou les intérêts d'un tiers. Dans ce cas, les débats auront lieu à huis clos.

Le président du tribunal a également la possibilité d'interdire l'accès de la salle d'audience aux mineurs ou à certains d'entre eux (art. 402, C. pr. pén.). Il peut expulser de la salle d'audience toute personne qui trouble l'ordre de quelque manière que ce soit (art. 404, C. pr. pén.).

Le jugement sur le fond doit toujours être prononcé en audience publique (art. 400, al. 4, C. pr. pén.).

Les mêmes principes s'appliquent devant le tribunal pour enfants si la personne poursuivie, mineure au moment des faits, est devenue majeure au jour de l'ouverture des débats et qu'elle en fait la demande, sauf s'il existe un autre prévenu qui est toujours mineur ou qui, mineur au moment des faits et devenu majeur au jour de l'audience, s'oppose à cette demande (art. 400, al. 5, C. pr. pén.).

b) Oralité des débats

L'ensemble des débats a lieu oralement. Ainsi, les témoins déposent oralement (art. 452, C. pr. pén.), de même que les experts (art. 168, C. pr. pén.). Ce principe est en relation avec celui de l'intime conviction. Les témoins ne peuvent lire une déposition préparée à l'avance mais, à titre exceptionnel et avec l'autorisation du président, ils peuvent s'aider de notes ou documents notamment pour développer des points techniques. Le juge doit se prononcer en fonction des éléments qui ont été soumis au débat.

c) Contradiction dans les débats

Les débats sont contradictoires. Les parties sont placées sur un pied d'égalité, sous la direction du président, chargé de la direction des débats et de la police de l'audience (art. 401, C. pr. pén.).

Le respect du principe du contradictoire suppose que chaque partie est assistée d'un défendeur. Cette assistance est facultative devant le tribunal correctionnel comme devant le tribunal de police, sauf lorsque le prévenu est atteint d'une infirmité de nature à compromettre sa défense (art. 417, al. 2, C. pr. pén.). Le principe du contradictoire impose que chaque partie soit informée des prérogatives qu'elle détient. L'article 6-3 de la Convention européenne de sauvegarde des droits de l'homme et des libertés fondamentales a également affirmé ce principe.

3) Déroulement des débats

Les débats se déroulent en plusieurs étapes :

a) L'instruction définitive

Qu'il y ait eu ou non une instruction préparatoire, les débats à l'audience comportent une instruction dite définitive, c'est-à-dire un examen et un affrontement des preuves.

Un nouvel examen des preuves est accompli devant la juridiction de jugement. Un interrogatoire du prévenu et une audition des témoins sont effectués. La juridiction de jugement peut également entendre des experts. Ensuite ou à mesure des différentes dépositions, les pièces à conviction peuvent être présentées à la personne poursuivie ou aux témoins. Un transport sur les lieux est également possible.

La juridiction de jugement peut également ordonner des mesures d'instruction complémentaires (art. 463, C. pr. pén.) par exemple une expertise (art. 434, C. pr. pén.). Un supplément d'information peut même être ordonné par celle-ci. Pour cela, un magistrat de la juridiction est désigné et effectue cette instruction complémentaire avec les mêmes pouvoirs qu'un juge d'instruction. À l'issue de cette nouvelle instruction, l'affaire revient devant la juridiction.

Un nouvel article 442-1 du Code de procédure pénale, issu de la loi du 15 juin 2000, prévoit que le Ministère public et les avocats des parties peuvent poser directement des questions au prévenu, à la partie civile, aux témoins et à toute personne appelée à la barre, en demandant la parole au président.

Les prévenus et la partie civile continuent à poser leurs questions par l'intermédiaire du président.

À chaque déposition, le président et, dans les conditions prévues à l'article 442-1, le Ministère public posent au témoin les questions qu'ils jugent nécessaires.

b) Le réquisitoire et les plaidoiries

À l'issue de l'instruction définitive, la parole est donnée à l'avocat de la partie civile (s'il y en a une, art. 460, C. pr. pén.). Le défenseur fait état dans sa plaidoirie du montant de la réparation civile réclamée par la victime. Il peut également se contenter de conclure à la culpabilité de la personne poursuivie et demander réparation du préjudice sans indiquer de montant (art. 460-1, C. pr. pén.). Il présente la demande de celle-ci puis le Ministère public prononce le réquisitoire (art. 458, C. pr. pén.). Enfin le défenseur expose sa plaidoirie ; le prévenu a toujours la parole en dernier.

c) La clôture des débats et le jugement

Les débats sont clos à la fin de l'audience. Cependant, ils peuvent s'étaler sur plusieurs audiences. Le président ordonne dans ce cas des suspensions.

La clôture des débats n'est prononcée expressément que devant la Cour d'assises alors que devant le tribunal correctionnel, elle résulte du prononcé de la décision.

d) Le jugement

Selon l'article 462 du Code de procédure pénale, « *Le jugement est rendu soit à l'audience même à laquelle ont eu lieu les débats, soit à une date ultérieure. Dans ce dernier cas, le président informe les parties présentes du jour où le jugement sera prononcé* ». La décision est rendue après une délibération qui doit être secrète. Elle peut se faire « sur le siège » ou en Chambre du conseil.

Si le tribunal estime que le fait constitue un délit, il prononce la peine et statue, s'il y a lieu, sur l'action civile (art. 464, al. 1er et 2, C. pr. pén.). Il en est de même lorsque le tribunal régulièrement saisi d'un fait qualifié délit par la loi, estime, au résultat des débats, que ce fait ne constitue qu'une contravention (art. 466, C. pr. pén.). Selon l'article 469, alinéa 1er du Code de procédure pénale, « *Si le fait déféré au tribunal correctionnel sous la qualification de délit est de nature à entraîner une peine criminelle, le tribunal renvoie le Ministère public à se pourvoir ainsi qu'il avisera* ». Dans cette hypothèse, le tribunal correctionnel peut décerner par la même décision, mandat de dépôt ou d'arrêt contre le prévenu après avoir entendu le Ministère public.

La décision est écrite, bien qu'elle soit prononcée oralement et en audience publique, et motivée (art. 485, C. pr. pén.).

À la demande de l'intéressé, toute juridiction qui prononce un non-lieu, une relaxe ou un acquitement peut accorder à la personne poursuivie une indemnité qui sera à la charge de l'État, en vue de couvrir les frais qu'elle a exposés, en particulier les frais d'avocat (art. 800-2, C. pr. pén.). La juridiction peut ordonner qu'elle soit mise à la charge de la partie civile lorsque l'action publique a été mise en mouvement par cette dernière. Ces nouvelles dispositions entreront en vigueur dès qu'un décret d'application sera élaboré relativement à cette indemnisation.

De plus, le tribunal ou la Cour, en cas de relaxe ou d'acquitement, peut condamner la partie civile abusive à des dommages-intérets (art. 472, C. pr. pén.).

4) Procédure simplifiée

La loi du 9 septembre 2002 a créé aux articles 495 et suivants du Code de procédure pénale une procédure simplifiée permettant de juger certains délits prévus par le Code de la route. Cette procédure consiste, pour le Ministère public, à transmettre le dossier au président du tribunal qui statue sans délai préalable sauf s'il estime qu'un débat contradictoire est utile. Il rend une ordonnance pénale portant relaxe ou condamnation à une amende et/ou le cas échéant à une ou plusieurs peines complémentaires. Le prévenu dispose alors de 45 jours pour former opposition à l'ordonnance.

La procédure simplifiée n'est pas applicable au prévenu mineur au jour de l'infraction, ni lorsque la victime a formulé, au cours de l'enquête, une demande de dommages et intérêts ou de restitution, ou a fait directement citer le prévenu et lorsque le délit prévu par le Code de la route a été commis en même temps qu'une contravention ou qu'un délit d'homicide involontaire ou d'atteinte involontaire à l'intégrité de la personne (art. 495, al. 2, C. pr. pén.).

Le Ministère public ne peut recourir à la procédure simplifiée que lorsqu'il résulte de l'enquête de police judiciaire que les faits reprochés au prévenu sont établis et que les renseignements concernant la personnalité de celui-ci, et notamment ses charges et ses ressources, sont suffisants pour permettre la détermination de la peine (art. 495, al. 3, C. pr. pén.).

L'article 495-2 du Code de procédure pénale prévoit que l'ordonnance mentionne les nom, prénoms, date et lieu de naissance et domicile du prévenu, la qualification légale, la date et le lieu du fait imputé, la mention des textes applicables et, en cas de condamnation, la ou les peines prononcées. L'ordonnance pénale doit être motivée.

L'ordonnance est ensuite transmise au Ministère public qui dispose d'un délai de 10 jours pour en poursuivre l'exécution ou former opposition par déclaration au greffe du tribunal (art. 495-3, al. 1er, C. pr. pén.). L'ordonnance est portée à la connaissance du prévenu par lettre recommandée avec demande d'avis de réception. Elle peut également être portée à la connaissance du prévenu par le procureur de la République, directement ou par l'intermédiaire d'une personne habilitée (art. 495-3, al. 2, C. pr. pén.). Le prévenu dispose alors de 45 jours pour former opposition à l'ordonnance (art. 495-3, al. 3, C. pr. pén.). Cette opposition permettra que l'affaire fasse l'objet d'un débat contradictoire et public devant le tribunal correctionnel, au cours duquel il pourra être assisté par un avocat (art. 495-3, al. 3, C. pr. pén.). Le comptable du Trésor arrête le recouvrement dès réception de l'avis d'opposition à l'ordonnance pénale établi par le greffe (art. 495-3, al. 6, C. pr. pén.).

Lorsque le Ministère public ou le prévenu fait opposition à l'ordonnance, l'affaire est portée à l'audience du tribunal correctionnel. Le jugement rendu par défaut, sur l'opposition du prévenu, n'est pas susceptible d'opposition (art. 495-4, al. 1er, C. pr. pén.).

Si le prévenu ne fait pas opposition, l'ordonnance est exécutée suivant les règles prévues par le présent code pour l'exécution des jugements correctionnels (art. 495-3, al. 4, C. pr. pén.). L'ordonnance pénale a les effets d'un jugement passé en force de chose jugée sauf à l'égard de l'action civile en réparation des dommages causés par l'infraction (art. 495-5, C. pr. pén.). En effet, la victime a toujours la possibilité de citer l'auteur des faits devant le tribunal correctionnel. Dans cette hypothèse, le tribunal statue uniquement sur les intérêts civils. À cette audience, le tribunal est composé du seul président siégeant à juge unique (art. 495-6, C. pr. pén.).

5) Comparution sur reconnaissance préalable de culpabilité

Voir Chapitre 4.

6) Jugement par défaut

Voir Chapitre 18.

4 • LA COUR D'ASSISES

En matière criminelle, l'unique juridiction de droit commun était jusqu'au 1er janvier 2001 la Cour d'assises, qui est la juridiction française la plus originale. Ce sont les infractions les plus importantes qui sont soumises à cette juridiction et ce sont donc les peines les plus importantes qui sont prononcées devant elle. La Cour d'assises est en partie composée d'un jury populaire, symbole d'une justice exprimée par le peuple mais qui tourne parfois à la fiction. Enfin, la Cour d'assises est une juridiction originale de par sa structure juridique, son ressort, son fonctionnement intermittent et sa composition. De plus, jusqu'à la loi du 15 juin 2000 qui a créé un appel en matière criminelle, ses arrêts étaient insusceptibles d'appel.

A - Compétence

L'article 231 du Code de procédure pénale dispose que « *la Cour d'assises a plénitude de juridiction pour juger, en premier ressort ou en appel, les personnes renvoyées devant elle par la décision de mise en accusation* »[2].

B - Ressort et siège de la Cour d'assises

La Cour d'assises est une juridiction départementale et porte le nom du département qui est celui de son ressort (art. 232, C. pr. pén.).

Elle siège en principe au chef-lieu du département (art. 234, C. pr. pén.). Lorsque ce chef-lieu a une Cour d'appel, la Cour d'assises siège généralement dans les locaux de la Cour d'appel, sinon, elle utilise les locaux du tribunal de grande instance du chef-lieu de ce département.

C - Le fonctionnement par sessions

Alors que les autres juridictions de droit commun fonctionnent de manière continue, la Cour d'assises siège de façon intermittente, par sessions, d'où son nom : la Cour tient ses assises (art. 232, C. pr. pén.). Il y a en principe une session tous les 3 mois à moins que le volume des affaires n'exige des sessions plus fréquentes (art. 236, al. 1er, C. pr. pén.). Le premier président peut, sur proposition du procureur général, alors ordonner une session supplémentaire dans le trimestre (art. 236, al. 2, C. pr. pén.). Chaque session dure un temps suffisant pour épuiser toutes les affaires inscrites au rôle[3]. À Paris, lorsqu'une session se termine, généralement une autre commence. Ce particularisme tient au fait que la Cour d'assises est composée pour partie de simples particuliers auxquels on ne peut demander d'être disponibles sur un trop long laps de temps.

---

2. Voir Chapitre 2.
3. Crim., 9 décembre 1987, *Bull. crim.* n° 453.

D - Composition de la Cour d'assises

L'originalité de la Cour d'assises tient à sa composition hétérogène (art. 240, C. pr. pén.) :

– la Cour proprement dite est composée de ***trois magistrats professionnels*** (art. 243, C. pr. pén.). Le président des assises dirige les débats. Il s'agit soit d'un président de chambre, soit d'un conseiller à la Cour d'appel désigné par le premier président (art. 244, C. pr. pén.). Ses deux assesseurs (art. 248, al. 1er, C. pr. pén.) sont également désignés par le premier président de la Cour d'appel parmi les conseillers de la Cour d'appel ou parmi les présidents, vice-présidents ou juges du tribunal de grande instance où se tiennent les assises (art. 249, C. pr. pén.) ;

– un jury composé de ***neuf jurés*** qui sont de simples particuliers désignés par voie de tirage au sort. Le jury est considéré comme l'expression de la souveraineté populaire d'où le nom de « juridiction populaire » donnée parfois à la Cour d'assises (art. 254 à 267, C. pr. pén.) ;

– ***siègent également*** sans participer à la décision finale : un représentant du Ministère public qui est généralement un avocat général de la Cour d'appel (art. 241, C. pr. pén.) et qui a pour mission de soutenir l'accusation, et un greffier qui tient la plume (art. 242, C. pr. pén.).

• *Comment les jurés sont-ils désignés ?*

Les jurés sont désignés par tirage au sort au terme de plusieurs opérations successives faisant l'objet d'une réglementation minutieuse (art. 259, C. pr. pén.). La loi du 28 juillet 1978 prévoit la constitution de plusieurs listes successives qui vont en se rétrécissant :

– d'abord une liste annuelle est dressée dans chaque département (art. 259, C. pr. pén.). Le nombre en est fixé par arrêté préfectoral qui définit une répartition par commune (art. 261, C. pr. pén.). Un décret en Conseil d'État peut fixer un nombre de jurés plus élevé que celui prévu pour cette liste annuelle (1 800 pour Paris et un juré pour 1 300 habitants ailleurs) – sans que la liste puisse contenir moins de 200 personnes (art. 260, al. 1er, C. pr. pén.) – si le nombre des sessions tenues chaque année par la Cour d'assises le justifie (art. 260, al. 2, C. pr. pén.);

– le maire tire alors au sort sur les listes électorales un nombre triple de celui fixé par l'arrêté pour la commune (art. 261, C. pr. pén.). Sont alors exclus ceux qui tombent sous le coup d'une incompatibilité (art. 257, C. pr. pén.) ou d'une incapacité (art. 256, C. pr. pén.), ceux qui n'auront pas atteint l'âge de vingt-trois ans au cours de l'année civile qui suit (art. 261, al. 1er, C. pr. pén., *in fine*), ceux qui ont atteint l'âge de soixante-dix ans ou qui n'ont pas leur résidence principale dans le département siège de la Cour d'assises lorsqu'elles en font la demande (art. 258, C. pr. pén.) et ceux qui ont rempli les fonctions de juré dans le département depuis moins de cinq ans (art. 258-1, C. pr. pén.) puis un nouveau tirage au sort a lieu fixant la liste annuelle définitive (art. 263, C. pr. pén.). Une liste spéciale de jurés suppléants est également constituée (art. 264, C. pr. pén.) ;

– dans cette liste, 40 personnes sont tirées au sort afin de désigner celles qui sont susceptibles de participer à la session d'assises (art. 266, al. 1er, C. pr. pén.). Sont également tirés les noms de douze jurés suppléants sur la liste spéciale (art. 266, al. 1er, C. pr. pén., *in fine*) ;

– enfin, une liste de jugement est déterminée par un nouveau tirage au sort parmi les 40 noms sous réserve d'un droit de récusation discrétionnaire appartenant au Ministère public et à l'accusé (art. 297 et s., C. pr. pén.).

• *Quels sont les rapports entre la Cour proprement dite et les jurés ?*

Une loi du 25 novembre 1941 (art. 356 à 362, C. pr. pén.) prévoit que la Cour et les jurés délibèrent et votent ensemble à la fois sur les faits et sur l'application du droit. Ils délibèrent en commun sur la matérialité des faits, sur la culpabilité et sur la peine applicable. On peut cependant craindre que les magistrats professionnels n'exercent un certain ascendant sur les jurés : l'article 359 du Code de procédure pénale prévoit donc que toute décision défavorable à l'accusé ne peut être acquise que par huit voix contre quatre, ce qui implique nécessairement que cinq jurés au moins (et donc la majorité des jurés) s'y sont ralliés.

E - La procédure devant la Cour d'assises

Un certain nombre de particularités marquent la procédure devant la Cour d'assises.

Selon l'article 287 du Code de procédure pénale, « *le président peut, soit d'office, soit sur réquisition du Ministère public, ordonner le renvoi à une session ultérieure des affaires qui ne lui paraissent pas en état d'être jugées au cours de la session au rôle de laquelle elles sont inscrites* ». Le renvoi de l'affaire à une prochaine session peut également être ordonné en tout état de cause d'office, ou à la requête du Ministère public ou de l'une des parties (art. 343, C. pr. pén.).

Selon l'article 306, alinéa premier du Code de procédure pénale « *Les débats sont publics, à moins que la publicité ne soit dangereuse pour l'ordre ou les mœurs* ». Lorsque l'infraction jugée est un viol ou des tortures et actes de barbarie accompagnés d'agressions sexuelles, le huis clos est de droit si la victime partie civile ou l'une des victimes parties civiles le demande. Dans les autres cas, le huis clos ne peut être ordonné que si la victime partie civile ou l'une des victimes parties civiles ne s'y oppose pas (art. 306, al. 3, C. pr. pén.). Cependant, lorsque la personne poursuivie est devenue majeure au jour de l'ouverture des débats, elle peut demander que ceux-ci soient publics (art. 306, al. 6, C. pr. pén.).

L'ensemble des débats a lieu oralement.

Les débats sont contradictoires.

1) Les formalités antérieures à l'ouverture de l'audience

S'il est détenu, le président de la cour d'assises ou un des assesseurs interroge l'accusé dans les plus brefs délais après son arrivée à la maison d'arrêt (art. 272, al. 1er, C. pr. pén.).

Depuis le 1er janvier 2001, l'obligation pour l'accusé en liberté de se constituer prisonnier au plus tard la veille de l'audience de la Cour d'assises a disparu. Si l'accusé ne se présente pas à l'audience, le président de la Cour d'assises peut, par décision motivée, décerner mandat d'arrêt[4]. L'accusé peut être placé sous contrôle judiciaire voire en détention provisoire pendant l'audience de la Cour d'assises (art. 272-1, C. pr. pén.). Lorsque l'accusé est en détention provisoire, le mandat de dépôt décerné contre lui conserve sa force exécutoire (art. 181, C. pr. pén.).

2) Règles générales relatives au déroulement des débats

Le caractère très formaliste des débats est assoupli par le pouvoir discrétionnaire accordé au président qui lui permet de prendre toutes les mesures qui lui paraissent utiles pour découvrir la vérité (art. 310, C. pr. pén.) y compris ordonner tous actes d'information qu'il estime utiles (art. 283, al. 1er, C. pr. pén.). Le Ministère public et les avocats des parties peuvent poser directement des questions à l'accusé et à toute personne appelée à la barre, en demandant la parole au président (art. 312, al. 1er, C. pr. pén.). L'accusé et la partie civile n'ont cette possibilité que par l'intermédiaire du président (art. 312, al. 2, C. pr. pén.). Les assesseurs et les jurés peuvent poser des questions aux accusés et aux témoins en demandant la parole au président à condition de ne pas manifester leur opinion (art. 311, C. pr. pén.).

Le Ministère public prend toutes les réquisitions qu'il juge utiles, sur lesquelles la cour a l'obligation de délibérer. (art. 313, al. 1er, C. pr. pén.). Lorsque la cour n'y fait pas droit, l'instruction ni le jugement ne sont arrêtés, ni suspendus (art. 314, C. pr. pén.).

3) Les formalités tenant à l'ouverture de l'audience

Les formalités se succèdent de la façon suivante :

– comparution obligatoire de l'accusé : lorsque le prévenu refuse de comparaître, il lui est fait sommation par huissier à cet effet (art. 319, C. pr. pén.) et s'il persiste dans son refus, le président peut ordonner qu'il soit amené par la force devant la cour ou ordonner que, nonobstant son absence, il soit passé outre aux débats (art. 320, C. pr. pén.). Lorsque le prévenu n'est pas détenu et qu'il ne comparaît pas à l'audience, le président peut ordonner qu'il soit amené devant la cour d'assises par la force publique (art. 320-1, C. pr. pén.) ;

– révélation de son identité par l'accusé ;

– désignation des jurés ;

– appel et isolement des témoins : le président ordonne à l'huissier de faire l'appel des témoins cités par le Ministère public, par l'accusé et la partie civile (art. 324, C. pr. pén.) puis leur ordonne de se retirer dans la chambre qui leur est destinée d'où ils ne sortent que pour déposer et peut prendre des mesures afin de les empêcher de « *conférer entre eux avant leur déposition* » (art. 325, C. pr. pén.). Lorsqu'un témoin ne comparaît pas, « *la cour peut, sur réquisitions du Ministère public ou même d'office, ordonner que ce témoin soit immédiatement amené par la force publique devant la cour pour y être entendu, ou renvoyer l'affaire à la prochaine session* » (art. 326, al. 1er, C. pr. pén.).

---

4. Mettre à exécution l'ordonnance de prise de corps avant le 1er octobre 2004.

Lorsque le témoin ne comparaît pas, refuse de prêter serment ou de faire sa déposition, il peut être condamné à une amende (art. 326, al. 2, C. pr. pén.) ;

– lecture de l'arrêt de renvoi puis rappel par le président à l'accusé et aux jurés des faits contenus dans l'acte d'accusation : l'accusé et les jurés sont invités par le président à écouter avec attention la lecture faite par le greffier de la décision de renvoi ou lorsqu'il s'agit d'une cour d'assises statuant en appel, des questions posées à la Cour d'assises ayant statué en premier ressort, des réponses faites aux questions, de la décision et de la condamnation prononcée (art. 327, C. pr. pén.).

4) L'interrogatoire de l'accusé

Le président doit interroger l'accusé et recevoir ses déclarations sans manifester son opinion sur la culpabilité de celui-ci (art. 328, C. pr. pén.).

5) L'audition des témoins

Les témoins déposent les uns après les autres, dans l'ordre établi par le président sur les faits reprochés à l'accusé, soit sur sa personnalité et sur sa moralité (art. 331, C. pr. pén.). Les témoins doivent sur la demande du président, faire connaître leurs nom, prénoms, âge, profession, leur domicile ou résidence, s'ils connaissaient l'accusé avant les faits mentionnés dans l'arrêt de renvoi, s'ils sont parents ou alliés, soit de l'accusé, soit de la partie civile, et à quel degré. Le président leur demande encore s'ils ne sont pas attachés au service de l'un ou de l'autre (art. 331, al. 2, C. pr. pén.). Ils prêtent le serment *« de parler sans haine et sans crainte, de dire toute la vérité, rien que la vérité »* (art. 331, al. 3, C. pr. pén.). Le président peut poser des questions à chacun des témoins après leur déposition respective (art. 332, al. 1er, C. pr. pén.). Le Ministère public et les avocats des parties peuvent poser directement des questions aux témoins alors que l'accusé et les parties civiles ne le peuvent que par l'intermédiaire du président (art. 332 et 312, C. pr. pén.). Les témoins restent dans la salle d'audience après leur déposition et jusqu'à la clôture des débats sauf si le président en ordonne autrement (art. 334, C. pr. pén.) notamment lorsque le Ministère public, la partie civile ou l'accusé le demandent afin qu'il puisse déposer à nouveau ultérieurement (art. 338, C. pr. pén.). Chaque témoin après sa déposition, demeure dans la salle d'audience, si le président n'en ordonne autrement, jusqu'à la clôture des débats (art. 334, C. pr. pén.).

Le Ministère public et les parties peuvent s'opposer à l'audition d'un témoin dont le nom ne leur aurait pas été signifié ou qui leur aurait été irrégulièrement signifié (art. 330, al. 1er, C. pr. pén.). La cour doit statuer sur cette opposition. Si elle fait droit à la demande, les témoins peuvent néanmoins être entendus à titre de renseignements en vertu du pouvoir discrétionnaire du président (art. 330, al. 2, C. pr. pén.). De plus, certains témoins ne peuvent déposer[5] mais peuvent être entendus à titre de renseignement en vertu du pouvoir discrétionnaire du président (art. 335 et 336, C. pr. pén.) :

---

5. S'ils déposent sans opposition du Ministère public ni des parties à la prestation de serment, la nullité n'est pas encourue (art. 336, al. 1er, C. pr. pén.)

– le père, la mère ou tout autre ascendant de l'accusé, ou de l'un des accusés présents et soumis au même débat ;

– les enfants ou tout autre descendant de l'accusé ;

– les frères et sœurs de l'accusé ;

– les alliés aux mêmes degrés de l'accusé ;

– le mari ou de la femme de l'accusé, même après le divorce ;

– la partie civile ;

– les enfants au-dessous de l'âge de seize ans.

Celui qui a porté connaissance à la justice des faits pour lesquels l'accusé est jugé peut être entendu à condition que les parties en soient averties par le président (art. 337, C. pr. pén.).

6) L'audition de la partie civile et de son avocat

Ils sont entendus avant les réquisitions du Ministère public (art. 346, al. 1er, C. pr. pén.). Ils peuvent répliquer après ces réquisitions et la plaidoirie de la défense mais l'accusé ou son avocat auront toujours la parole les derniers (art. 346, al. 3, C. pr. pén.).

7) Le réquisitoire et les plaidoiries

Le Ministère public fait part de ces réquisitions, puis intervient la plaidoirie de la défense. Le Ministère public peut ensuite également répliquer, comme la partie civile mais en laissant la possibilité à l'accusé ou à son avocat de reprendre la parole en dernier (art. 346, C. pr. pén.).

8) La clôture des débats

« *Le président déclare les débats terminés* » (art. 347, al. 1er, C. pr. pén.).

Il ordonne que le dossier de la procédure soit déposé entre les mains du greffier de la Cour d'assises mais il conserve en vue de la délibération l'arrêt de la chambre de l'instruction (art. 347, al. 3, C. pr. pén.).

Le président peut ordonner le transport dans la salle des délibérations du dossier, qui, à ces fins sera rouvert en présence du Ministère public et des avocats de l'accusé et de la partie civile lorsque la Cour d'assises au cours de la délibération estime nécessaire l'examen d'une ou plusieurs pièces de la procédure (art. 347, al. 2, C. pr. pén.)

9) La lecture des questions à la Cour et au jury

Le président donne lecture des questions auxquelles la cour et le jury ont à répondre (art. 348, al. 1er, C. pr. pén.), formulées ainsi : « *L'accusé est-il coupable d'avoir commis tel fait ?* » (art. 349, al. 1er, C. pr. pén.). Un certain nombre de règles doivent être respectées (art. 349, C. pr. pén.) :

– une question est posée sur chaque fait spécifié dans le dispositif de la décision de mise en accusation ;

– chaque circonstance aggravante fait l'objet d'une question distincte ;

– chaque cause légale d'exemption ou de diminution de la peine fait l'objet d'une question distincte.

Un certain nombre d'autres questions doit être posé lorsque l'accusé invoque comme moyen de défense l'existence de l'une des causes d'irresponsabilité pénale prévue par les articles 122-1 (premier alinéa), 122-2, 122-3, 122-4 (premier et second alinéas), 122-5 (premier et second alinéas) et 122-7 du Code pénal. Dans cette hypothèse, chaque fait spécifié dans le dispositif de la décision de mise en accusation fait l'objet de deux questions (art. 349-1, C. pr. pén.) :

– L'accusé a-t-il commis tel fait ? ;

– L'accusé bénéficie-t-il pour ce fait de la cause d'irresponsabilité pénale prévue par l'article du Code pénal selon lequel n'est pas pénalement responsable la personne qui... ?

Enfin, l'article 353 du Code de procédure dispose que « *avant que la Cour d'assises se retire, le président donne lecture de l'instruction suivante, qui est, en outre, affichée en gros caractères, dans le lieu le plus apparent de la chambre des délibérations.*

La loi ne demande pas compte aux juges des moyens par lesquels ils se sont convaincus, elle ne leur prescrit pas de règles desquelles ils doivent faire particulièrement dépendre la plénitude et la suffisance d'une preuve ; elle leur prescrit de s'interroger eux-mêmes dans le silence et le recueillement et de chercher, dans la sincérité de leur conscience, quelle impression ont faite, sur leur raison, les preuves rapportées contre l'accusé, et les moyens de sa défense. La loi ne leur fait que cette seule question, qui renferme toute la mesure de leurs devoirs : "Avez-vous une intime conviction ?" ».

10) La délibération

L'accusé se retire de la salle d'audience sur la demande du président ; il ne doit pas quitter le palais de justice pendant la durée du délibéré lorsqu'il est libre (art. 354, al. 1er, C. pr. pén.) puis le président déclare l'audience suspendue (art. 354, al. 3, C. pr. pén.). Les magistrats ainsi que les jurés se retirent dans la chambre des délibérations dont ils ne sortent qu'après avoir pris leur décision (art. 355, C. pr. pén.).

La cour et le jury délibèrent puis votent, par bulletins écrits et par scrutins distincts et successifs, sur le fait principal d'abord, et s'il y a lieu, sur les causes d'irresponsabilité pénale, sur chacune des circonstances aggravantes, sur les questions subsidiaires et sur chacun des faits constituant une cause légale d'exemption ou de diminution de la peine (art. 356, C. pr. pén.).

Selon l'article 359 du Code de procédure pénale, « *toute décision défavorable à l'accusé se forme à la majorité de huit voix au moins lorsque la Cour d'assises statue en premier ressort et à la majorité de dix voix au moins lorsque la Cour d'assises statue en appel* ».

En cas de réponse affirmative sur la culpabilité, la cour d'assises délibère ensuite sur l'application de la peine (art. 362, al. 1er, C. pr. pén.). La décision sur la peine se forme en principe à la majorité absolue des votants (art. 362, al. 2, C. pr. pén.).

L'accusé est déclaré non coupable si le fait retenu contre l'accusé ne tombe pas ou ne tombe plus sous l'application de la loi pénale, ou si, la Cour d'assises prononce l'acquittement de celui-ci (art. 363, al. 1er, C. pr. pén.). Lorsque l'accusé bénéficie d'une cause d'exemption de peine, la Cour d'assises le déclare coupable et l'exempte de peine (art. 363, al. 2, C. pr. pén.).

11) La décision

– ***Décision sur l'action publique*** : l'accusé est remis en liberté lorsqu'il est exempté de peine, acquitté ou lorsque sa peine est couverte par la détention provisoire (art. 367, al. 1er, C. pr. pén.). « *Dans les autres cas, tant que l'arrêt n'est pas définitif et, le cas échéant, pendant l'instance d'appel, l'ordonnance de prise de corps est mise à exécution ou continue de produire ses effets, jusqu'à ce que la durée de détention ait atteint celle de la peine prononcée, sans préjudice pour l'accusé de son droit à demander sa mise en liberté conformément aux dispositions des articles 148-1 et 148-2* » (art. 367, al. 2, C. pr. pén.).

Après le prononcé de l'arrêt, le président avertit l'accusé, s'il y a lieu, de la possibilité qui lui est donnée d'interjeter appel ou de se pourvoir en cassation et lui fait connaître le délai d'appel ou de pourvoi (art. 370, C. pr. pén.).

– ***Décision sur l'action civile*** : la cour statue ensuite, sans l'assistance du jury, sur les demandes en dommages-intérêts formées soit par la partie civile contre l'accusé, soit par l'accusé acquitté contre la partie civile, après que les parties et le Ministère public ont été entendus (art. 371, al. 1er, C. pr. pén.).

En cas d'acquitement ou d'exemption de peine, il reste possible à la partie civile de demander réparation du dommage résultant de la faute de l'accusé, telle qu'elle résulte des faits qui sont l'objet de l'accusation (art. 372, C. pr. pén.). Lorsqu'elle statue en premier ressort, la cour peut ordonner l'exécution provisoire de sa décision, si celle-ci a été demandée (art. 374, al. 1er, C. pr. pén.).

– ***Rédaction de l'arrêt*** : l'article 376 du Code de procédure pénale dispose que « *le greffier écrit l'arrêt ; les textes de lois appliqués y sont indiqués* », dont la minute est signé par le président et le greffier (art. 377, C. pr. pén.). Les minutes des arrêts rendus par la Cour d'assises sont réunies et déposées au greffe du tribunal de grande instance, siège de ladite cour mais les minutes des arrêts rendus par la Cour d'assises du département où siège la cour d'appel restent déposées au greffe de cette cour (art. 379-1, C. pr. pén.).

12) Le défaut criminel

La procédure de contumace, lourde et contraire à la Convention européenne des droits de l'homme en ce qu'elle impose que l'accusé, même absent, puisse être défendu par un avocat, a été supprimée par la loi du 9 mars 2004 et remplacé par le défaut criminel.

Cette procédure s'applique à l'accusé absent sans excuse valable à l'ouverture de l'audience ou à celui dont l'absence est constatée au cours des débats lorsqu'il n'est pas possible de suspendre ceux-ci jusqu'à son retour (art. 379-2, al. 1er, C. pr. pén.). Néanmoins, dans ces hypothèses, la cour peut tout aussi bien décider de renvoyer l'affaire à une session ultérieure. La procédure par défaut n'est pas applicable lorsque l'accusé refuse de comparaître (art. 320 et 379-2, al. 2, C. pr. pén.) ou lorsqu'il est expulsé de l'audience par le président de la Cour d'assises en raison du trouble qu'il a causé (art. 322 et 379-2, al. 2, C. pr. pén.).

Dans ces hypothèses, la cour examine l'affaire et statue sur l'accusation sans l'assistance des jurés, sauf si sont présents d'autres accusés jugés simultanément lors des débats, ou si l'absence de l'accusé a été constatée après le commencement des débats (art. 379-3, al. 1er, C. pr. pén.). Si l'avocat de l'accusé est présent, la procédure se déroule conformément aux dispositions des articles 306 à 379-1, à l'exception des dispositions relatives à l'interrogatoire ou à la présence de l'accusé (art. 379-3, al. 2, C. pr. pén.). En l'absence de l'avocat, la cour statue sur l'accusation après avoir entendu la partie civile ou son avocat et les réquisitions du Ministère public (art. 379-3, al. 3, C. pr. pén.). Lorsque l'accusé absent est condamné à une peine ferme privative de liberté, la cour décerne mandat d'arrêt contre l'accusé si cela n'a pas déjà été fait (art. 379-3, al. 4, C. pr. pén.).

Si l'accusé qui a été condamné conformément à l'article 379-3 du Code de procédure pénale se constitue prisonnier ou est arrêté avant que la peine soit éteinte par la prescription, l'arrêt de la Cour d'assises est non avenu dans toutes ses dispositions. Un nouvel examen de son affaire est effectué par la Cour d'assises conformément aux dispositions des articles 269 à 379-1 (art. 379-4, al. 1er, C. pr. pén.). Dans cette hypothèse, le mandat d'arrêt qui avait été délivré vaut mandat de dépôt et l'accusé demeure détenu jusqu'à sa comparution devant la Cour d'assises, qui doit intervenir dans le délai prévu par l'article 181 à compter de son placement en détention, faute de quoi il est immédiatement remis en liberté (art. 379-4, al. 2, C. pr. pén.). Il n'est pas possible à la personne condamnée par défaut de faire appel (art. 379-5, C. pr. pén.).

5 • LA COUR DE CASSATION (V. CHAPITRE 19)

BIBLIOGRAPHIE

ANGEVIN (H.), « Mort d'un dogme. À propos de l'instauration, par la loi du 15 juin 2000, d'un second degré de juridiction en matière criminelle », *JCP* 2000, I, 260.

AUSSEL (J.-M.), « La loi du 28 juillet 1978 et le recrutement des jurés en Cour d'assises », *JCP* 1978, I, 2919.

BROUCHOT (J.), « La Cour d'assises sous le régime du Code de procédure pénale », *JCP* 1959, I, 1479.

CHAPAR (F.), « Le nouveau jury criminel », *D.* 1980, Chron. p. 203.

DUMON (M.), « L'instruction à l'audience des tribunaux correctionnels et de police », *RD pén. comp.* 1950-51, p. 1050.

GASSIN (R.), « L'audience de jugement, bilan des réformes depuis 1993 », *ALD* 1995, p. 103.

LEVASSEUR (G.), « La juridiction correctionnelle depuis l'application du Code de procédure pénale », *RSC* 1959, p. 577.

LOMBARD (F.), « Les citoyens-juges. La réforme de la Cour d'assises ou les limites de la souveraineté populaire », *RSC* 1996, p. 773.

NICOLOPOULOS (P.), « La procédure devant les juridictions répressives et le principe du contradictoire », *RSC* 1989, p. 1.

PRADEL (J.), « "L'appel" contre les arrêts d'assises », *D.* 2001, Chron p. 1964.

ROBIN (C.), « La réforme de la Cour d'assises : entre mort et résurrection d'une institution, le jury », *LPA*, 1996, 23 oct., p. 15-21.

RAUMIER (W.), *L'avenir du jury criminel*, préface A. Decocq, LGDJ, 2003.

VOUIN (R.), « La Cour d'assises française de 1808 à 1958 », in *Mélanges Hugueney,* 1964, p. 225.

VOLFF (J.), « L'ordonnance pénale en matière correctionnelle », *D.* 2003, Chron. p. 2777.

CHAPITRE 17

Les juridictions de jugement d'exception

La particularité des juridictions pénales spécialisées est que la loi a strictement et limitativement prévu leurs attributions : elles sont compétentes pour juger seulement certaines infractions ou certains délinquants. Elles ont en général un statut dérogatoire au droit commun par leur composition ou par la procédure qu'elles utilisent. Ce type de juridiction est en déclin constant à l'exception des juridictions pour enfants. Ces dernières ne seront pas traitées ici mais dans une partie consacrée exclusivement aux mineurs (v. Partie 6).

Les juridictions pénales spécialisées ne jouissent généralement pas d'une très bonne réputation car elles sont souvent constituées dans des périodes de crise ou dans un contexte autoritaire, ce qui peut laisser à penser que le pouvoir politique recherche alors une répression plus grande par le biais d'une diminution des droits de la défense.

L'histoire apporte plusieurs illustrations de leur sévérité. De nombreuses juridictions d'exception existaient sous l'Ancien Régime, elles utilisaient fréquemment la torture. Elles furent abolies sous la Révolution française mais bien vite remplacées par d'autres qui laissèrent un souvenir dramatique. Pendant un siècle et demi, il y eut une certaine accalmie qui est essentiellement à mettre à l'actif de la IIIe République. Les juridictions d'exception réapparurent pendant la Seconde Guerre mondiale avec notamment les Cours martiales et lors des événements d'Algérie avec le haut tribunal militaire. Ces juridictions sont souvent utilisées par certains régimes pour renforcer leur emprise politique par la menace de sanctions expéditives.

Depuis 1982, avec la disparition de la Cour de sûreté de l'État et des tribunaux permanents des forces armées, les juridictions pénales spécialisées sont véritablement en voie de disparition.

1 • LA COUR DE SÛRETÉ DE L'ÉTAT

Cette Cour avait été instituée en 1963 pour juger en temps de paix les crimes et délits contre la sûreté de l'État (espionnage, mouvement insurrectionnel, complot contre la sûreté de l'État et l'intégrité du territoire national, trahison, rébellion avec armes, détention de matériel de guerre...).

Sa composition était fortement dérogatoire (composée d'un premier président, de deux magistrats civils et deux magistrats militaires) tout comme la procédure utilisée devant elle (le juge d'instruction pouvait procéder à des perquisitions et des saisies en tout lieu et en tout temps, y compris de nuit, possibilité de maintenir l'inculpé en détention provisoire pendant plus de 4 mois...).

La Cour de sûreté de l'État a été supprimée par une loi du 4 août 1981. Les crimes et délits qui devaient jusque-là être jugés par cette juridiction le seront désormais par les juridictions de droit commun (art. 702, C. pr. pén.).

2 • LA HAUTE COUR DE JUSTICE

La Constitution du 4 octobre 1958 a institué une Haute Cour de justice. Ses membres sont élus par l'Assemblée nationale et le Sénat au sein de ces assemblées et en nombre égal, pour juger le président de la République en cas de haute trahison.

Cette juridiction n'a encore jamais été réunie.

3 • LA COUR DE JUSTICE DE LA RÉPUBLIQUE

Elle a été créée par la loi du 27 juillet 1993, modifiant la Constitution en créant les articles 68-1 et 68-2.

Elle a compétence pour juger les crimes et délits commis par les membres du gouvernement dans l'exercice de leurs fonctions.

Elle est composée de quinze juges : douze parlementaires élus, en leur sein, en nombre égal, par l'Assemblée nationale et par le Sénat après chaque renouvellement général ou partiel de ces assemblées et trois magistrats du Siège à la Cour de cassation. L'un de ces magistrats préside la Cour de justice de la République.

La juridiction peut être saisie par toute personne se prétendant lésée par un crime ou un délit commis par un membre du gouvernement dans l'exercice de ses fonctions. Cette personne doit porter plainte devant la commission des requêtes[1] qui classe la procédure ou la transmet au procureur général près la Cour de cassation aux fins de saisine de la Cour de justice de la République.

La loi organique du 23 novembre 1993 a organisé les modalités d'application des articles 68-1 et 68-2 de la Constitution. Le procureur général près la Cour de cassation peut décider de saisir la Commission d'instruction de la Cour de justice de la République,

---

1. Aucune constitution de partie civile n'est recevable devant la Cour de justice de la République mais les victimes ont la possibilité de porter l'action en réparation de leurs dommages devant les juridictions de droit commun qui trancheront toute contestation sur leurs droits civils. Ass. pl., R., 21 juin 1999, *Juris-Data* n° 002511.

composée de trois membres titulaires et de trois suppléants (choisis parmi les magistrats du Siège hors hiérarchie de la Cour de cassation). Cette commission peut décider qu'il n'y a pas lieu à poursuivre ou ordonner le renvoi de l'affaire devant la Cour de justice de la République. Les règles applicables concernant les débats et les jugements sont celles appliquées en matière correctionnelle. L'Assemblée plénière de la Cour de cassation est compétente pour statuer sur les pourvois formés contre les décisions de la Commission d'instruction et celles de la Cour de justice.

La Cour de justice de la République s'est réunie pour la première fois en février 1999 et a rendu son premier arrêt le 9 mars 1999 dans l'affaire dite du « sang contaminé ».

4 • LES JURIDICTIONS MILITAIRES

Deux juridictions avaient été instituées dans le but de juger d'une part les infractions commises en temps de paix par les membres des forces armées et d'autre part les infractions commises par de simples civils en temps de guerre : ces deux juridictions étaient les tribunaux permanents des forces armées et les tribunaux militaires des armées. Leur composition (militaires subordonnés et d'une rigueur parfois excessive) et leur procédure (rôle de la sécurité militaire, décisions non motivées et sans appel...) n'échappaient pas à la critique... Une loi du 21 juillet 1982 supprima les tribunaux permanents des forces armées.

Une ordonnance du 1er juin 2006 a réformé le Code de justice militaire, ratifiée par la loi du 6 mars 2007[2].

Dans le ressort de chaque cour d'appel, un tribunal correctionnel est compétent pour juger les délits en matière militaire en temps de paix et une Cour d'assises est compétente pour le jugement des crimes en matière militaire en temps de paix (art. 697, C. pr. pén.). Il s'agit des infractions militaires prévues par le livre III du Code de justice militaire (art. 697-1, al. 1er, C. pr. pén.). Ces juridictions connaissent également des crimes et délits de droit commun commis dans l'exécution du service par les militaires (art. 697-1, al. 1er, C. pr. pén.). Elles sont compétentes à l'égard de toutes personnes majeures, auteurs ou complices, ayant pris part à l'infraction (art. 697-1, al. 2, C. pr. pén.). Par dérogation aux dispositions du 1er alinéa ci-dessus, ces juridictions ne peuvent connaître des infractions de droit commun commises par les militaires de la gendarmerie dans l'exercice de leurs fonctions relatives à la police judiciaire ou à la police administrative ; elles restent néanmoins compétentes à leur égard pour les infractions commises dans le service du maintien de l'ordre (art. 697-1, al. 3, C. pr. pén.).

En temps de guerre (art. 699 renvoyant à 697 et 697-1, C. pr. pén.) ou en cas d'état de siège ou d'urgence après décret en Conseil des ministres (art. 700, C. pr. pén.), les tribunaux des forces armées sont compétents pour les infractions militaires prévues par

2. Loi n° 2007-289 du 5 mars 2007 portant modifications du Code de justice militaire et du code de la défense, *JO* 6 mars 2007, p. 4188.

le livre III du Code de procédure pénale ainsi que pour les crimes et délits de droit commun commis dans l'exécution de leur service par les militaires.

En temps de guerre, les tribunaux des forces armées sont immédiatement établis (art. 699, al. 1er, C. pr. pén.). Jusqu'à la mise en place effective des tribunaux des forces armées, les affaires relevant de leur compétence sont portées devant les juridictions compétentes pour les infractions militaires en temps de paix. Celles-ci se dessaisissent des affaires au profit des tribunaux des forces armées dès que ceux-ci les revendiquent (art. 699, al. 2, C. pr. pén.).

En cas d'état de siège ou d'état d'urgence déclaré, un décret en Conseil des ministres, pris sur le rapport du garde des Sceaux, ministre de la Justice, et du ministre chargé de la Défense, peut établir des tribunaux territoriaux des forces armées dans les conditions prévues par le Code de justice militaire (art. 700, al. 1er, C. pr. pén.). La compétence de ces tribunaux résulte des dispositions du Code de justice militaire pour le temps de guerre et des dispositions particulières des lois sur l'état de siège ou l'état d'urgence (art. 700, al. 2, C. pr. pén.).

En temps de guerre, les crimes et délits contre les intérêts fondamentaux de la Nation et les infractions qui leur sont connexes sont jugés par les juridictions des forces armées ainsi qu'il est dit au Code de justice militaire (art. 701, C. pr. pén.).

En temps de paix, les crimes et délits contre les intérêts fondamentaux de la Nation sont instruits et jugés par les juridictions de droit commun (art. 702, C. pr. pén.) et selon les règles du Code de procédure pénale. Lorsque les faits poursuivis constituent un crime ou un délit prévu et réprimé par les articles 411-1 à 411-11 (trahison et espionnage) et 413-1 à 413-12 du Code pénal (atteintes à la défense nationale autres que les atteintes aux institutions de la République ou à l'intégrité du territoire national) ou une infraction connexe, la compétence est dévolue aux juridictions prévues pour juger les infractions militaires en temps de paix.

5 • LA SURVIVANCE DES JURIDICTIONS DE DROIT COMMUN À « COMPOSITION SPÉCIALE »

La suppression de ces juridictions pénales spécialisées a posé certains problèmes. Par exemple, le jugement de certaines infractions qui risquent de porter atteinte au secret de la défense nationale ne pouvaient être confiées à des juridictions non spécialisées telles que la Cour d'assises composée de jurés. On pouvait également dans certaines affaires redouter que des jurés refusent de siéger par peur des représailles.

On a donc dû aménager de manière spéciale des juridictions de droit commun chargées de statuer sur les infractions de cette nature. Il existe désormais dans le ressort de chaque cour d'appel un tribunal correctionnel (pour les délits) et une Cour d'assises (pour les crimes) composés selon des règles particulières :

– le tribunal correctionnel est composé de magistrats civils spécialisés dans les questions militaires. Il juge les délits militaires commis dans le ressort de la Cour ainsi que certains délits contre la sûreté de l'État de nature à porter atteinte à un secret de la défense nationale (art. 697, C. pr. pén.);

– la Cour d'assises spécialisée n'est composée d'aucun jury mais d'un président et de six magistrats de carrière désignés par le premier président de la cour d'appel. Elle est appelée à statuer sur les crimes commis en matière militaire, les crimes commis par les militaires dans la mesure où le secret de la défense nationale risque d'être divulgué et enfin sur les crimes contre la sûreté de l'État prévus aux articles 70 à 85 du Code pénal. Cette Cour est également compétente pour juger les crimes en relation avec une entreprise terroriste (art. 706-25, C. pr. pén.).

BIBLIOGRAPHIE

BARC (L.), « Les tribunaux permanents des forces armées », in *Mélanges Patin,* 1966, p. 583.

BEAUD (O.), « La reconnaissance de la compétence coucurrente pour juger pénalement des ministres », *D.* 1998, Chron. p. 177.

BEAUD (O.), « La Cour de la justice de la République est-elle vraiment compétente pour juger les ministres dans l'affaire du sang contaminé ? », *D.* 1999, Chron. p. 75.

BROUCHOT (J.), « La Haute Cour de justice », *RSC* 1947, p. 331.

BURGELIN (J.-F.), « De la constitution de partie civile devant la Cour de justice de la République », *D.* 2000, n° 22, Actualités.

COLAS (R.), « Le Nouveau Code de justice militaire », *RSC* 1965, p. 909.

JEANDIDIER (W.), « Les juridictions pénales d'exception dans la France contemporaine », *JCP* 1985, I, 3173.

LIENHARD (C.), « La Cour de justice de la République et sa procédure à l'épreuve de sa première expérience », *JCP* 1999, n° 11 (17 mars), Actualités.

LUCAS (R.), « Réflexions sur la Cour de justice de la République », *D.* 2000, n° 21, Actualités.

MALAIZÉ (P.), *De la Haute Cour de justice à la Cour de justice de la République,* Éd. Juris-service, 1993.

MATHIEU (B.), « Commentaire de la loi organique du 23 novembre 1993 sur la Cour de justice de la République », *ALD* 1994, p. 69.

PRADEL (J.), « Cour de justice de la République : oui mais... », *D.* 1999, n° 15, Actualités.

PRADEL (J.), « La procédure de jugement applicable devant la Cour de justice de la République, un mode d'emploi à préciser », *D.* 1996, Chron. p. 1

VITU (A.), « Une nouvelle juridiction d'exception : la Cour de sûreté de l'État », *RSC* 1964, p. 1.

VOUIN (R.), « La Cour de sûreté de l'État », *JCP* 1963, I, 1764.

CHAPITRE 18

Les voies de recours ordinaires

Il s'agit de l'appel et de l'opposition.

1 • L'APPEL

A - L'appel devant la Chambre des appels correctionnels de la cour d'appel

1) La Chambre des appels correctionnels

La Chambre des appels correctionnels est compétente pour tout appel formé contre un jugement rendu par un tribunal de police ou par un tribunal correctionnel (art. 496 et 547, C. pr. pén.). La Chambre des appels correctionnels est une chambre spécialisée de la cour d'appel qui a une compétence en matière pénale. Les fonctions du Ministère public sont exercées par le procureur général ou par l'un de ses avocats généraux ou de ses substituts (art. 510, al. 2, C. pr. pén.)

Elle est composée de trois conseillers dont un président qui a rang de président de chambre (art. 510, C. pr. pén.). Elle a le même ressort que la cour d'appel à laquelle elle appartient : elle a donc compétence pour juger de tous les appels formés contre les jugements rendus par les tribunaux de police et les tribunaux correctionnels qui se trouvent situés dans le ressort de la Cour (art. 496 et 547, C. pr. pén. ; art. L. 624-1, C. org. jud.). Elle est également compétente lorsqu'une Cour d'assises n'est pas saisie de l'appel formé contre le jugement rendu sur l'action publique c'est-à-dire lorsque l'appel est formé par une partie contre le seul jugement rendu sur l'action civile (art. 380-5, C. pr. pén.).

Le ressort territorial de chaque cour d'appel s'étend généralement sur plusieurs départements, en principe de deux à quatre. Chaque cour d'appel a généralement son siège dans une grande métropole régionale.

2) Conditions de l'appel

L'appel est toujours recevable en matière correctionnelle (art. 496, al. 1er, C. pr. pén.), qu'il soit interjeté par celui qui a été condamné, par le Ministère public (procureur de la

République et procureur général), par la partie civile quant à ses intérêts civils ou par les administrations publiques lorsqu'elles exercent l'action civile (art. 397, C. pr. pén.).

En matière de contravention, le procureur général pouvait former appel en toutes circonstances. Un arrêt de la Cour de cassation du 6 mai 1997[1] avait déclaré que le dernier alinéa de l'article 546 du Code de procédure pénale, prévoyant que seul le procureur général peut faire appel de tous les jugements de police, était incompatible avec l'article 6 de la Convention européenne des droits de l'homme consacrant le principe de l'« égalité des armes », c'est-à-dire l'exigence d'un procès équitable. La loi du 23 juin 1999 a confirmé cette jurisprudence en supprimant le droit général d'appel du procureur général en matière contraventionnelle.

Désormais, le procureur général et la personne condamnée ont l'égale possibilité de faire appel des seules contraventions de cinquième classe, si une condamnation à des dommages-intérêts, une suspension du permis de conduire ou une amende supérieure au maximum prévu pour les contraventions de deuxième classe, soit 150 €, a été prononcée. En effet, en matière de contravention, les infractions sont souvent mineures et l'appel constitue par conséquent un luxe inutile.

L'appel est désormais possible en matière criminelle (cf. *infra*).

3) Modalités de l'appel

En principe, l'appel se forme par une déclaration au greffe de la juridiction qui a statué (art. 502, al. 1er, C. pr. pén.). À titre exceptionnel, deux autres formes sont prévues :

– le condamné détenu peut faire connaître sa volonté d'interjeter appel au moyen d'une déclaration auprès du chef de l'établissement pénitentiaire (art. 503, al. 1er, C. pr. pén.) ;

– l'appel du procureur général résulte d'une signification adressée soit au prévenu, soit au civilement responsable dans un délai de 2 mois à compter du jour du prononcé du jugement (art. 505, C. pr. pén.).

Le délai pour faire appel est en principe de 10 jours (art. 498, al. 1er, C. pr. pén.). Si le délai expire normalement un samedi, un dimanche ou un jour férié ou chômé, il est prorogé jusqu'au premier jour ouvrable suivant. Le délai est réduit à 24 heures en cas d'appel contre un jugement statuant sur une demande de mise en liberté ou concernant le contrôle judiciaire. Le délai est porté à 2 mois en faveur du procureur général.

Si la décision est contradictoire, le délai court à compter du prononcé du jugement (art. 498, al. 1er, C. pr. pén.). Si elle est rendue par défaut ou par itératif défaut, il ne court qu'à partir de la signification, que celle-ci ait eu lieu à personne, à domicile, à mairie ou à Parquet (art. 499, C. pr. pén.). Le point de départ est également reculé au jour de la signification, quel qu'en soit le mode lorsque le jugement, bien que réputé contradictoire, a été rendu (art. 498, C. pr. pén.) :

1. Crim., 6 mai 1997, *JCP* 1998, II, 10056, note J.-Y. Lassale, *D.* 1998, Jur. p. 223, note A. Cerf.

– contre une partie qui n'était pas présente ou représentée à l'audience où le jugement a été rendu, si du moins ni elle ni son représentant n'avait pas été informé du jour de cette audience (art. 498, al. 2, C. pr. pén.) ;

– avant le 1er octobre 2004 contre un prévenu qui a demandé à être jugé en son absence. Depuis le 1er octobre 2004, cette hypothèse est remplacée par celle du prévenu qui a été jugé en son absence, mais après audition d'un avocat qui s'est présenté pour assurer sa défense, sans cependant être titulaire d'un mandat de représentation signé du prévenu ;

– avant le 1er octobre 2004 contre un prévenu qui n'a pas comparu et qui n'a pas fourni d'excuse valable. Depuis le 1er octobre 2004, cette hypothèse est remplacée par celle du prévenu qui n'a pas comparu dans le cas prévu par le cinquième alinéa de l'article 411, lorsque son avocat n'était pas présent.

Un délai exceptionnel existe au profit du prévenu dans le cas où l'on ne peut prouver qu'il a eu connaissance effective de la signification de la décision : il peut alors former appel tant que la peine n'est pas prescrite (art. 498-1, al. 2, C. pr. pén.).

L'huissier n'est pas tenu de faire figurer dans l'acte de signification l'indication des modalités du droit d'appel.

Lorsqu'une partie interjète appel pendant le délai qui lui est imparti, les autres parties ont un délai supplémentaire de cinq jours pour interjeter appel (art. 500, C. pr. pén.). Lorsque le prévenu ou la partie civile se désiste de son appel principal dans un délai d'un mois à compter de l'appel, les appels incidents sont caduques (art. 500-1, C. pr. pén.). Selon l'article 500-1 du Code de procédure pénale, constitue un appel incident celui « *formé dans le délai prévu par l'article 500, ainsi que l'appel formé, à la suite d'un précédent appel, dans les délais prévus par les articles 498 ou 505, lorsque l'appelant précise qu'il s'agit d'un appel incident* ».

4) Effets de l'appel

L'appel a un effet suspensif et un effet dévolutif.

a) L'effet suspensif de l'appel

La décision attaquée ne peut pas être ramenée à exécution tant que la décision sur l'appel n'a pas été rendue (art. 506, C. pr. pén.).

Il y a cependant des exceptions :

– le prévenu détenu doit être immédiatement libéré en cas de jugement portant relaxe, absolution ou condamnation soit à l'amende soit à l'emprisonnement avec sursis (art. 471, C. pr. pén.) ;

– le mandat de dépôt ou d'arrêt délivré par le tribunal contre un prévenu condamné à un an au moins d'emprisonnement continue de produire effet malgré l'appel (art. 465, C. pr. pén.) ; il en est de même pour tout prévenu en état de récidive (art. 465-1, C. pr. pén., loi du 12 décembre 2005) ;

– l'exécution provisoire peut encore être ordonnée pour les mesures concernant les mineurs ou portant suspension ou annulation du permis de conduire et, pour les alternatives à l'emprisonnement prévues aux articles 43-1 à 43-4 du Code pénal ;

– les condamnations civiles peuvent être exécutoires par provision mais l'exécution provisoire (art. 464, al. 2 et 3, C. pr. pén.) « *peut être arrêtée en cause d'appel par le premier président statuant en référé si elle risque d'entraîner des conséquences manifestement excessives* » (art. 380-8 et 515-1, al. 1er, C. pr. pén.).

b) L'effet dévolutif de l'appel

L'affaire se trouve déférée au juge d'appel, Chambre des appels correctionnels (art. 503, C. pr. pén.). Les demandes nouvelles sont interdites en appel.

La cour d'appel confirme le jugement en reprenant ou modifiant la motivation ou bien substitue au jugement sa propre décision, procédant alors à une infirmation.

B - L'appel devant la Cour d'assises d'appel

Depuis le 1er janvier 2001, les arrêts rendus par les Cours d'assises ne sont plus insusceptibles d'appel (art. 380-1, C. pr. pén.). Le principe du double degré de juridiction était écarté jusque-là en matière criminelle mais ces arrêts pouvaient faire l'objet d'un recours en cassation.

Cette solution particulièrement rigoureuse était justifiée par le fait que le jury est l'expression de la volonté générale, et qu'il était donc difficilement concevable qu'une autre juridiction pût infirmer ce qui avait été décidé par une Cour d'assises, dépositaire de cette souveraineté.

Cette exception était grave dans la mesure où la Cour d'assises prononce les peines les plus importantes et que les jurés ne sont pas moins susceptibles de faire des erreurs que les magistrats professionnels.

La nécessité d'une réforme était évidente.

La loi du 15 juin 2000 a instauré un recours en matière criminelle :

– les arrêts de condamnation rendus par la Cour d'assises en premier ressort pourront faire l'objet d'un appel (art. 380-1, al. 1er, C. pr. pén.) ; depuis la loi du 4 mars 2001, le procureur général peut également faire appel des arrêts d'acquittement (art. 380-2, al. 2, C. civ.) ;

– l'appel sera porté devant une autre Cour d'assises, désignée par la Chambre criminelle de la Cour de cassation (art. 380-1, al. 2 et 380-14, C. pr. pén.), qui procèdera au réexamen de l'affaire (art. 380-1, al. 2, C. pr. pén.) ;

– l'appel pourra être interjeté par l'accusé, le Ministère public, la personne civilement responsable quant à ses intérêts civils, la partie civile quant à ses intérêts civils et les administrations exerçant l'action publique en cas d'appel du Ministère public (art. 380-2, C. pr. pén.) ;

– la Cour d'assises statuant en appel sur l'action publique pourra, sur le seul appel de l'accusé, aggraver le sort de ce dernier ; de même lorsqu'elle statuera en appel sur l'action civile sur le seul appel de l'accusé, du civilement responsable ou de la partie civile (art. 380-3 et 380-6, al. 1er, C. pr. pén.) ;

– l'appel devra être interjeté dans le delai de 10 jours à compter du prononcé de l'arrêt (à compter de sa signification pour la personne non présente ou représentée à l'audience – art. 380-9, C. pr. pén.) ;

– l'appel de l'une des parties permet de prolonger de 5 jours la possibilité d'appel pour les autres parties (art. 380-10, C. pr. pén.) ;

– la déclaration d'appel doit être faite au greffe de la Cour d'assises qui a rendu la décision attaquée (art. 380-12, al. 1er, C. pr. pén.). Lorsque l'appelant est détenu, l'appel peut être fait au moyen d'une déclaration auprès du chef d'établissement (art. 380-13, al. 1er, C. pr. pén.) ;

– le jury de jugement est composé de 12 jurés lorsque la Cour d'assises statue en appel (art. 296, al. 1er, C. pr. pén.) ;

– toute décision défavorable à l'accusé devra se former à la majorité de 10 voix au moins lorsqu'elle statue en appel (art. 359, C. pr. pén.).

Si l'accusé est condamné à une peine ferme privative de liberté supérieure à la durée effectuée pendant la détention provisoire.

Le mandat de dépôt délivré contre l'accusé continue de produire ses effets ou la cour décerne mandat de dépôt contre l'accusé, jusqu'à ce que la durée de détention ait atteint celle de la peine prononcée, sans préjudice pour l'accusé de son droit à demander sa mise en liberté conformément aux dispositions des articles 148-1 et 148-2 (art. 367, C. pr. pén.).

2 • L'OPPOSITION

L'opposition est une voie de recours ordinaire et de rétractation contre les jugements ou arrêts rendus par défaut en matière correctionnelle et de police, et empêchant ceux-ci d'acquérir l'autorité de chose jugée. Cette procédure se justifie par l'idée que nul ne peut être condamné sans avoir été entendu. La juridiction aurait peut-être rendu une décision autre si le prévenu avait été présent. Il existe désormais un défaut en matière criminelle (cf. *supra*).

A - Conditions de l'opposition

1) Les cas de défaut

Il existe deux cas de défaut (art. 410, al. 1er, C. pr. pén.) :

– le prévenu régulièrement cité à personne ne s'est pas présenté alors qu'il avait une excuse reconnue valable par la juridiction ;

– le prévenu cité autrement qu'à personne et dont il n'est pas prouvé qu'il a eu connaissance de la citation ne se présente pas.

Il n'y a donc pas de jugement par défaut lorsque :

– depuis le 1er octobre 2004, lorsque le prévenu a demandé à être jugé en son absence en étant représenté au cours de l'audience par son avocat ou par un avocat commis d'office (art. 411, C. pr. pén.);

– le prévenu cité à personne ou quoique non cité à personne mais ayant eu connaissance de la citation ne comparaît pas et ne justifie pas d'une excuse valable ;

– le prévenu cité pour une infraction passible d'une amende ou d'un emprisonnement inférieur à 2 ans a demandé à être jugé en son absence, le tribunal n'estimant pas nécessaire sa comparution ;

– le prévenu présent à l'audience refuse de se défendre ;

– le prévenu qui ne peut se présenter en raison de son état de santé a été entendu par un juge commis à cet effet.

2) Les autres conditions de l'opposition

a) Conditions de fond

L'opposition suppose que la décision a porté atteinte aux intérêts du défaillant c'est-à-dire qu'il ne peut s'agir d'une décision de relaxe. La décision ne doit pas avoir été frappée d'appel.

Toute partie à l'exception du Ministère public, nécessairement présent, peut faire opposition, c'est-à-dire le prévenu, le civilement responsable et la partie civile (art. 493, C. pr. pén.).

Le délai normal pour faire opposition est de 10 jours si le prévenu réside en France métropolitaine et d'un mois dans le cas contraire (art. 491, C. pr. pén.). Le point de départ du délai est variable :

– jour de la signification de la décision à la personne du condamné (art. 491, C. pr. pén.);

– jour où le condamné a eu connaissance effective de la décision par acte d'exécution (exemple : arrestation) ou par lettre recommandée avec avis de réception en cas de signification faite à domicile, à mairie ou à Parquet. Pour la partie civile et le civilement responsable, les délais sont les mêmes mais le point de départ est toujours fixé au jour de la signification de la décision.

Un délai exceptionnel existe au profit du prévenu dans le cas où l'on ne peut prouver qu'il a eu connaissance effective de la signification de la décision : il peut alors former opposition tant que la peine n'est pas prescrite (art. 492, al. 2, C. pr. pén.).

b) Conditions de forme

Sur le plan de la forme, deux cas sont à envisager :

– ***si l'opposant n'est pas détenu***, l'opposition est portée à la connaissance du Ministère public, à charge pour lui d'en aviser la partie civile par lettre recommandée avec avis de réception (art. 490, C. pr. pén.). Pour informer le Parquet, l'opposant peut se contenter d'une simple déclaration, même verbale ;

– ***si l'opposant est détenu***, l'opposition peut être faite au moyen d'une déclaration auprès du chef de l'établissement pénitentiaire (art. 490-1, al. 1er, C. pr. pén.). Cette déclaration est signée par le fonctionnaire et par le demandeur et adressée sans délai au Parquet près la juridiction qui a rendu la décision attaquée (art. 490-1, al. 2 et 3, C. pr. pén.).

B - Effets de l'opposition

1) L'effet suspensif de l'opposition

Le délai de l'opposition a en lui-même un effet suspensif (art. 489, C. pr. pén.) : la décision est privée de toute force exécutoire aussi bien après la signification qu'avant avec deux exceptions :

– comme pour l'appel, le mandat d'arrêt délivré contre le défaillant conserve son effet. L'annulation ou la suspension du permis de conduire et les mesures prononcées contre les mineurs s'appliquent immédiatement si elles ont été déclarées exécutoires. Les provisions allouées à la partie civile peuvent être assorties de l'exécution provisoire ;

– le délai cesse d'être suspensif lorsqu'il ne commence jamais à courir, faute de la preuve d'une connaissance personnelle par le condamné de la signification du jugement. On sait qu'en ce cas, l'opposition est recevable pendant toute la durée de la prescription de la peine. Le condamné peut avoir connaissance du jugement par les actes d'exécution auxquels il donne lieu : il peut alors faire opposition (par exemple lors de son arrestation) et cette opposition provoque la suspension de l'exécution.

2) L'effet extinctif de l'opposition

L'opposition produit un effet extinctif. Le jugement est anéanti, « non avenu dans toutes ses dispositions » (art. 489, al. 1er, C. pr. pén.) sauf à remarquer d'une part les exceptions déjà indiquées relatives au mandat d'arrêt, à la provision et à certaines mesures et d'autre part la limitation possible de l'opposition aux dispositions pénales seules ou aux dispositions civiles seules. L'opposition ne saurait anéantir les chefs de la décision sur lesquels il y a eu relaxe. D'un autre côté, l'opposition entraîne une nouvelle saisine de la juridiction qui avait statué une première fois.

3) Le jugement sur l'opposition

a) Date du jugement

Pour ce qui est de la fixation de la date à laquelle la juridiction statue sur l'opposition, il faut distinguer deux cas :

– parfois la date est fixée à l'opposant par une notification verbale qui lui est faite au moment où il vient faire opposition, mais le plus souvent, le Parquet procède à une nouvelle citation ;

– lorsque l'intéressé a été appréhendé sur un mandat d'arrêt, « *l'affaire doit venir devant le tribunal à la première audience ou au plus tard dans la huitaine du jour de l'opposition faute de quoi le prévenu doit être remis en liberté d'office* » (art. 465, al. 6, C. pr. pén.). Si le tribunal renvoie l'affaire à plus tard, il doit statuer d'office par une décision motivée sur la détention.

b) Déroulement du jugement

Lors du jugement, deux cas sont à envisager.

• *L'opposant ne comparaît pas*

Il y a itératif défaut et le deuxième jugement n'est pas susceptible d'opposition (art. 494, al. 1er, C. pr. pén.).

L'itératif défaut redonne sa force au premier jugement s'il ne comportait pas de condamnation à une peine d'emprisonnement sans sursis.

S'il y a condamnation sans sursis, le tribunal peut ordonner le renvoi de l'affaire à une date qu'il fixe et donner l'ordre qu'entre-temps le défaillant soit recherché pour être conduit de force à l'audience ou mis en demeure de s'y présenter (art. 494, al. 2, C. pr. pén.). C'est seulement si les recherches ordonnées sont demeurées vaines ou si l'opposant régulièrement mis en demeure ne comparaît pas que le tribunal déclare l'opposition non avenue sans nouveau renvoi (art. 494, al. 5 et 6, C. pr. pén.) : le premier jugement reprend alors toute sa force sauf le droit par le tribunal de modifier la décision mais sans aggraver la peine, par décision spécialement motivée et si des circonstances particulières le justifient (art. 494-1, C. pr. pén.).

• *L'opposant comparaît*

La juridiction procède à un nouvel examen de l'affaire et peut maintenir la première décision, ou bien la modifier dans le sens de l'adoucissement, ou même l'aggraver puisque l'interdiction de l'aggravation ne s'applique qu'à l'appel, non à l'opposition.

Le mandat d'arrêt délivré dans les conditions de l'article 456 continue à produire effet, même si le tribunal, sur opposition, réduit la peine à moins d'un an d'emprisonnement (art. 465, al. 2, C. pr. pén.).

BIBLIOGRAPHIE

CHAPAR (F.), *Manuel de la Cour d'assises,* Dalloz, 3e éd., 1980.

CLÉMENT (G.), « L'appel, voie de nullité en procédure pénale », *RSC* 1990, p. 260.

DI MARINO (G.), « Le prévenu ou l'accusé absent », *RPDP* 2003, p. 677.

GOULESQUE (J.), « Les effets de l'opposition avant son jugement », *RSC* 1969, p. 720.

PONCET (D.), « Le jugement par défaut devant les juridictions pénales », *RSC* 1979, p. 303.

VITU (A.), « La réglementation de l'appel et de l'opposition dans le Code de procédure pénale », *JCP* 1959, I, 1486.

VITU (A.), « Les délais des voies de recours en matière pénale », in *Mélanges Chavanne*, 1990, p. 179.

CHAPITRE 19

Les voies de recours extraordinaires

Il s'agit essentiellement de la cassation et de la révision.

1 • LA CASSATION

La Cour de cassation a pour fonction essentielle d'assurer une interprétation uniforme du droit, car il pourrait être choquant que le gain d'un procès dépende de la juridiction qui a été saisie. La Cour de cassation est saisie par un pourvoi. Elle n'est pas un nouveau degré de juridiction :

– la Cour de cassation ne rend pas de décision exécutoire, elle ne fait qu'apprécier la valeur des décisions qui lui sont déférées. Elle peut estimer que la décision a été bien rendue par la juridiction compétente en dernier ressort et rejeter le pourvoi ou considérer que la décision a été mal rendue et casser cette décision et la renvoyer ou non devant une autre juridiction qui rejugera l'affaire ;

– la Cour de cassation ne rejuge que le droit et non les faits, elle ne peut casser qu'une contravention à la loi. Le pourvoi en cassation ne peut donc lui-même n'être fondé que sur des moyens de droit et non pas sur des moyens de fait.

La Cour de cassation est composée de chambres : ***trois chambres civiles**, **une chambre commerciale, une chambre sociale*** et ***une chambre criminelle***. La ***chambre mixte*** (composée de magistrats appartenant à deux ou plusieurs chambres de la Cour de cassation) peut être réunie pour les affaires relevant des attributions de plusieurs chambres et l'Assemblée plénière (représentants de toutes les chambres) lorsque l'affaire pose une question de principe ou en cas de second pourvoi pour la même affaire et sur les mêmes moyens.

La Chambre criminelle de la Cour de cassation est compétente pour les affaires pénales (art. 567, al. 2, C. pr. pén.).

A - Les conditions du pourvoi en cassation

1) Les cas d'ouverture

Le pourvoi en cassation peut être engagé contre les arrêts de la Chambre de l'instruction et les arrêts et jugements rendus en dernier ressort en matière criminelle, correctionnelle et de police (art. 567, C. pr. pén.).

Le pourvoi n'est possible que dans certains cas :

– constitution irrégulière de la juridiction qui a statué (art. 592, C. pr. pén.) ;

– incompétence et excès de pouvoir de la juridiction qui a statué ;

– inobservation des formes prescrites à peine de nullité par la loi ;

– violation de la loi pénale (art. 591, C. pr. pén.).

Lorsque la décision contre laquelle a été formé un pourvoi n'est pas susceptible de recours, le présidence de la Chambre criminelle rend une ordonnance de non-admission du pourvoi qui n'est pas susceptible de recours (art. 567-1, C. pr. pén.).

2) Le demandeur au pourvoi doit avoir été partie au procès

Un avocat ne peut former un pourvoi[1] que s'il a un mandat exprès de la partie. Une jurisprudence ancienne et constante affirmait l'impossibilité pour une personne en fuite de se faire représenter pour former un pourvoi. Un arrêt de la Chambre criminelle de la Cour de cassation a mis un terme à cette jurisprudence[2]. La loi du 23 juin 1999 a modifié l'article 583 du Code de procédure pénale, fondement de la jurisprudence passée de la Cour de cassation en n'imposant la mise en état que pour les condamnés à une peine de plus d'un an d'emprisonnement. La loi du 15 juin 2000 a supprimé la mise en état.

3) Le demandeur doit avoir un intérêt

La décision qu'il attaque doit lui faire grief (art. 596 et s., C. pr. pén.) :

– comme pour l'appel, le Ministère public ne peut se pourvoir que sur l'action publique, la partie civile ne peut agir que quant à ses intérêts civils, le civilement responsable ne peut se pourvoir que contre les décisions qui ont retenu sa responsabilité[3] et seul le condamné peut se pourvoir à la fois sur les actions publique et civile ;

– la théorie de la peine justifiée permet de rejeter le pourvoi formé contre une décision contenant une erreur de droit, lorsque la peine prononcée est la même que celle qui aurait dû l'être si l'erreur n'avait pas été commise.

Il existe des conditions particulières pour les pourvois contre les arrêts de la Chambre de l'instruction (art. 575, C. pr. pén.) : la partie civile ne peut se pourvoir en cassation contre les arrêts de la Chambre de l'instruction que s'il y a pourvoi du Ministère public et uniquement dans les cas suivants :

---

1. Crim., 19 septembre 1895, *Bull. crim.* n° 243 ; Crim., 18 novembre 1997, *Bull. crim.* n° 398 ; Crim., 14 novembre 1996, *Bull. crim.* n° 408, *Dr. pén.* 1997, n° 73.
2. Ass. plén., 30 juin 1999, *Bull. crim.* n° 167, *Dr. pén.* 1999, n° 156, obs. A. Maron, *JCP* 2000, I, 207, obs. A. Maron.
3. Selon l'article 572 du Code de procédure pénale, « *les arrêts d'acquittement prononcés par la Cour d'assises ne peuvent faire l'objet d'un pourvoi que dans le seul intérêt de la loi, et sans préjudicier à la partie acquittée* ».

– lorsque l'arrêt de la Chambre de l'instruction a dit n'y avoir lieu à informer ;

– lorsque l'arrêt a déclaré l'irrecevabilité de l'action de la partie civile ;

– lorsque l'arrêt a admis une exception mettant fin à l'action publique ;

– lorsque l'arrêt a, d'office ou sur déclinatoire des parties, prononcé l'incompétence de la juridiction saisie ;

– lorsque l'arrêt a omis de statuer sur un chef de mise en examen ;

– lorsque l'arrêt ne satisfait pas, en la forme, aux conditions essentielles de son existence légale ;

– en matière d'atteintes aux droits individuels telles que définies aux articles 224-1 à 224-5 et 432-4 à 432-6 du Code pénal.

4) Les conditions tenant à l'objet du pourvoi

La Cour de cassation refuse d'accueillir les moyens nouveaux, c'est-à-dire ceux qui auraient pu être invoqués utilement dans une phase antérieure de la procédure.

Il existe une procédure de pourvoi en cassation dans l'intérêt de la loi qui tend à empêcher que des erreurs de droit se perpétuent par imitation d'autres juges du fond et assure ainsi une unité de la jurisprudence (art. 621, C. pr. pén.). Son exercice est réservé au procureur général près la Cour de cassation. Il s'agit d'une cassation théorique, la décision mise à néant continuant à produire ses effets.

Un pourvoi en annulation peut également être introduit par le garde des Sceaux : il peut être formé à toute hauteur de la procédure (art. 620, C. pr. pén.). Cette annulation ne peut que profiter au condamné.

5) Délais du pourvoi

Le délai du pourvoi en cassation est de 5 jours francs, c'est-à-dire que le pourvoi peut être formé le jour où la décision a été rendue, pendant les 5 jours qui suivent et même le lendemain du cinquième jour, le point de départ étant variable (art. 568, C. pr. pén.). Lorsque la décision attaquée est un arrêt d'une Chambre de l'instruction, statuant dans les conditions énoncées au quatrième alinéa de l'article 695-31, le délai de pourvoi est ramené à trois jours francs (art. 568-1, C. pr. pén.).

6) Formes du pourvoi

Le demandeur ou son mandataire doit d'abord former une déclaration au greffe du tribunal ou de la Cour qui a rendu la décision (art. 576, C. pr. pén.). S'il est détenu, le pourvoi peut être formé au moyen d'une déclaration auprès du chef de l'établissement pénitentiaire, adressée par ce dernier au greffe de la juridiction qui a rendu la décision attaquée (art. 577, C. pr. pén.). Le demandeur doit aussi notifier son pourvoi au Ministère public et aux autres parties dans un délai de 3 jours, par lettre recommandée avec avis de réception (art. 578, C. pr. pén.). Avant la loi de 15 juin 2000, pour garantir le caractère sérieux du pourvoi, la loi avait institué la mise en état qui a été supprimée (cf. *supra*).

Comme l'appel, le pourvoi a un effet suspensif (art. 569, C. pr. pén.) et un effet dévolutif. Pour ce qui concerne l'effet dévolutif, le pourvoi ne saisit la Cour de cassation que des seuls éléments de droit.

Après sa déclaration de pourvoi, le demandeur dépose un mémoire contenant ses moyens de cassation dans le délai de 10 jours à compter de sa déclaration (art. 584, C. pr. pén.). Ce délai est de un mois à compter de la réception du dossier à la Cour de cassation lorsque le pourvoi est formé contre l'arrêt portant mise en accusation (art. 574-1, al. 2, C. pr. pén.) et de cinq jours à compter de la réception du dossier à la Cour de cassation lorsque la décision attaquée est un arrêt de la Chambre de l'instruction (art. 574-2, al. 2, C. pr. pén.). Le ministère d'un avocat spécialisé, dit avocat au Conseil d'État et à la Cour de cassation n'est obligatoire que pour la partie civile. Le mémoire est transmis à la Chambre criminelle.

B - La décision de la Cour de cassation

La Chambre criminelle entend le rapport d'un conseiller rapporteur, les observations des parties et les conclusions du Ministère public.

La Cour de cassation doit statuer dans un délai minimum de 10 jours (art. 604, al. 1er, C. pr. pén.). Aucun délai maximal n'est fixé sauf en cas d'urgence où elle doit statuer dans un délai de 3 mois à compter de la réception du dossier (art. 604, al. 2, C. pr. pén.) quand il s'agit d'un arrêt de renvoi en Cour d'assises (art. 574-1, C. pr. pén.), de même pour les arrêts de la Chambre de l'instruction rendus en matière de détention provisoire (art. 567-2, C. pr. pén.). Lorsque la décision attaquée est un arrêt d'une Chambre de l'instruction, statuant dans les conditions énoncées au quatrième alinéa de l'article 695-31, la Chambre criminelle doit statuer dans le délai de quarante jours à compter de la date du pourvoi (art. 574-2, al. 1er, C. pr. pén.).

La Cour de cassation peut rendre soit un arrêt de rejet (art. 607, C. pr. pén.), soit un arrêt de cassation avec (art. 609, C. pr. pén.) ou sans renvoi (art. 617, C. pr. pén.).

2 • LA RÉVISION

Malgré l'instruction et malgré le double degré de juridiction, le procès peut aboutir à une erreur de fait dont la réalité n'apparaît qu'une fois que la décision est devenue irrévocable. Si l'erreur a entraîné l'acquittement d'un coupable, la révision « en défaveur » est impossible en France. Si l'erreur a entraîné la condamnation d'un innocent, la révision en sa faveur existe en revanche dans notre droit depuis le XVIe siècle. Il y a aujourd'hui deux sortes de pourvois :

– le pourvoi spécial des gens de lettres, institué par une loi du 25 septembre 1946 visant à faire disparaître les condamnations prononcées contre les écrivains pour outrages aux bonnes mœurs commis par la voie du livre ;

– le pourvoi de droit commun.

A - Les conditions du pourvoi en révision

1) Les conditions générales

Selon l'article 622, alinéa 1er, « *la révision d'une décision pénale définitive peut être demandée, au bénéfice de toute personne reconnue coupable d'un crime ou d'un délit* » :

– ***définitive :*** la décision doit être irrévocable, c'est-à-dire qu'il n'existe aucun autre moyen de faire disparaître l'erreur judiciaire comme l'opposition, l'appel ou une action en rectification du casier judiciaire. Le pourvoi en révision doit être l'ultime recours ;

– ***toute personne :*** le recours est ouvert non seulement en faveur des majeurs mais aussi au profit des mineurs (et même s'il s'agit de mesures éducatives) ;

– ***reconnue coupable :*** la révision suppose une affirmation de culpabilité. Sont donc exclus les cas d'acquittement et de relaxe mais admis les cas d'absolution et d'amnistie ou de condamnation seulement à des dommages-intérêts ;

– ***d'un crime ou d'un délit :*** le pourvoi en révision est exclu pour les sentences de police.

2) Les cas de révision

Il existe trois cas déterminés de révision et un cas indéterminé (art. 622, C. pr. pén.) :

– après condamnation pour homicide, on découvre des pièces qui permettent de supposer que la prétendue victime de cet homicide est encore vivante ;

– contrariété de jugements lorsque pour la même infraction ont été rendues, contre deux individus, deux condamnations différentes revêtues toutes deux de l'autorité de la chose jugée mais inconciliables entre elles ;

– après prononcé de la condamnation, un témoin est condamné pour faux témoignage ;

– cas indéterminé : « *après une condamnation, vient à se produire ou à se révéler un fait nouveau ou un élément inconnu de la juridiction au jour du procès, de nature à faire naître un doute sur la culpabilité du condamné* » (art. 622-4°, C. pr. pén.).

La notion de fait nouveau est conçue largement : révélation d'une personne, déclaration d'un témoin qui ne peut plus être poursuivi en raison de la prescription, interprétation nouvelle d'un fait déjà connu... mais l'interprétation nouvelle d'une notion juridique n'est pas un fait nouveau. La portée du fait nouveau est entendue libéralement, on parle de doute sur la culpabilité du condamné[4]. Toutefois, de simples allégations suspectes ou contradictoires ou encore des éléments nullement établis ne constituent pas un fait nouveau. Ce quatrième cas se confond avec les trois premiers mais ne peut être invoqué par les mêmes personnes.

---

4. Comm. Révision, 16 novembre 1998 : constitue un fait nouveau de nature à exclure la culpabilité d'un délit par une décision passée en force de chose jugée au sens de l'article 622-4° du Code pénal, la relaxe de l'auteur principal intervenue devant une autre juridiction, quel que soit le motif de cette décision, cf. *JCP* 1999, II, 10118, note W. Jeandidier.

En effet, les trois premiers cas peuvent être invoqués par le ministre de la Justice, le condamné et en cas d'incapacité par son représentant légal, après sa mort par son conjoint, ses enfants, ses parents, ses légataires universels ou ceux qui en ont reçu la mission expresse. Le quatrième cas était réservé au garde des Sceaux jusqu'en 1989, il est ouvert désormais au condamné.

B - La procédure du pourvoi en révision

La procédure se déroule en un, deux, ou trois temps selon les cas.

1) Premier temps

Il s'agit de la procédure devant une commission près la Cour de cassation : la demande en révision est adressée à une commission composée de cinq magistrats de la Cour de cassation (art. 623, al. 3, C. pr. pén.). Celle-ci procède à une véritable instruction nouvelle :

À l'issue de ses investigations, la commission rend une décision de motivée et insusceptible de recours (art. 623, al. 3, C. pr. pén.) :

– la demande ne paraît pas pouvoir être admise et la commission classe l'affaire ;

– elle paraît pouvoir l'être et la commission saisit la Chambre criminelle qui statue comme Cour de révision.

2) Deuxième temps

Il s'agit de la procédure devant la Chambre criminelle de la Cour de cassation.

La Chambre criminelle peut d'abord considérer que l'instruction est incomplète, elle procède alors aux ultimes investigations (art. 625, al. 1er, C. pr. pén.).

Quand l'affaire est en état, elle l'examine au fond et rend une décision (art. 625, al. 2, C. pr. pén.). Il s'agit d'un arrêt qui est rendu à l'issue d'une audience publique au cours de laquelle ont été entendus le requérant ou son conseil, le Ministère public et, le cas échéant, la partie civile. Cet arrêt est motivé et insusceptible de recours (art. 625, al. 2, C. pr. pén.) :

– la Chambre criminelle considère que la demande est mal fondée et elle rend un arrêt de rejet ;

– elle la considère bien-fondée et elle rend un arrêt portant annulation de la décision de condamnation. Il existe deux sortes d'arrêts d'annulation : ceux qui sont rendus dans le cas où il est impossible de procéder à de nouveaux débats contradictoires et pour lesquels la Cour de révision statue elle-même au fond (art. 623, al. 3, C. pr. pén.) et ceux qui sont rendus lorsqu'il est possible de procéder à de nouveaux débats contradictoires (on passe alors à une troisième phase) (art. 625, al. 4, C. pr. pén.).

Aucun renvoi n'est prononcé lorsque l'annulation du jugement ou de l'arrêt à l'égard d'un condamné vivant ne laisse rien subsister à sa charge qui puisse être qualifié crime ou délit (art. 625, al. 5, C. pr. pén.).

L'annulation de la condamnation entraîne la suppression de la fiche du casier judiciaire (art. 625, al. 6, C. pr. pén.).

3) Troisième temps

Si de nouveaux débats apparaissent possibles, la Chambre criminelle renvoie les accusés ou prévenus devant une juridiction de même ordre et de même degré, mais autre que celle qui avait rendu la décision annulée.

Devant cette juridiction de renvoi, les débats se déroulent selon le droit commun et les juges conservent évidemment toute leur liberté d'appréciation.

C - Les effets de la révision

Il y a deux séries d'effets.

1) L'effacement rétroactif de la condamnation

La condamnation révisée est rétroactivement effacée.

La fiche du casier judiciaire est supprimée (art. 625, al. 6, C. pr. pén.). La peine, si elle n'a pas déjà été exécutée, ne peut plus l'être. L'amende, les frais et les dommages-intérêts sont restitués.

Toutefois, la rétroactivité cède devant les droits acquis par les tiers.

Exemple : est maintenu le divorce prononcé à la suite de la condamnation à une peine afflictive et infamante.

2) La réparation des dommages subis

La loi a organisé une réparation des dommages subis.

Cette réparation est double :

– il est d'abord prévu une ***indemnité à raison du préjudice causé par la condamnation*** (sauf s'il est prouvé que la non-représentation de la pièce nouvelle ou la non-révélation de l'élément inconnu en temps utile est imputable à l'intéressé) (art. 626, C. pr. pén.). L'indemnisation du préjudice matériel et moral peut être accordée par la juridiction qui reconnaît l'innocence de la personne. Il n'est plus nécessaire, depuis la loi du 23 juin 1999, de saisir la commission d'indemnisation des détentions provisoires. Les membres de la famille de l'ex-condamné justifiant d'un préjudice né de la condamnation peuvent aussi demander des dommages-intérêts ;

– il est ensuite prévu une ***réparation morale*** si le demandeur le requiert : la décision de révision d'où résulte l'innocence est affichée dans la ville où a été prononcée la condamnation, dans la commune du lieu de commission de l'infraction, dans la commune du domicile du requérant, enfin dans les communes de son lieu de naissance et de son dernier domicile si la victime de l'erreur judiciaire est décédée ; enfin il est prévu une insertion au *Journal Officiel* et une publication par extraits dans cinq journaux au choix de la juridiction qui a prononcé la décision et aux frais du Trésor. (art. 626, al. 6, C. pr. pén.).

3 • LE RÉEXAMEN D'UNE DÉCISION PÉNALE CONSÉCUTIVE AU PRONONCÉ D'UN ARRÊT DE LA COUR EUROPÉENNE DES DROITS DE L'HOMME

Les articles 626-1 à 626-7 du Code de procédure pénale, issus de la loi du 15 juin 2000, apportent la possibilité de demander le réexamen d'une condamnation définitive à la suite d'une décision de la Cour européenne des droits de l'homme constatant une violation de la Convention européenne de sauvegarde des droits de l'Homme et des libertés fondamentales. La demande est portée devant la commission de réexamen, composée de cinq conseillers de la Cour de cassation.

BIBLIOGRAPHIE

Audier (J.), « Le "biais" de la peine justifiée », *RSC* 1978, p. 553.

Boré (J.), *La cassation en matière pénale,* LGDJ, 1985.

Couvrat (P.), « Le rôle moteur du développement des Droits de l'Homme en procédure pénale », *Dr. pén.* 2002, Chron. p. 5.

Couvrat (P.), « La loi du 23 juin 1989 relative à la révision des condamnations pénales », *RSC* 1989, p. 782.

Damour (L.), « Des voies de recours extraordinaires », *JCP* 1959.I.1494.

Hamelin (J.), « La réhabilitation judiciaire de Baudelaire », *D.* 1949, Chron. p. 187.

Rebut (D.), « Le droit à un tribunal impartial devant la Chambre criminelle », *RSC* 1998, p. 449.

Renucci (J.-F.), « Le réexamen d'une décision de justice définiotive dans l'intérêt des droits de l'Homme », *D.* 2000, Chron. p. 655.

Robert (J.), « La peine justifiée », in *Mélanges Patin,* 1966, p. 567.

Romeiro (J.-A.), « La révision comme facteur d'ennoblissement de la justice », *RSC* 1970, p. 623.

Roujou de Boubée (G.), De Lamy (B.), « À propos de la création en procédure pénale d'un pouvoir dans l'intérêt des droits de l'homme », *D.* 2000, n° 10, Actualités.

CHAPITRE **20**

L'autorité de la chose jugée

Lorsqu'il n'existe plus de voies de recours possibles pour contester une décision, celle-ci acquiert définitivement l'autorité de la chose jugée. Elle acquiert généralement en même temps la force exécutoire, c'est-à-dire qu'elle peut faire l'objet d'une exécution par voie de contrainte. La décision est désormais considérée comme conforme à la vérité par l'effet d'une présomption irréfragable de la loi (« *res judicata veritate habetur* » *:* la chose jugée est tenue pour vérité).

Le principe de l'autorité de la chose jugée comporte deux aspects :

– un ***aspect négatif***, l'autorité de la chose jugée du criminel sur le criminel : le juge répressif ne peut poursuivre la même personne pour les mêmes faits délictueux ;

– un ***aspect positif***, l'autorité de la chose jugée du criminel sur le civil : le juge civil statuant sur l'action civile doit respecter la décision du juge répressif sur l'action publique.

1 • L'AUTORITÉ DE LA CHOSE JUGÉE AU CRIMINEL SUR LE CRIMINEL

A - Fondement

Ce principe est exprimé par l'adage « *non bis in idem* ». Ce principe existe depuis la Constitution de 1791. Il figure désormais à l'article 6, alinéa 1er du Code de procédure pénale qui fait de la chose jugée une cause d'extinction de l'action publique. Ce principe est également repris dans plusieurs conventions internationales. Il est d'ordre public.

Ce principe se justifie par un impératif de sécurité juridique et de liberté.

Il assure en effet à l'individu qui a été poursuivi que son sort ne sera plus remis en question. Il n'est pas menacé par d'éventuelles nouvelles poursuites sur des faits pour lesquels il a déjà été jugé.

B - Contenu

1) Devant les juridictions d'instruction

a) Les décisions de non-lieu

Il convient de distinguer les arrêts ou ordonnances de non-lieu selon si :

– elles sont ***motivées en droit*** : elles ont l'autorité de la chose jugée.

Exemple : amnistie, prescription de l'action publique, faits justificatifs... ;

– elles sont ***motivées en fait***, c'est-à-dire fondées sur l'insuffisance de charges : elles n'ont qu'une autorité provisoire de la chose jugée. L'instruction pourra être rouverte en cas d'existence de charges nouvelles.

b) Les décisions de renvoi

Elles ne possèdent aucune autorité de la chose jugée.

2) Devant les juridictions de jugement

Les décisions ont l'autorité de la chose jugée à condition qu'il y ait entre les deux poursuites identité d'objet, de parties et de cause :

– ***identité d'objet :*** l'objet est en matière répressive l'application d'une peine à la personne poursuivie ;

– ***identité des parties :*** la partie poursuivie et la partie poursuivante doivent être les mêmes ;

– ***identité de cause :*** le fait délictueux doit être le même. S'agit-il des mêmes faits juridiques ou des mêmes faits matériels ? Il s'agit, selon l'article 368 du Code de procédure pénale, des mêmes faits matériels : « aucune personne acquittée légalement ne peut plus être reprise ou accusée à raison des mêmes faits, même sous une qualification différente ». Cependant, ce texte s'applique à la Cour d'assises mais la jurisprudence semble accepter de l'appliquer de manière générale[1].

2 • L'AUTORITÉ DE LA CHOSE JUGÉE AU CRIMINEL SUR LE CIVIL

A - Fondement

Aucun texte ne prévoit véritablement ce principe. Le fondement est souvent recherché dans l'article 4, alinéa 2 du Code de procédure pénale qui oblige le juge civil à surseoir à statuer tant que le juge répressif n'a pas lui-même rendu sa décision. On en a conclu que s'il est demandé ainsi au juge civil d'attendre la décision du juge pénal, c'est certainement pour éviter de la contredire. Certains ont fait découler ce principe de l'article 1351 du Code civil alors que l'identité d'objet, de parties et de cause requises dans cet article n'existent pas entre l'instance civile et l'instance pénale.

En réalité, le fondement de ce principe réside dans la primauté de l'action publique sur l'action civile dans la mesure où la première défend l'intérêt général alors que la deuxième défend un intérêt privé. Il peut cependant être objecté que l'instance civile et l'instance pénale ont des finalités tout à fait différentes. De plus, il n'est pas exclu que la décision de la juridiction pénale ne soit pas conforme à la vérité.

B - Contenu

1) Caractères

L'autorité de la chose jugée au criminel sur le civil est absolue. Elle s'impose à tous, parties ou non au procès.

Ce principe est, selon la jurisprudence, d'intérêt purement privé : il ne peut pas être invoqué par le Ministère public, ni soulevé d'office par le juge et les parties ne peuvent s'en prévaloir pour la première fois en cassation. La doctrine affirme que ce principe est d'ordre public.

2) Conditions

Plusieurs conditions sont imposées à l'autorité de la chose jugée au criminel sur le civil :

– la décision doit émaner d'une juridiction française ;

– la décision de la juridiction de jugement doit être définitive et irrévocable.

Peu importe que la décision émane d'une juridiction de droit commun ou d'une juridiction d'exception.

3) Conséquences

– Lorsque le juge pénal a prononcé une condamnation, le juge civil (au sens large c'est-à-dire y compris le juge pénal statuant sur l'action civile) doit accorder des dommages-intérêts à la victime ;

– si une relaxe a été prononcée par le tribunal de police ou le tribunal correctionnel, le prévenu ne peut normalement pas être condamné au civil mais si la relaxe est motivée par l'absence d'intention, le juge civil peut condamner l'intéressé à des dommages-intérêts sur le fondement d'une faute civile d'imprudence ou d'une négligence génératrice de responsabilité civile ;

– si la Cour d'assises acquitte l'accusé, il est toujours possible au juge civil de prononcer des dommages-intérêts car cet acquittement résulte d'une réponse négative sur la question générale de la culpabilité. Par conséquent, la condamnation à des dommages-intérêts ne peut être fondée sur la faute pénale mais sur une faute civile ou une obligation légale.

4) Limites

Cependant, en application de la loi du 5 mars 2007, le sursis à statuer n'est plus obligatoire pour toutes les hypothèses autres que celles où l'action civile est exercée en réparation d'un dommage causé par une infraction pour laquelle une action publique a été mise en mouvement devant le juge pénal.

BIBLIOGRAPHIE

CACCHIA (M.), « La règle "le criminel tient le civil en état" dans la jurisprudence », *JCP* 1955, I, 1245.

CHAVANNE (M.), « Les effets du procès pénal sur le procès engagé devant le tribunal civil », *RSC* 1954, p. 239.

GASSIN (R.), « Les destinées du principe de l'autorité de la chose jugée au criminel sur le criminel dans le droit pénal contemporain », *RSC* 1963, p. 239.

GAVALDA (C.), « Aspects actuels du problème de l'autorité de la chose jugée au criminel sur le criminel », *JCP* 1957, I, 1373.

MASSIAS (F.), « Le réexamen des décisions définitives intervenues en violation de la Convention européenne des droits de l'Homme », *RSC* 2001, p. 122.

NAJARIAN (K.), *L'autorité de la chose jugée au criminel sur le criminel,* LGDJ, 1973.

PRALUS (M.), « Observations sur la règle "le criminel tient le civil en l'état" », *RSC* 1972, p. 31.

SAINT-JOURS (Y.), « Du principe de l'autorité de la chose jugée, au criminel, en matière de faute inexcusable », *D.* 1969, Chron. p. 229.

STÉFANI (G.), « Les effets du procès pénal sur le procès engagé devant le tribunal civil », *RID pén.* 1955, p. 473.

VALTICOS (N.), *L'autorité de la chose jugée au criminel sur le civil,* Sirey, 1953.

PARTIE 6

Le mineur

Selon l'article 122-8 du Code pénal tel qu'il résulte de la loi du 9 septembre 2002, « *les mineurs capables de discernement sont pénalement responsables des crimes, délits ou contraventions dont ils ont été reconnus coupables, dans des conditions fixées par une loi particulière qui détermine les mesures de protection, d'assistance, de surveillance et d'éducation dont ils peuvent faire l'objet.*

Cette loi détermine également les sanctions éducatives qui peuvent être prononcées à l'encontre des mineurs de dix à dix-huit ans ainsi que les peines auxquelles peuvent être condamnés les mineurs de treize à dix-huit ans, en tenant compte de l'atténuation de responsabilité dont ils bénéficient en raison de leur âge. »

La situation du mineur pendant la phase policière, pendant l'instruction ou le jugement relève de l'ordonnance du 2 février 1945 relative à l'enfance délinquante. Celle-ci a été modifiée à de nombreuses reprises, notamment en 2002 et plus récemment, par la loi n° 2007-297 du 5 mars 2007 relative à la prévention de la délinquance.

CHAPITRE **21**

Le mineur pendant l'enquête et l'instruction

Les dispositions applicables au mineur sont spécifiques qu'il s'agisse de la phase policière ou de l'instruction.

1 • LE MINEUR PENDANT LA PHASE POLICIÈRE

Les règles particulières applicables au mineur pendant la phase d'enquête concernent essentiellement la garde à vue, mais également les vérifications d'identité.

Les conditions et les modalités d'exécution de la garde à vue diffèrent selon l'âge du mineur (art. 4 de l'ordonnance du 2 février 1945).

A - Les vérifications d'identité

Lorsque le mineur se trouve dans l'impossibilité de décliner son identité, il peut faire l'objet, comme le majeur, d'une recherche coercitive de l'identité, effectuée par un officier de police judiciaire, sur place ou dans un local de police. Comme pour le majeur, cette rétention dure le temps strictement nécessaire à l'établissement de son identité et au maximum 4 heures.

L'article 78-3, alinéa 2 du Code de procédure pénale prévoit que lorsqu'un mineur fait l'objet d'une rétention de ce type, il doit être assisté de son représentant légal sauf impossibilité. Cette disposition est curieuse : en effet, si l'identité du mineur est inconnue, il en est de même *a fortiori* pour celle de son représentant légal. Se faire assister par son représentant légal est donc impossible pour le mineur, dans la majorité des cas, par la force des choses.

B - La garde à vue

Depuis le 1er janvier 2001, la garde à vue du mineur est marquée par une particularité supplémentaire par rapport à celle des majeurs : elle fait l'objet d'un enregistrement audiovisuel (art. 4-VI de l'ordonnance du 2 février 1945).

Cet enregistrement original sera placé sous scellé et sa copie sera versée au dossier. L'enregistrement ne pourra être visionné qu'avant l'audience de jugement en cas de contestation du contenu du procès-verbal d'interrogatoire, sur décision, selon le cas, du juge d'instruction ou du juge des enfants saisi par l'une des parties. L'enregistrement et sa copie sont détruits dans un délai de un mois à l'expiration d'un délai de 5 ans à compter de l'extinction de l'action publique.

Lors de la garde à vue, lorsque le mineur ou ses représentants légaux n'ont pas désigné d'avocat, le procureur de la République, le juge chargé de l'instruction ou l'officier de police judiciaire doit, dès le début de la retenue, informer par tout moyen et sans délai le bâtonnier afin qu'il commette un avocat d'office (art. 4-I, Ord. 1945).

1) La garde à vue du mineur de plus de 13 ans

Lorsqu'un mineur est placé en garde à vue, l'officier de police judiciaire doit informer de cette mesure les parents, le tuteur, la personne ou le service auquel est confié le mineur sauf si le procureur de la République ou le juge chargé de l'information en décide autrement, pour une durée qu'il détermine et qui ne peut excéder 24 heures ou 12 heures dans les cas où la garde à vue ne peut être prolongée.

Lorsque le mineur a plus de 16 ans, les autres règles gouvernant la garde à vue sont celles du droit commun. En revanche, il existe quelques aménagements lorsque le mineur est âgé de moins de 16 ans :

– dès le début de la garde à vue, le procureur de la République ou le juge chargé de l'information doit désigner un médecin (art. 4-II, Ord. 1945) qui examine le mineur dans les conditions prévues par le droit commun de la garde à vue (art. 63-3, C. pr. pén.) ;

– la prolongation de la garde à vue du mineur de moins de 16 ans n'est pas possible si la peine encourue est un délit puni d'une peine inférieure à 5 ans d'emprisonnement (art. 4-V, Ord. 1945).

2) La retenue du mineur de moins de 13 ans

Le mineur de 10 à 13 ans ne peut pas être placé en garde à vue. Cependant, il peut être retenu pendant une durée maximale de 12 heures à titre exceptionnel lorsqu'il existe des indices graves ou (« et » avant la loi du 9 septembre 2002) laissant présumer qu'il a commis ou tenté de commettre un crime ou un délit puni d'au moins 5 ans d'emprisonnement.

L'officier de police judiciaire peut retenir le mineur avec l'accord préalable et sous le contrôle d'un magistrat du Ministère public ou d'un juge d'instruction spécialisé dans la protection de l'enfance ou d'un juge pour enfants. Ce magistrat détermine la durée de la retenue dans la limite de 12 heures.

Cette retenue peut être prolongée pour une nouvelle durée maximum de 12 heures à titre exceptionnel par décision motivée après présentation du mineur devant le magistrat, sauf si les circonstances rendent cette présentation impossible.

Cette retenue doit être strictement limitée au temps nécessaire à la déposition du mineur et à sa présentation devant le magistrat compétent ou à sa remise à ses parents, à son tuteur ou à la personne ou au service auquel il est confié.

Les règles concernant l'information donnée aux parents, l'examen médical et l'entretien avec l'avocat du mineur de moins de 16 ans sont applicables au mineur de moins de 13 ans. Cependant, lorsque le mineur ou ses représentants légaux n'ont pas désigné d'avocat, le procureur de la République, le magistrat chargé de l'instruction ou l'officier de police judiciaire doivent informer dès le début de la retenue le bâtonnier afin qu'il commette un avocat d'office. L'avocat intervient « dès que possible ».

C - La composition pénale

L'article 7-2 de l'ordonnance du 2 février 1945 donne la possibilité au procureur de la République d'ordonner à l'égard d'un mineur une mesure de composition pénale telle qu'elle est prévue aux articles 41-2 et 41-3 du Code de procédure pénale.

La proposition du procureur de la République doit être également faite aux représentants légaux du mineur et obtenir l'accord de ces derniers. L'accord du mineur et de ses représentants légaux doit être recueilli en présence d'un avocat désigné conformément au second alinéa de l'article 4-1. Avant de valider la composition pénale, le juge des enfants peut, soit d'office, soit à leur demande, procéder à l'audition du mineur ou de ses représentants légaux.

Diverses mesures peuvent également être proposées au mineur, par le procureur de la République, au titre de la composition pénale : accomplissement d'un stage de formation civique, suivi de façon régulière d'une scolarité ou d'une formation professionnelle, respect d'une décision, antérieurement prononcée par le juge, de placement dans une institution ou un établissement public ou privé d'éducation ou de formation professionnelle habilité, consultation d'un psychiatre ou d'un psychologue ou exécution d'une mesure d'activité de jour.

2 • LE MINEUR PENDANT L'INSTRUCTION

Le juge d'instruction ou le juge pour enfants doit aviser les parents du mineur, son tuteur ou la personne ou le service auquel il est confié des poursuites dont fait l'objet le mineur. Il informe alors les parents que si le mineur ou eux-mêmes ne font pas le choix d'un défenseur, il en fera désigner un d'office par le bâtonnier. L'information des représentants légaux et l'assistance d'un avocat sont obligatoires.

Conformément au droit commun, les interrogatoires faits par le juge d'instruction en matière criminelle font l'objet d'un enregistrement audiovisuel.

A - Le cadre de l'instruction

1) Les hypothèses d'instruction

a) Les crimes

Aucune poursuite ne pourra être exercée en matière de crime contre les mineurs sans information préalable (art. 5, al. 1er, Ord. 1945) : l'instruction est obligatoire en matière criminelle, pour les mineurs comme pour les majeurs.

b) Les délits

Pour les délits, l'instruction est également obligatoire pour les mineurs : le procureur de la République saisit soit le juge d'instruction, soit par voie de requête le juge des enfants. Il peut également saisir le tribunal pour enfants conformément à la procédure de jugement à délai rapproché prévue par l'article 14-2 (art. 5, al. 2, Ord. 1945).

Le procureur de la République pourra également donner instruction à un officier ou un agent de police judiciaire de notifier au mineur contre lequel il existe des charges suffisantes d'avoir commis un délit une convocation à comparaître devant le juge des enfants (art. 5, al. 3, Ord. 1945). La victime sera avisée par tout moyen de la date de comparution du mineur devant le juge des enfants.

c) Contraventions

L'instruction est possible en matière de contravention.

2) Le magistrat compétent

a) Les délits et contraventions de cinquième classe

Pour les délits et les contraventions de cinquième classe, l'instruction peut être confiée soit à un juge d'instruction désigné par le premier président pour les affaires de mineurs, soit à un juge des enfants. Le choix est fait par le Ministère public.

b) Les délits et contraventions de première à quatrième classe

Pour les crimes et exceptionnellement pour les contraventions de la première à la cinquième classe, l'instruction est diligentée obligatoirement par un juge d'instruction désigné par le premier président pour les affaires de mineurs.

Lorsque l'instruction est confiée au juge des enfants, la procédure est plus souple que celle de droit commun et notamment, le juge d'instruction peut participer au jugement de l'affaire car c'est alors certainement lui qui est le mieux à même de décider de la mesure qu'il convient de prendre.

Un recours est possible devant la Chambre de l'instruction comprenant un conseiller délégué à la protection de l'enfance contre les ordonnances du juge d'instruction chargé des affaires de mineurs.

B - L'importance de l'enquête de personnalité

Le juge chargé de l'instruction doit procéder à des enquêtes de personnalité sauf si l'intérêt du mineur s'y oppose. Dans ce cas, il peut n'en ordonner aucune ou seulement l'une d'entre elle mais il doit rendre une ordonnance motivée (art. 8, al. 8, Ord. 1945).

1) Les modalités de l'enquête de personnalité

Le magistrat peut effectuer des investigations quant à la personnalité du mineur selon deux modalités :

– il peut procéder par voie officieuse ce qui le dispense d'observer les formalités prévues pour les interrogatoires et confrontations ;

– il peut procéder selon les formes prévues pour les majeurs par l'article 81 du Code de procédure pénale. En cas d'urgence, il peut entendre le mineur sur sa situation familiale ou personnelle là encore sans observer les formalités prévues pour les interrogatoires et confrontations.

Le juge peut charger de l'enquête sociale des officiers de police judiciaire mais également toute personne habilitée tel que le service éducatif auprès du tribunal.

2) Les différents aspects de l'enquête de personnalité

Plusieurs enquêtes et examens doivent être menés :

– une enquête sociale sur la situation matérielle et morale de la famille, sur le caractère et les antécédents du mineur, sur sa fréquentation scolaire, son attitude à l'école et sur les conditions dans lesquelles il a vécu ou a été élevé (art. 8, al. 4, Ord. 1945) ;

– un examen médical et, s'il y a lieu, un examen médico-psychologique. Pour cela, le juge a la possibilité de placer le mineur dans un centre d'accueil ou un centre d'observation (art. 8, al. 6, Ord. 1945).

C - Les mesures prises à l'encontre du mineur pendant l'instruction

1) La mise en examen

L'article 9, alinéa premier de l'ordonnance de 1945 prévoit que le juge d'instruction procède à l'égard du mineur dans les formes du chapitre premier du titre III du livre 1er du Code de procédure pénale (« Du juge d'instruction »). La mise en examen du mineur se fait donc conformément à l'article 80-1 du Code de procédure pénale. L'article 10, alinéa premier de l'ordonnance de 1945 impose au juge d'instruction ou au juge pour enfants d'aviser les parents du mineur, son tuteur ou la personne ou le service auquel il est confié des poursuites dont il fait l'objet, verbalement avec émargement au dossier ou par lettre recommandée. En application de la loi du 9 septembre 2002, lorsque les représentants légaux du mineur poursuivi sont convoqués devant le juge des enfants, le juge d'instruction, le tribunal pour enfants ou la cour d'assises des mineurs et qu'ils ne déferent pas à cette convocation, ils peuvent, sur réquisitions du Ministère public, être condamnés par le magistrat ou la juridiction saisie à une amende civile dont le montant ne peut excéder 3 750 euros. Cette amende peut être rapportée par le magistrat ou la juridiction qui l'a prononcée s'ils défèrent ultérieurement à cette convocation.

2) Les mesures provisoires

Le magistrat instructeur peut prendre un certain nombre de mesures provisoires. Il peut confier provisoirement le mineur mis en examen (art. 10, al. 3, Ord. 1945) :

– à ses représentants légaux ou à une personne de confiance ;

– à un centre d'accueil ;

– à une section d'accueil d'une institution publique ou privée habilitée à cet effet ;

– au service de l'assistance à l'enfance ou à un établissement spécialisé ;

– à un établissement, à une institution d'éducation, de formation professionnelle ou de soins.

Si l'état physique ou psychique du mineur exige une observation approfondie, le mineur peut également être confié à un centre d'observation.

Une mesure de liberté surveillée peut accompagner ces mesures provisoires (art. 11, al. 14, Ord. 1945).

Ces mesures peuvent être modifiées par le magistrat instructeur jusqu'à la comparution du mineur.

3) Les mandats et le contrôle judiciaire

Avant la loi du 9 septembre 2002, le magistrat instructeur pouvait, à l'égard du mineur, décerner tout mandat ou prescrire une mesure de contrôle judiciaire dans les conditions du droit commun (art. 8, al. 4 ancien, Ord. 1945). Désormais, l'article 10-2 de l'ordonnance du 2 février 1945 prévoit des dispositions en partie spécifiques au mineur en matière de contrôle judiciaire. Ainsi, l'article 10-2-I de l'Ordonnance de 1945 dispose que les mineurs âgés de treize à dix-huit ans peuvent être placés sous contrôle judiciaire dans les conditions prévues par le droit commun, sous réserve des dispositions qui suivent.

Le contrôle judiciaire est décidé par ordonnance motivée prise, selon les cas, par le juge des enfants, le juge d'instruction ou le juge des libertés et de la détention (art. 10-1-II, Ord. 1945). Ce magistrat doit notifier oralement au mineur les obligations qui lui sont imposées, en présence de son avocat et de ses représentants légaux ou ceux-ci dûment convoqués ; ce magistrat informe également le mineur qu'en cas de non-respect de ces obligations, il pourra être placé en détention provisoire.

Lorsque cette décision accompagne une mise en liberté, l'avocat du mineur est convoqué par tout moyen et sans délai et les dispositions du deuxième alinéa de l'article 114 du Code de procédure pénale qui régissent le contrôle judiciaire des majeurs ne sont pas applicables.

Le contrôle judiciaire dont fait l'objet un mineur peut également comprendre une ou plusieurs des obligations suivantes :

– se soumettre aux mesures de protection, d'assistance, de surveillance et d'éducation confiées à un service de la protection judiciaire de la jeunesse ou à un service habilité, mandaté à cette fin par le magistrat ;

– respecter les conditions d'un placement dans un centre éducatif de la protection judiciaire de la jeunesse ou relevant d'un service habilité auquel le mineur a été confié par le magistrat en application des dispositions de l'article 10 et notamment dans un centre éducatif fermé prévu à l'article 33 ou respecter les conditions d'un placement dans un établissement permettant la mise en œuvre de programmes à caractère éducatif et civique ;

– accomplir un stage de formation civique ;

– suivre de façon régulière une scolarité ou une formation professionnelle jusqu'à sa majorité.

Ces obligations ne peuvent être ordonnées que pour une durée de six mois et ne peuvent être renouvelées par ordonnance motivée qu'une seule fois pour une durée au plus égale à six mois.

En matière correctionnelle, les mineurs âgés de moins de seize ans ne peuvent être placés sous contrôle judiciaire que dans l'un des cas suivants (art. 10-2-III, Ord. 1945) :

– si la peine d'emprisonnement encourue est supérieure ou égale à cinq ans et si le mineur a déjà fait l'objet d'une ou plusieurs mesures éducatives ou d'une condamnation à une sanction éducative ou à une peine ;

– si la peine d'emprisonnement encourue est supérieure ou égale à sept ans.

Si le contrôle judiciaire comporte l'obligation de respecter les conditions d'un placement dans un centre éducatif fermé, le non-respect de cette obligation pourra entraîner le placement du mineur en détention provisoire. Dans les autres cas, le mineur est informé qu'en cas de non-respect des obligations lui ayant été imposées, le contrôle judiciaire pourra être modifié pour prévoir son placement dans un centre éducatif fermé, placement dont le non-respect pourra entraîner sa mise en détention provisoire.

Le juge des enfants, le juge d'instruction ou le juge des libertés et de la détention statue sur le placement sous contrôle judiciaire en audience de cabinet, après un débat contradictoire au cours duquel ce magistrat entend le Ministère public qui développe ses réquisitions prises conformément aux dispositions de l'article 137-2 du Code de procédure pénale, puis les observations du mineur ainsi que celles de son avocat. Le magistrat peut, le cas échéant, recueillir au cours de ce débat les déclarations du représentant du service qui suit le mineur.

4) La détention provisoire du mineur

Les dispositions relatives à la détention provisoire ont été largement réformées par la loi du 9 septembre 2002. Elles sont contenues à l'article 11, 11-1 et 11-2 de l'ordonnance du 2 février 1945.

La détention provisoire du mineur n'est possible que si le mineur a plus de 13 ans « *à la condition que cette mesure soit indispensable ou qu'il soit impossible de prendre toute autre disposition et à la condition que les obligations du contrôle judiciaire prévues par l'article 10-2 soient insuffisantes* » (art. 11, al. 1er, Ord. 1945).

Âge	Conditions	Durée
13-16 ans	Peine criminelle encourue	6 mois au maximum renouvelable une fois à titre exceptionnel par ordonnance motivée après débat contradictoire.
	Soustraction aux obligations du contrôle judiciaire (art. 11-2, Ord. 1945)	– Cas général : 15 jours, renouvelable une fois. – Cas particulier : délit puni de dix ans d'emprisonnement : un mois au maximum, renouvelable une fois. – S'il y a plusieurs révocations du contrôle judiciaire, la durée cumulée de la détention ne peut excéder une durée totale d'un mois dans le cas général et de deux mois dans le cas particulier.
16-18 ans	Peine criminelle encourue	Un an renouvelable pour une durée maximale de 6 mois éventuellement plusieurs fois mais dans une limite de deux ans au total (limite spécifique aux mineurs).
	Peine correctionnelle d'une durée égale ou supérieure à 3 ans encourue	– Un mois au maximum lorsque la peine encourue n'est pas supérieure à 7 ans ; prolongation d'un mois au maximum possible à titre exceptionnel une seule fois sur décision motivée et après débat contradictoire. – Dans les autres cas, application de l'article 145-1, C. pr. pén. soit 4 mois ; prolongation d'une durée maximale de 4 mois à titre exceptionnel, renouvelable sans que la durée totale de la détention ne puisse dépasser un an (limite spécifique aux mineurs).
	Soustraction aux obligations du contrôle judiciaire (art. 11-1, Ord. 1945)	La durée cumulée des détentions ne peut excéder de plus d'un mois la durée maximale de la détention prévue en matière criminelle ou correctionnelle pour les mineurs.

La détention provisoire est effectuée soit dans un quartier spécial de la maison d'arrêt, soit dans un établissement pénitentiaire spécialisé pour mineurs ; les mineurs détenus sont, autant qu'il est possible, soumis à l'isolement de nuit. Les mineurs âgés de treize à seize ans ne peuvent être placés en détention que dans les seuls établissements garantissant un isolement complet d'avec les détenus majeurs et la présence d'éducateurs dans des conditions définies par décret en Conseil d'État.

Lorsque les mineurs ayant fait l'objet d'un placement en détention provisoire sont remis en liberté au cours de la procédure, ils font l'objet, dès leur libération, des mesures éducatives ou de liberté surveillée justifiées par leur situation et déterminées par le juge des enfants, le juge d'instruction ou le juge des libertés et de la détention.

Lorsque le magistrat estime qu'aucune de ces mesures n'est nécessaire, il statue par décision motivée.

Les conditions de forme du placement en détention provisoire sont identiques à celles applicables au majeur.

D - L'ordonnance de clôture

Lorsque l'instruction sera achevée, le juge d'instruction, sur réquisition du procureur de la République, rendra l'une des ordonnances de règlement suivantes (art. 9, al. 2, Ord. 1945) :

– soit une ordonnance de non-lieu ;

– soit, s'il estime que le fait constitue une contravention, une ordonnance de renvoi devant le tribunal de police, ou, s'il s'agit d'une contravention de cinquième classe, devant le juge des enfants ou devant le tribunal pour enfants ;

– soit, s'il estime que les faits constituent un délit, une ordonnance de renvoi devant le juge des enfants ou devant le tribunal pour enfants ; la loi du 9 septembre 2002 ajoute que toutefois, « *lorsque la peine encourue est supérieure ou égale à sept ans et que le mineur est âgé de seize ans révolus, le renvoi devant le tribunal pour enfants est obligatoire* » ;

– en cas de crime, soit une ordonnance de renvoi devant le tribunal pour enfants s'il s'agit d'un mineur de seize ans, soit, dans le cas visé à l'article 20, une ordonnance de mise en accusation devant la cour d'assises des mineurs.

Au cas de renvoi devant la Cour d'assises des mineurs, le juge d'instruction pourra décerner une ordonnance de prise de corps contre les accusés mineurs.

BIBLIOGRAPHIE

CASTAGNÈDE (J.), « La loi n° 2002-1138 du 9 septembre 2002 : un nouveau regard sur le droit pénal des mineurs », *D.* 2003, Chron. p. 779.

BONFILS (PH.), « Les dispositions relatives au droit pénal des mineurs délinquants dans la loi "Prévention de la délinquance" », *D.* 2007, Chron. p. 1027.

GIACOPELLI (M.), « Les dispositions procédurales de la loi n° 2002-1138 du 9 septembre 2002 applicables aux mineurs et majeurs délinquants, Continuité ou rupture ? » *JCP* 2003, I, 139.

MARÉCHAL (J.-Y.), « L'enregistrement audiovisuel des interrogatoires des mineurs gardés à vue : un dispositif illusoire ? », *JCP* 2003, II, 10070.

NÉRAC-CROISIER, *Le mineur et le droit pénal*, L'Harmattan, coll. « Logiques juridiques, science criminelle », 1998.

ROBERT (Ph.) et ZAUBERMAN (R.), « La détention provisoire des mineurs de 16 ans : des textes et des pratiques », *RSC* 1982, p. 83.

CHAPITRE **22**

Le jugement du mineur

Les mineurs ne sont pas déférés aux juridictions pénales de droit commun (art. 1er de l'ordonnance du 2 février 1945) en raison de l'importance donnée aux mesures éducatives.

La juridiction principale est le tribunal pour enfants mais il existe également le juge des enfants et la Cour d'assises des mineurs.

Le procureur de la République, la juridiction chargée de l'instruction de l'affaire ou la juridiction de jugement peuvent proposer au mineur une mesure ou une activité d'aide ou de réparation à l'égard de la victime ou dans l'intérêt de la collectivité, à condition que soit préalablement obtenu l'accord de la victime. L'accord préalable des titulaires de l'exercice de l'autorité parentale doit également être obtenu sauf lorsque la mesure ou l'activité d'aide ou de réparation est prononcée par jugement ; dans ce dernier cas, la juridiction recueille les observations préalables du mineur et des titulaires de l'exercice de l'autorité parentale.

La mise en œuvre de la mesure ou de l'activité peut être confiée au secteur public de la protection judiciaire de la jeunesse ou à une personne physique, à un établissement ou service dépendant d'une personne morale habilités. À l'issue du délai fixé par la décision, le service ou la personne chargé de cette mise en oeuvre adresse un rapport au magistrat qui a ordonné la mesure ou l'activité d'aide ou de réparation.

1 • LE JUGE DES ENFANTS

A - Désignation du juge pour enfants

Il s'agit d'un juge du tribunal de grande instance choisi compte tenu de ses aptitudes et de l'intérêt qu'il porte aux questions de l'enfance.

Il est nommé pour une durée de 3 ans renouvelable.

Il fait partie du tribunal des enfants mais il peut statuer seul sans l'assistance de ses deux assesseurs. Il constitue alors à lui seul une juridiction : la juridiction du juge des enfants.

B - Compétence du juge pour enfants

Le juge des enfants est compétent pour juger :

– les contraventions de cinquième classe commises par un mineur ;

– les délits commis par un mineur.

Par exception au principe de la séparation de l'instruction et du jugement, le juge pour enfants peut juger lui-même en Chambre du conseil ou au sein du tribunal pour enfants une affaire qu'il a instruite lui-même. En effet, il est le mieux à même de déterminer la mesure la mieux adaptée au mineur compte tenu de sa personnalité qu'il a eu l'occasion de connaître au cours de l'instruction.

C - Procédure devant le juge pour enfants

Une profonde réforme a été apportée par la loi du 1er juillet 1996 concernant les modes de saisine du juge pour enfants. En effet, des modes de saisine accélérés ont été créés.

1) Les procédés de jugement traditionnels

Le juge pour enfants, le juge d'instruction ou le président du tribunal pour enfants sont normalement saisis par voie de requête (art. 5, al. 2, Ord. 1945). Ils peuvent renvoyer le mineur devant la juridiction compétente par une ordonnance de clôture ou statuer eux-mêmes en chambre du conseil.

2) Les procédés de jugement accélérés

Les procédures de citation directe et celles prévues aux articles 393 à 396 du Code de procédure pénale sont exclues (art. 5, al. 3, Ord. 1945). Cependant, la loi du 1er juillet 1996 a créé deux types de procédures de jugement accéléré des mineurs.

a) La convocation par l'officier de police judiciaire

Elle élargit les possibilités données par la procédure de convocation créée par la loi du 8 février 1995 (art. 5, al. 3 et s., Ord. 1945). Elle n'était alors délivrée qu'en vue de la mise en examen du mineur. Cette possibilité a été conservée dans le texte de la loi de 1996.

Le procureur de la République peut donner instruction à un officier ou à un agent de police judiciaire de notifier au mineur une convocation à comparaître devant le juge des enfants. Il doit exister contre le mineur des charges suffisantes de culpabilité concernant un délit. Cette convocation vaut citation à personne.

Le juge des enfants est immédiatement avisé. La victime doit également être immédiatement avisée de la date de la comparution afin de faire valoir ses droits.

La convocation est également notifiée dans les meilleurs délais aux parents, tuteur ou à la personne ou au service auquel le mineur est confié. Ceux-ci, ainsi que le mineur, signent la convocation constatée par procès-verbal et chacun en reçoit copie.

La comparution du mineur a lieu dans un délai minimal de 10 jours.

b) La présentation immédiate

Elle est organisée par l'article 8-2 de l'ordonnance de 1945 et concerne également la matière correctionnelle.

Elle permet au procureur de la République, lorsqu'il a constaté que les diligences prévues par l'article 8, c'est-à-dire l'enquête de personnalité et les investigations sur les faits, ne sont pas nécessaires ou ont déjà été accomplis, de requérir le juge pour enfants qu'il a saisi par requête, pour « *qu'il ordonne la comparution du mineur devant le tribunal des enfants ou devant la chambre du Conseil dans un délai qui ne pourra être inférieur à un mois ni supérieur à 3 mois* » (art. 8-2, C. pr. pén.).

D - Pouvoirs du juge pour enfants

Il dispose en partie de la compétence du tribunal pour enfants mais pas ses pouvoirs.

En effet, le juge pour enfants ne peut infliger seul une peine, il peut seulement prescrire des mesures de rééducation à l'exception du placement.

Dans les faits, si le juge des enfants estime qu'une simple mesure de rééducation suffit, il statue seul, mais s'il pense qu'il serait opportun de prononcer une peine ou de placer le mineur dans une institution spécialisée, il doit alors se réunir avec ses assesseurs et statuer au sein du tribunal pour enfants.

1) Dans le cadre de la procédure traditionnelle

À l'issue de l'ordonnance de clôture, il peut statuer en chambre du Conseil. Il peut alors prononcer les mesures suivantes (art. 11, Ord. 1945) :

– relaxer le mineur lorsque l'infraction n'est pas établie ;

– dispenser le mineur de toute mesure tout en déclarant qu'il est coupable dès lors qu'il apparaît que son reclassement est acquis, que le dommage causé est réparé et que le trouble résultant de l'infraction a cessé. Il peut demander que cette décision ne soit pas mentionnée au casier judiciaire ;

– admonester le mineur ;

– remettre le mineur à ses parents, à son tuteur, ou à la personne ou au service à qui il a été confié ou à une personne digne de confiance ;

– prononcer à titre principal sa mise sous protection judiciaire pour une durée maximum de 5 ans ;

– placer l'enfant dans une institution ou un établissement public ou privé, d'éducation ou de formation professionnelle habilité, au service de l'assistance à l'enfance, dans un internat approprié aux mineurs délinquants d'âge scolaire, dans un établissement médical ou médico-pédagogique habilité, ou dans une institution publique d'éducation surveillée ou d'éducation corrective ;

– prescrire une mesure d'activité de jour.

Dans tous les cas, il peut placer le mineur sous le régime de la liberté surveillée pour une durée qu'il détermine et qui ne peut excéder sa majorité.

2) Dans le cadre de la procédure de convocation par officier de police judiciaire aux fins de jugement

Le juge constate l'identité du mineur et s'assure qu'il est assisté d'un avocat. Deux hypothèses sont alors à envisager (art. 8-1, Ord. 1945) :

a) Les faits sont établis et le juge pour enfants estime que les faits ne nécessitent aucune investigation

Il a alors trois possibilités :

– il constate que les investigations sur la personnalité du mineur et sur les moyens appropriés à sa rééducation sont suffisantes : il peut alors prononcer une admonestation, une remise à parents, une mesure d'aide-réparation ou une dispense de mesure ;

– il constate que les investigations sont suffisantes mais désire prononcer une mise sous protection judiciaire ou un placement : il doit alors renvoyer l'affaire à une prochaine audience de la Chambre du Conseil qui aura lieu au plus tard dans les 6 mois ;

– il constate que ces mêmes investigations sont insuffisantes : il renvoie l'affaire à une prochaine audience de la Chambre du Conseil qui devra avoir lieu au plus tard dans les six mois. Il procède alors tel qu'il est prévu à l'article 8, alinéas 4 et 5.

b) Les faits justifient des investigations supplémentaires

Le mineur est mis en examen par le juge et il est procédé aux investigations et enquêtes de personnalité conformément aux articles 8 et 10 de l'ordonnance de 1945.

3) Dans le cadre de la présentation immédiate

Cette procédure est prévue à l'article 8-2 de l'ordonnance de 1945. Elle se déroule de la manière suivante :

– le juge constate l'identité du mineur et s'assure qu'il est assisté d'un avocat. Celui-ci peut consulter le dossier et communiquer librement avec le mineur ;

– le magistrat notifie au mineur les faits retenus à son encontre et leur qualification juridique ;

– le juge recueille les observations de l'avocat et les déclarations du mineur.

Il a alors plusieurs possibilités :

– il peut suivre les réquisitions du Parquet : il notifie alors au mineur, à son avocat et à ses parents la date et l'heure de comparution devant le tribunal pour enfants (cf. infra) ou devant lui-même s'il statue en Chambre du Conseil. Il peut recourir à des mesures provisoires, à la détention provisoire ou au contrôle judiciaire ;

– il peut ne pas suivre les réquisitions du Parquet : il rend une ordonnance motivée dont le Parquet peut faire appel.

2 • LE TRIBUNAL POUR ENFANTS

A - Compétence du tribunal pour enfants

Il est compétent pour juger :

– des contraventions de cinquième classe ;

– des délits commis par les mineurs ;

– des crimes commis par les mineurs âgés de moins de 16 ans au moment des faits.

Le siège et le ressort de chaque tribunal est fixé par décret. En fait, ces juridictions, bien que parfaitement autonomes, sont rattachées aux tribunaux de grande instance par leur organisation administrative. En effet, en général, le tribunal pour enfants a le même ressort que le tribunal de grande instance et a d'ailleurs son siège au tribunal de grande instance.

B - Composition du tribunal pour enfants

Le tribunal pour enfants est composé d'un juge pour enfants et de deux assesseurs.

Les deux assesseurs titulaires sont de simples particuliers, âgés d'au moins 30 ans et connus pour leur compétence et l'intérêt qu'ils portent aux questions relatives à l'enfance. Ils sont nommés pour quatre ans par le ministre de la Justice sur proposition du premier président de la cour d'appel.

C - La procédure devant le tribunal pour enfants

1) La procédure de droit commun (art. 13 et 14, Ord. 1945)

Le tribunal pour enfants statuera après avoir entendu l'enfant, les témoins, les parents, le tuteur ou le gardien, le Ministère public et le défenseur, et éventuellement, à titre de simple renseignement, les coauteurs ou complices majeurs (art. 8, Ord. 1945).

Le président du tribunal pour enfants peut, si l'intérêt du mineur l'exige, dispenser ce dernier de comparaître à l'audience. Le tribunal pour enfants restera saisi à l'égard du mineur âgé de moins de seize ans lorsqu'il décide d'appliquer une qualification criminelle aux faits dont il avait été saisi sous une qualification correctionnelle. Il peut alors ordonner un supplément d'information.

Chaque affaire sera jugée séparément en l'absence de tous autres prévenus.

Seuls seront admis à assister aux débats la victime, qu'elle soit ou non constituée partie civile, les témoins de l'affaire, les proches parents, le tuteur ou le représentant légal du mineur, les membres du barreau, les représentants des sociétés de patronage et des services ou institutions s'occupant des enfants, les délégués à la liberté surveillée.

Le président peut, à tout moment, ordonner que le mineur ou des témoins se retirent pendant tout ou partie de la suite des débats.

Le jugement sera rendu en audience publique, en la présence du mineur.

2) La présentation immédiate devant la juridiction pour mineurs (art. 14-2, Ord. 1945)

La loi du 9 septembre avait créé la procédure de comparution à délai rapproché applicable au mineur. Elle se dénomme désormais (loi n° 2007-297 du 5 mars 2007) « *procédure de présentation immédiate devant la juridiction pour mineurs* » (art. 14-2, Ord. 1945).

Le mineur peut être convoqué par le juge des enfants ou par un officier de police judicaire.

Elle ne peut concerner que les mineurs suivants :

– les mineurs de seize à dix-huit ans qui encourent une peine d'emprisonnement supérieure ou égale à un an en cas de flagrance, ou supérieure ou égale à trois ans dans les autres cas (art. 14-2-I et II, Ord. 1945) ;

– les mineurs de treize à seize ans qui encourent une peine d'au moins cinq ans d'emprisonnement, sans qu'elle puisse excéder sept ans.

La procédure de jugement à délai rapproché devant le tribunal pour enfants ne peut être employée que si des investigations sur les faits ne sont pas nécessaires et que si des investigations sur la personnalité du mineur ont été accomplies (art. 14-2-II, Ord. 1945).

Le procureur de la République notifie au mineur les faits qui lui sont reprochés en présence de son avocat de son choix ou d'un avocat désigné par le bâtonnier et après avoir recueilli leurs observations, il informe le mineur qu'il est traduit devant le tribunal pour enfants pour y être jugé, à une audience dont il notifie la date et l'heure et qui doit avoir lieu dans un délai qui ne peut être inférieur à dix jours ni supérieur à un mois.

Le mineur peut cependant être jugé à la première audience du tribunal pour enfants qui suit sa présentation, sans que le délai de dix jours soit applicable, lorsque le mineur et son avocat y consentent expressément, sauf si les représentants légaux du mineur s'y opposent.

S'il souhaite un placement sous contrôle judiciaire ou un placement en détention provisoire du mineur jusqu'à l'audience de jugement, le procureur de la République fait comparaître le mineur devant le juge des enfants (art. 14-1-IV, Ord. 1945). Si le mineur est âgé de 13 à 16 ans, le procureur de la République ne peut alors requérir que le placement sous contrôle judiciaire du mineur jusqu'à sa comparution devant le tribunal pour enfants à une audience qui doit se tenir dans un délai de dix jours à deux mois. Le juge des enfants statue en audience de cabinet, après débat contradictoire, par ordonnance motivée (notamment par référence, selon les cas, aux dispositions des articles 137 ou 144 du Code de procédure pénale).

Au moment de l'audience, le tribunal pour enfants saisi en application du présent article statue selon la procédure habituelle mais il peut toutefois, d'office ou à la demande des parties, s'il estime que l'affaire n'est pas en état d'être jugée, renvoyer à une prochaine audience dans un délai qui ne peut être supérieur à un mois. Il peut alors commettre le juge des enfants pour procéder à un supplément d'information ou ordonner une des mesures provisoires. Si le mineur est en détention provisoire ou sous contrôle judiciaire, le tribunal statue alors par décision spécialement motivée sur le maintien de la mesure. Lorsque le mineur est en détention provisoire, le jugement au fond doit être rendu dans un délai d'un mois suivant le jour de sa première comparution devant le tribunal. Faute de décision au fond à l'expiration de ce délai, il est mis fin à la détention provisoire (art. 14-2-V, Ord. 1945).

Le tribunal pour enfants peut également, s'il estime que des investigations supplémentaires sont nécessaires compte tenu de la gravité ou de la complexité de l'affaire, renvoyer le dossier au procureur de la République. Lorsque le mineur est en détention provisoire, le tribunal pour enfants statue au préalable sur le maintien du mineur en détention provisoire jusqu'à sa comparution devant le juge des enfants ou le juge d'instruction. Cette comparution doit avoir lieu le jour même, à défaut de quoi le prévenu est remis en liberté d'office (art. 14-2-V, Ord. 1945).

D - Pouvoirs du tribunal pour enfants

Le tribunal pour enfants a la possibilité de décider des mêmes mesures que le juge pour enfants. Il peut également prononcer de véritables peines auxquelles s'appliquera la réduction légale prévue lorsque le délinquant est mineur (art. 8-V, Ord. 1945).

3 • LA CHAMBRE SPÉCIALE DE LA COUR D'APPEL

Elle statue sur les appels interjetés contre les jugements du tribunal de police, du juge pour enfants et du tribunal pour enfants.

Elle est composée de 3 conseillers dont l'un est conseiller à la protection de l'enfance.

4 • LA COUR D'ASSISES POUR MINEURS

A - Compétence de la Cour d'assises pour mineurs

Elle juge les crimes et délits commis par des mineurs âgés de 16 à 18 ans.

B - Organisation de la Cour d'assises pour mineurs

Son organisation est la même que celle de la Cour d'assises classique (composition, siège, ressort, fonctionnement, la portée de ses arrêts...). Cependant, certaines particularités existent :

– les deux assesseurs du président de la Cour d'assises sont des juges pour enfants ;

– les débats ont lieu à huis clos.

BIBLIOGRAPHIE

BONFILS (PH.), « Les dispositions relatives au droit pénal des mineurs délinquants dans la loi "prévention de la délinquance» », *D.* 2007, Chron. p. 1027.

COLONNA-D'ISTRIA (H.), « Commentaire de la loi n° 96-585 du 1er juillet 1996 modifiant l'ordonnance du 2 février 1945 relative à l'enfance délinquante », *RDSS* 1997, p. 154.

GIUDICELLI (A.), « Commentaire de la loi n° 96-585 du 1er juillet 1996 modifiant l'ordonnance du 2 février 1945 relative à l'enfance délinquante », RSC 1997, p. 29.

OTTENHOF (R.), « La spécialisation des fonctions et des juridictions en droit pénal des mineurs », in *Mélanges Vitu*, 1989, p. 405.

RENUCCI (J.-F.), *Droit pénal des mineurs*, Masson, 1994.

RENUCCI (J.-F.), *Enfance délinquante et enfance en danger*, CNRS, 1990.

RENUCCI (J.-F.), *Le droit pénal des mineurs*, PUF, Que sais-je ?, 1991.

VITU (A.), « Réflexions sur les juridictions pour mineurs délinquants », in *Mélanges Hugueney*, p. 239.

Bibliographie

BEZIZ-AYACHE (A.), *Dictionnaire de droit pénal et de procédure pénale*, Ellipses, 3e éd., 2005.

GUINCHARD (S.), BUISSON (J.), *Procédure pénale*, Litec, 3e éd, 2005.

LEVASSEUR (G.), STÉFANI (G) et BOULOC (B.), *Procédure pénale*, Dalloz, 20e éd., 2006.

MATHIS (E.), *Termes de droit pénal et procédure pénale*, Gualino éditeur, Coll. « Glossaire », 2006.

MATHIAS (E.) et SORDINO (M.-C.), « *Droit pénal et procédure pénale, Examen 2007* », Gualino Éditeur 2006.

PRADEL (J.), *Procédure pénale*, Cujas, 13e éd., 2006.

PRADEL (J.) et VARINARD (A.), *Les grands arrêts de la procédure pénale*, Dalloz, 5e éd., 2006.

Rapport de la commission de réflexion sur la Justice, La Documentation Française, 1997.

RASSAT (M.-L.), *Propositions de réforme du Code de procédure pénale*, Dalloz, Dalloz service, 1997.

RENAULT-BRAHINSKY (C.), *QCM Procédure pénale*, coll. « les Carrés Sup », Gualino éditeur, 3e éd., 2005 ; *L'essentiel de la procédure pénale,* 7e éd., 2007 ; *Manuel de procédure pénale*, 2006.

ROUJOU DE BOUBÉE (G.) (sous la direction de), *La procédure pénale, bilan des réformes depuis 1993,* Dalloz, Thèmes et commentaires, 1995. Travaux dirigés de droit pénal, procédure pénale, pénologie, Ellipses, 2001.

SOYER (J.-C.), *Droit pénal et procédure pénale*, LGDJ, 19e éd., 2006.

VERGÈS (E.), *Procédure pénale*, Litec, coll. « Objectif droit », 2005.

VITU (A.) et MERLE (R.), *Traité de droit criminel, Tome 2, Procédure pénale*, Cujas, 5e éd., 2001.

Chroniques de procédure pénale à la *revue de sciences criminelles*, chroniques d'actualité de droit pénal et procédure pénale à la *Semaine Juridique* et sommaires commentés de procédure pénale au *Recueil Dalloz*.

Index

Composition : Laser Graphie

Achevé d'imprimer sur les presses de l'Imprimerie Normandie Roto Impression s.a.s.
61250 Lonrai
Dépôt légal : juin 2007 – N° d'imprimeur : 071543
N° éditeur : 2652 - Imprimé en France